조선시대사 1

국가와 세계

한국역사연구회시대사총서05

조선시대사 ① 국가와 세계

홍순민·한상권·손병규·김성우·고동환·한명기·배우성·노대환

푸른역사

절망과 희망이 교차하던 격동의 1980년대, 그 끝자락인 1988
년 가을 300여 명의 소장 학자들이 '과학적·실천적 역사학'의 수립을
통해 한국 사회의 민주화와 자주화에 기여하기 위해 창립한 한국역사
연구회는 이제 700여 명의 학자들이 참여하는, 명실상부하게 한국 역
사학계를 대표하는 학회로 성장했다.

   그동안 연구회는 공동연구라는 새로운 연구 방식을 통해 130여 회
가 넘는 연구 발표회를 가졌으며 50여 권의 학술서와 대중 역사서를
간행했다. 《한국역사》, 《한국사강의》 등의 통사를 발간해 한국사를 체
계화하고 《한국역사입문》 등의 연구입문서를 출간해 해방 이후 학계
의 연구 성과들을 정리했으며, 《1894년 농민전쟁연구》, 《한국현대
사》, 《역주 여말선초 금석문》 등 전문 연구서와 자료집을 발간해 한국
사 연구에 기여했다.

   또한 《조선시대 사람들은 어떻게 살았을까》를 시작으로 전 시대에

걸쳐 '어떻게 살았을까' 시리즈를 발간함으로써 생활사 연구와 역사 대중화에 기여했으며, 95호까지 간행된 회지《역사와 현실》은 다양한 기획과 편집으로 인문학 분야 학술지의 새로운 전형을 만들어 냈다.

이제 연구회가 창립된 지도 한 세대가 지났다. 그동안 세계뿐만 아니라 한국 사회도 크게 변화했으며 학계에도 적지 않은 변화가 있었다. 연구 경향도 이전의 운동사·사회경제사 중심에서 문화사·생활사·미시사로, 그리고 최근에는 생태환경사·개념사·관계사에 이르기까지 사고와 연구의 폭을 넓혀 나가고 있다. 아울러 연구 대상 시기와 학문 간의 벽을 허무는 학제 간 연구도 활발하게 이루어지고 있다.

역사는 '현재와 과거의 대화'라고 했다. 현재의 입장에서 과거를 고찰하고 그를 바탕으로 미래를 전망하는 것이다. 역사가는 이를 이루기 위해 역사를 부단히 새로 써야 한다. 이러한 취지에서 한국역사연구회는 새로운 시각에서 한국 역사를 고대부터 현대까지 시대별로 조망해 보는 '시대사'를 발간하고자 한다.

시대사를 편찬하자는 이야기는 통사인《한국역사》를 간행하고 나서부터 줄곧 나왔으나 구체적인 편찬 작업에 들어간 것은 2002년부터였다. 이후 '시대사 편찬위원회'를 구성하여 집필 원칙과 편찬 일정을 정하고 고대·고려·조선·근대·현대 등 각 시대별로 팀을 만들어 기획안을 마련하고 그에 맞는 필자를 선정하여 집필에 들어갔다. 또한 들어온 원고들은 팀별로 수차례의 검토와 수정 과정을 거쳤으며 그 과정에서 열띤 토론이 벌어지기도 했다.

60명에 가까운 필자들이 참가하여 공동 작업으로 열 권의 책을 만들어 내는 일은 지난한 과정이었다. 다양한 필자의 의견을 조율하고 모으는 작업부터 집필된 원고를 꼼꼼하게 검토하고 수정하는 작업과, 완성된 원고가 출판사에 넘어가 출판하는 작업에 이르기까지, 우여곡절이 없지 않았다. 그러나 많은 사람들이 정성과 노력을 아끼지 않은 결과 '조선시대사' 두 권을 먼저 출판하게 되었다. 앞으로 한국역사연구회시대사총서는 '조선시대사'를 시작으로 각 시대별로 두 권씩 발간할 예정이다.

연구회 창립 이듬해인 1989년 '베를린 장벽의 붕괴'가 상징하듯이 세계는 동구 사회주의 국가들의 개혁과 개방으로 냉전이 종식되면서 체제와 이념의 대립보다는 화해와 교류의 방향으로 나아가며 21세기를 맞이했다. 한반도도 1998년 '현대 정주영회장의 소떼 방북'과 2000년 남북정상회담을 계기로 남과 북이 화해와 교류·협력의 방향으로 나아갔다.

그러나 21세기도 15년이 지난 지금, 세계는 다시 대립으로 치닫고 있다. 이스라엘과 팔레스타인의 분쟁, 미국과 알카에다 등 이슬람 진영과의 대립, 시리아 내전과 이슬람국가(IS)의 등장 등 중동 내부의 갈등과 분쟁, 러시아와 우크라이나의 분쟁 등이 계속되고 있고, 동북아시아에서도 역사 갈등과 영토 분쟁이 치열하게 전개되고 있다. 이전과 차이가 있다면 이념 대립보다는 종교·문명 대립의 성격이 크다는 것이다.

그렇다면 한국 사회는 어떠한가. 안타깝게도 한국 사회는 시대착오적인 이념과 지역 갈등이 여전한 가운데 신자유주의로 인한 경제적·사회적 양극화가 빠르게 진행되며 세대와 계층 갈등까지 심화되고 있다. 그리고 천박한 자본주의의 이윤 논리와 정치와 사회 간에 부정부패의 사슬에 의해 일상생활의 안전까지도 위협받고 있다.

　인간에 대한 예의와 배려가 사라진 사회, 국가가 책임져야 할 안전과 복지도 국민 스스로 해결해야만 하는 사회, 정의는 실종되고 신뢰와 희망 대신 불신과 체념만이 가득 찬 사회에서 과연 역사학은 어떠한 역할을 할 수 있을 것인가? 책을 낸다는 기쁨보다는 역사학자로서의 책임감이 더 무겁게 다가온다. 이 '시대사' 시리즈가 한국 역사의 체계화에 기여하고 독자들에게는 험난한 세상을 헤쳐 나가는 데 조그마한 도움이 되었으면 하는 바람이 간절하다.

　그동안 시대사를 기획하고 집필과 교열에 참여해 준 연구회원 여러분에게 진심으로 감사드린다. 아울러 책이 나오기까지 지원을 아끼지 않고 인내를 가지고 기다려주신 푸른역사의 박혜숙 사장님, 규모와 격조 있는 책으로 만들어주신 편집부 여러분에게 진심 어린 감사의 말씀을 드린다.

2015년 5월
한국역사연구회

역사를 체계적으로 연구하고 이해하고자 할 때 처음 해야 할 작업이 시대 구분이다. 긴 역사의 시간을 나누어 보는 것이다. 시대 구분의 기준은 관점에 따라 다르지만 고대古代, 중세中世, 근대近代와 현대現代로 나누는 견해가 널리 받아들여지고 있다. 이러한 시대 구분에 비추어 볼 때 조선왕조는 한국사의 중세 말에서 근대에 걸쳐 있다.

　그렇다면 중세의 끝, 근대의 시작은 언제인가? 조선왕조의 끝과 함께하는가? 왕조의 교체가 곧 시대의 전환과 일치하지는 않는다. 한국사에서 근대의 기점을 언제로 잡을 것이며, 근대의 성격을 무엇이라고 할 것인가에 대해서는 여러 주장이 있다. 그 가운데 1876년 개항開港을 근대의 기점으로 보는 견해가 유력하다. 조선은 1860년대부터 서양 열강과 만나기 시작하였다. 당시 서양 열강의 자본주의는 식민지 쟁탈전을 벌이는 제국주의 단계에 들어서 있었다. 개항은 그 제국주의의 첨병이 되어 있던 일본이 불평등조약 체결이라는 모양으로 조선의 문을 연 것이었다.

개항 이후 조선 사회는 자본주의와 접촉하면서 크게 바뀌어 갔다. 서양의 문물을 받아들이면서 서양을 닮아 갔고, 새로운 문화가 형성되는 반면 전통문화는 어느 면에서는 변질되고 어느 면에서는 단절되기도 하였다. 그러한 변질과 단절이 일어나기 직전 단계, 전통문화의 본바탕을 유지한 마지막 시기가 조선시대이다.

한국의 사학사는 한 왕조, 한 시대가 바뀌면 그 앞 시대의 역사를 종합 정리하여 책을 출판하는 전통이 있다. 조선왕조 및 대한제국이 끝난 뒤에도 그 이전의 역사를 정리한 책이 나왔다. 본문만 35권이나 되는 거질의 《조선사》가 그것이다. 그런데 문제는 이 책을 만든 주체는 한국인이 아니었다는 데 있다. 조선총독부의 뜻에 따라 움직이는 일본인들과 그 권력에 기생한 일부 한국 지식인들이었다. 《조선사》는 자료를 시대순으로 정리한 자료집의 형태를 갖추었지만, 매우 강력한 영향력을 발휘하였다. 그 바탕에는 일본 제국주의의 시각이 깔려 있었고, 그 목적은 식민지 침탈과 지배를 합리화하려는 것이었으며, 그 내용은 왜곡을 기본으로 하였다. 이로부터 일제 식민사학植民史學이 한국사에 대한 이해를 지배하게 되었다.

이러한 흐름에서 조선시대사에 대한 이해는 일제 식민사학의 왜곡으로부터 출발하였다. 식민사학의 타율성론他律性論, 정체성론停滯性論을 중심 내용으로 하는 식민사학의 주된 왜곡이 조선시대사 및 근대사를 대상으로 삼았다. 그 가운데서도 가장 큰 비중을 차지하면서 가장 깊은 상처를 빚은 시기가 조선시대였다.

해방 이후 1960년대 들어서 식민사학의 왜곡을 바로잡기 위한 노력이 한국사학계에서 이루어졌다. 한국사가 그 내부로부터 발전을 이루어 왔다는 내용으로 시작해서, 한국사의 주체가 누구인가 주체 설정 문제, 한국사 연구의 방법과 시각에 대한 논의를 거쳐 민족주의의 성과와 한계에 대한 검토까지 여러 측면에서 진전을 이루었다. 이 단계에서 조선시대 연구는 해방 이후 한국사 연구의 주류라 할 만한 위상을 차지하였다. 하지만 근년에 들어 조선시대 연구는 고대사나 근대사, 현대사 등 다른 시대에 비하여 상대적으로 침체되고 있지 않나 하는 자성을 하지 않을 수 없다.

전문 연구가 침체 양상을 보이는 데 비하여 조선시대에 관한 교양서라고 할 책은 대단히 많이 출판되고 있다. 이와 함께 역사를 소재로 한 다큐멘터리 교양물, 사극史劇 등 영상물도 다량 생산되고 있다. 이러한 현상이 나타나게 된 데는 《조선왕조실록》과 《승정원일기》, 《일성록》 등 연대기 자료의 원문과 번역문을 비롯하여 각종 자료가 인터넷으로 제공되는 등 자료를 활용하기가 쉬워진 점이 큰 영향을 미쳤을 것으로 보인다. 또 일반인의 역사에 대한 관심이 커지는 것과 서로 영향을 주고받은 결과이기도 하다.

이러한 일반인의 관심과 교양에 대한 욕구가 커지고 그에 대응하는 여러 형태의 교양물이나 문화상품 영상물이 다량 산출되는 것은 우선 반가운 현상이지만 그 이면에는 우려되는 바도 없지 않다. 역사 서술은 사실事實을 재구성하는 실증實證의 기반 위에 자료와 사실에 대한 해석解釋이 결합하여 이루어진다. 실증 작업을 수행하지 않은 이야기는 아무리 재미가 있다 하여도 역사라고 할 수 없고, 정확한 사료 비판과 해석이 뒷받침되지 않은 서술은 역사의 범주에 포함시킬 수 없다. 그런데도 지금 우리 주변에는 역사적 사실과 진실에 어긋나는 허구虛構와 가상假象이 역사로 둔갑하여 유포되는 사례가 비일비재하다. 역사가 아닌 것을 역사로 착각하는 것은 그 후폐가 크지 않을 수 없다.

이러한 연구 영역 내외의 상황은 우리들에게 역사란 무엇인가, 조선시대를 어떻게 이해하게 서술해야 할 것인가에 대한 답을 해야 한다는 의무감을 갖게 하였다. 우리는 한국사를 과학적·실천적으로 연구하고자 모인 한국역사연구회 가운데 중세2분과에 소속된 조선시대를 전공하는 연구자들이다. 조선시대를 새롭게 그려 내려면 그 목차를 어떻게 구성할 것인가 하는 고민 끝에 현실적으로 집필에 참여할 수 있는 구성원들의 역량과 관심사를 감안하여 16개 소주제를 담은 두 권의 책을 내게 되었다.

이 책은 개설서나 통사가 아니다. 조선시대 전 시기, 전 분야를 체계적으로 망라하는 대신 조선시대의 실상을 좀 더 깊이 있게 이해하기 위해서 어떤 시각으로 어떻게 접근하여 보는 것이 좋을지 논의를 거쳐, 각 소분야 전공자들에게 소주제를 의뢰하여 그 연구 성과를 압축 정리하여 모은 것이다. 이 책의 필자들이 조선시대 역사를 보는 관점은 기계적으로 일치하지 않으나 기존의 시각을 뛰어넘어 새롭게 보려는 공통 기반은 깔려 있다. 조선시대를 이해하는 데 필요한 바를 다

갖추있다고 하기는 이려우나 기존의 개설서ㅏ 통사가 담을 수 없는 소주제를 개발하여 균형 있게 배분하고자 하였다. 조선시대를 새롭게 보려는 시도와 그 연구 성과의 일부로 받아들여져, 조선시대를 이해하는 데 좋은 길잡이가 되기를 감히 기대한다.

2015년 5월

저자 일동

차례

고려시대 정치사는 여러 정치세력들의 변동과 정치적 사건, 그리고 정책론 등으로 이루어진다. 고려시대 정치세력의 구분은 정책과 이념을 추구하는 현대 정당과는 다르다. 정치세력의 구성요소는 국왕, 귀족, 호족, 권문세족, 신진사류 등과 함께, 중간계층이나 민 등이 여기에 포함된다. 이 세력들은 가문, 친족과 같은 혈연적인 관계로 맺어지기도 하고, 사회적 관계망을 통해서 만들어지기도 한다. 물론 국왕의 지위는 혈연적 계승을 우선으로 한다는 점에서 차이가 있다. 국왕은 사회의 지배계층인 귀족 등과 협조하거나 대립하는 존재였다. 고려 기 국왕의 지위는 불안정했다. 복잡한 혈연관계 속에서 국왕은 항상 쿠데타의 위기에 직면해야 했다. 그렇지만 왕씨를 교체하려는 쿠데타는 고려시대 동안 성공하지 못했다. 고려왕실이 지닌 권위는 무신집권기 동안 위기를 겪었지만, 부정될 수 없었다. 국가운영체제의 개혁이 논의되기 시작한 것은 원의 정치적 간섭을 받던 시기였다. 전쟁을 통해 국가운영정비의 요성이 커지면서, 새로운 정치세력은 무장세력인 이성계와 결합하여 새로운 왕조를 긴립하게 되는 것이다.

정치운영과
왕권의 추이

왕권의 위상 변동에 따른 조선 정치사 개관

조선 초기:
체제 정립기

왕권 주도론과 재상권 주도론의 대립

고려 말기에 신흥사대부 세력이 권문세족을 비판하면서 대두했다.
이들은 권문세족이 전지田地와 양인·농민을 과도하게 차지함으로써
국가 재정이 허약해진 문제를 해결하려 했다. 그리고 그 방안으로 과
전법 제정에 초점이 모아졌다. 이처럼 사회경제적 개혁을 추진하는
과정에서 신흥사대부는 사회경제 부문의 개혁만이 아니라 정치체제,
곧 왕조까지 바꿀 것을 주장하는 급진 개혁파와 이에 대해 동의하지
않는 온건 개량파로 분기分岐했다. 결국 정도전鄭道傳을 중심으로 하는
급진 개혁파가 이성계李成桂(태조)를 중심으로 하는 신흥 무장집단과
힘을 합쳐 조선을 건국하는 데 성공했다(1392).

개국 공신으로서 고위 관료직을 차지한 급진 개혁파의 중심인물들
은 국왕이 아닌 재상宰相으로 대표되는 고위 관료들이 국가 경영의 실
질적 주도권을 갖는 정치체제를 구상하고 이를 정립시키려 했다. 이
에 반해 이방원李芳遠(태종)을 중심으로 하는 왕실집단은 국왕이 국가
경영의 실질적인 주도권을 갖는 체제를 정립하고자 했다. 즉 조선 초

기의 정치사는 왕권 주도론과 재상권 주도론의 대결을 축으로 진행되었다.

태조 연간에 벌어진 이른바 '왕자의 난'은 이 두 집단의 충돌이었다. 두 집단이 정치권력의 실질적 주도권을 놓고 경쟁을 벌인 결과 1398년 (태조 7) 태조의 다섯째 아들 이방원 측이 정도전 등 공신 집단을 제거하고 주도권을 장악했다. 이방원은 재위 3년(1398~1400)의 정종을 이어 즉위했으니 태종이다.

태종은 국왕의 실권 행사를 위한 조치들을 시행했다. 그때까지 관행으로 행해지던 의정부서사제議政府署事制*를 폐지하고 육조직계제六曹直啓制를 시행(1414)한 것이 대표적인 예이다. 고위 관료들의 합좌기구인 의정부에서 국정의 모든 사안을 점검하던 관행을 폐지하고 실무부서인 육조에서 바로 국왕에게 공문서를 올리고 국왕이 직접 이에 대한 판결을 내리는 방식으로 전환해 국왕이 실무를 장악한 것이다. 이를 비롯해 태종은 국가체제를 국왕 중심으로 정립하는 데 힘을 기울였다.

이러한 노력을 바탕으로 태종이 양녕대군을 폐위시키고 대신 세자로 지정한 다음 또 양위라는 비상한 수단을 통해 즉위케 한 세종은 관료집단과 대립하지 않아도 되는 상황에서 국정을 운영할 수 있었다. 국왕이 직접 정국을 운영한다 해도 관료들의 뒷받침 없이는 불가능한 일이었다. 양자가 대립하고 갈등을 빚지 않아도 되는 세종대에 정국은 안정적으로 운영되었고 왕권의 위상은 높아졌다. 세종은 집현전을 세워 자신을 보필할 관료집단을 육성했고 이들과 함께 치적을 쌓았다. 그러한 상황에서 국정 운영 방식은 육조직계제에서 의정부서사제

의정부서사제

의정부서사제는 조선 건국과 동시에 지나친 왕권의 비대함을 견제하기 위해서 만든 제도로서 육조에서 각기 맡은 업무를 의정부에 보고하고, 의정부에서는 3정승이 모여 육조에서 올라온 보고 내용의 가부를 헤아려 왕에게 보고하도록 했다. 그리고 왕이 의정부에서 올린 내용을 보고 결정하여 교지를 내리면 의정부에서 받아 육조로 돌려보내 시행하도록 한 제도이다. 이 제도는 국왕에게 집중되는 국정을 경륜이 풍부한 의정부 3정승이 함께 처리한다는 의미가 있지만 실질적으로는 의정부의 권한이 강해지고 상대적으로 왕권이 약화될 가능성이 높다.

로 다시 바뀌었다.

왕권 주도론 정착

세종 이후 문종대(1450~1452)에서 단종대(1452~1455)와 같이 국왕이 국정 운영의 주도권을 행사할 수 없는 상황에서는 자연히 고위 관료에게로 정국 운영의 주도권이 기울 수밖에 없었다. 이에 불만을 품고 찬탈이라는 비상한 수단으로 정국 운영의 주도권을 장악한 사건이 세조의 계유정난癸酉靖難(1453)이다. 세조가 즉위하면서 다시 육조직계제를 시행한 사실은 그가 왕권 주도론의 연장선상에 서 있음을 보여준다.

조선 초기는 수많은 법령이 치폐를 거듭하면서 법제를 정비해가는 시기였다. 법령들은 관료제를 운영하는 구체적인 내용에서 권력구조, 곧 권력행사 장치와 방식에 대한 규정까지 국가 경영 전반에 걸쳐 폭넓게 제정되었다. 구체적인 법령들을 포괄해 이를 일관된 법제로 정비하는 작업은 세조대에 본격적으로 시작되었다. 가장 상위의 법전인 대전大典을 편찬하는 방향으로 진행되어 1466년(세조 6)에 《경국대전經國大典》〈호전戶典〉을, 다음 해에 〈형전刑典〉을 반포했다. 《경국대전》을 편찬하는 작업은 이후 계속 진행되어 세조 연간에 육전체제를 갖추었으나 수정·보완을 거듭해 1485년(성종 16)에 《을사대전乙巳大典》으로 최종 반포·시행되었다.

왕권 주도론과 재상권 주도론의 절충

《경국대전》의 완성은 조선의 정치체제가 정립되었음을 가리킨다.

1454(성종 15)
《경국대전》 반포.

1746(영조 22)
영조 때의 문신 김재로 등이 왕명을 받아 편찬한 《속대전》 반포.

1785(정조 9)
《경국대전》과 《속대전》 등 그 이후의 법령을 통합해 《대전통편》 편찬.

1865(고종 2)
조선시대 마지막 법전인 《대전회통》 편찬.

경국대전　조선왕조의 기본 법전으로 세조의 명으로 편찬을 시작해 1484년(성종 15)에 완성되어 그 이듬해부터 시행되었다. 〈이전〉, 〈호전〉, 〈예전〉, 〈병전〉, 〈형전〉, 〈공전〉의 순서로 편제되었고, 각 전마다 14~61개의 항목으로 이루어져 총 203항목으로 분류되어 있다. 〈이전〉에는 통치의 기본이 되는 궁중을 비롯해 중앙과 지방의 직제 및 관리의 임면과 사령, 〈호전〉에는 재정이나 경제와 그에 관련되는 사항으로 호적·조세·녹봉·통화와 상거래 등, 〈예전〉에는 여러 종류의 과거와 관리의 의장, 외교, 의례, 공문서, 가족 등, 〈병전〉에는 군제와 군사, 〈형전〉에는 형벌·재판·노비·상속 등, 〈공전〉에는 도로·교량·도량형·식산 등에 대한 규정이 수록되어 있다.

《경국대전》의 권력구조는 권력의 중심이 왕권 주도론과 의정부로 대표되는 재상권 주도론의 절충으로 마무리되었다. 《경국대전》에는 국왕의 법적 지위나 하는 일에 대한 규정이 없다. 국왕은 법 규정을 초월한 존재였다. 그러나 국왕은 상징적 존재로 머무르는 것이 아니고 행정 실무와 정국 운영의 정점에서 이를 총괄하도록 법령체계 전체가 국왕을 중심으로 짜여 있다. 이에 비해 의정부는 모든 관원을 총령하고[總百官], 정무 전반을 조정하며[平庶政], 음양을 고르게 하고[理陰陽], 나라를 경영하는 것으로[經邦國] 그 하는 일이 규정되어 있다. 의정부에서 하는 일은 국왕의 일과 중복되는 것으로 볼 수 있는 여지가 있다. 하지만 의정부는 실무에서 비켜 있는 관서로서 그 역할은 정치 지형에 따라 강약의 기복을 겪을 수밖에 없었다. 왕권과 재상권 양자는 때로는 서로 협조하고 때로는 대립하면서 국정을 운영해야 하는 구조였다.

세조 연간에 세조의 찬탈을 도와 정상적인 관료 진출 경로를 밟지 않고 권력에 접근한 집단이 형성되었는데 이들이 훈구파勳舊派이다. 훈구파는 세조대에는 왕권에 밀착해 정치권력을 남용하고 관권을 이용해 부를 축적했다. 이러한 행태는 당시 확산하고 있던 성리학의 관점에서 보았을 때 비판의 대상이 되지 않을 수 없었다. 한편 조선 초기에는 지방에 근거를 둔 중소 규모의 지주로서 성리학을 수용한 세력이 성장하고 있었다. 이들 가운데 성종대부터 중앙정치무대에 진출하기 시작한 집단을 사림파士林派라고 한다. 성종은 이들을 등용함으로써 훈구파를 견제하려 했다. 초기에 관직에 진출한 사림파는 주로 언관직을 맡아 언론 활동을 통해 훈구파를 비판했다. 국왕이 정상적으로 왕권을 행사했던 성종대에는 훈구파와 사림파 두 정치집단을 적절히 조정해 국정을 균형 있게 운영했다. 그러나 국왕의 통제력이 상실된 연산군대(1494~1506)에는 그러한 정치집단 사이의 균형이 깨지면서 정국은 파행적으로 운영되었고, 그 결과 사화가 발생했다.

조선 중기:
사화와 붕당정치

사림파의 중앙정계 진출과 붕당의 출현

사림파의 비판에 훈구파가 정치적으로 보복을 가한 사건을 사화士禍라고 한다. 사화는 연산군대부터 명종대(1545~1567) 사이 국왕의 통제력이 정상적으로 발휘되지 못할 때 발생했다. 사림파는 50여 년간 1498년(연산군 4)의 무오사화, 1504년(연산군 10)의 갑자사화, 1519년(중종 14)의 기묘사화, 1545년(명종 원년)의 을사사화 등을 거치면서도 꾸준히 중앙정계에 진출했고, 종국에는 대세를 장악했다. 지방에 근거를 두고 성장하던 사림세력이 양반 사족士族이라는 사회세력으로 성장해 사회지배층이 되었고, 그들이 정치세력으로 진출해 정치권력을 장악한 것이다. 사림파의 중앙정계 진출로 조선 정치사는 중기로 접어들게 된다.

사림파가 정국의 주도권을 장악하면서 정치 운영 형태는 크게 변하기 시작했다. 가장 두드러진 현상이 붕당朋黨의 출현이었다. 흔히 을해당론乙亥黨論이라 해서 1575년(선조 8)에 처음 동인東人과 서인西人이라는 붕당이 나타난 것으로 이야기된다. 심의겸沈義謙과 김효원金孝元이 이조 정랑正郎 인사를 놓고 다투었는데 심의겸을 지지하는 사람들을 서인, 김효원을 지지하는 사람들을 동인이라고 지칭했다는 것이다. 그러나 붕당 출현의 원인을 두 사람의 개인적 대립에서 찾는 것은 표면에 드러난 현상만을 본 데 지나지 않는다. 붕당은 몇몇 사람들에

국한된 문제가 아니라 당시 중앙정계에서 활동하던 대부분의 인물과 관계된 것이요, 조선 중기 정치 운영의 가장 두드러진 특성이라고 할 만한 현상이다. 그 생성의 원인은 좀 더 근본적인 차원에서 다각도로 찾아보아야 할 것이다.

붕당의 생성은 왕권이 약화되고 현실 정치에서 국왕이 큰 역할을 하지 않게 된 데서 크게 영향을 받았다. 조선 초기 태종이나 세조와 같이 강력한 왕권을 갖고 정국을 주도하는 국왕 밑에서는 붕당이 생성되기 어려웠다. 정국 운영의 주체는 국왕으로서 정치집단은 오로지 국왕을 향해 일원적으로 편성될 수밖에 없었다. 세종처럼 관료집단의 협조 위에서 안정적으로 왕권을 행사하는 경우에도 마찬가지였다. 조선 초기 재위 기간이 짧아 이렇다 할 왕권을 행사하지 못했던 국왕 재위 시에는 고위 관료집단이 정국 운영을 주도했지만, 이때 역시 정치집단은 관료들로 편성되었다. 이에 비해 성종대에서 시작되는 조선 중기에 이르면 왕권이 약해졌고, 국왕들의 역할도 미미했다. 연산군은 파행을 일삼다가 축출당했고, 중종은 반정으로 국왕에 옹립된 형편이었으며, 인종과 명종 그리고 즉위 초의 선조 모두 강력한 왕권을 행사할 형편이 아니었다. 이에 따라 정국 운영의 중심축은 국왕에게서 신료로 이동했다.

이러한 상황에서 사림이 중앙정계에 진출했다. 사림은 조선 초기의 관료집단이나 훈구파와 비교하면 그 기반이 넓고 두터운 정치세력이다. 사림은 특정 지역의 특정 집단이 아니라 전국에 퍼져 있는 중소지주이자 성리학을 수학한 지식인층이다. 출신 지역이 넓다는 것은 학연과 혈연이 다양함을 뜻한다. 이렇게 지연, 학연, 혈연이 서로 다른 사람들이 중앙정계에서 활동할 때 서로 다른 이념과 견해를 갖고 정치적으로 달리 행동하는 것은 당연한 귀결이다.

사림의 사상 기반이 되었던 성리학에서는 수기치인修己治人을 치자治者의 기본적인 덕목으로 꼽는다. 자기 수양은 성현의 가르침에 비추어 자신의 부족한 점을 끊임없이 반성하는 것이다. 남을 다스린다는 것은 자신에게 적용한 수양의 기준을 타인에게도 적용해 비판하고 교화하는 것이다. 정치무대에서 다른 사람에 대한 비판이 되풀이되다 보면 이는 정치적인 공격이 되지 않을 수 없고, 정치적 입장을 가르지 않을 수 없다. 그것이 개인이 아니라 집단으로 이루어질 때는 정치적 입장을 달리하는 복수의 정치집단을 생성하게 된다.

연령이나 처지도 붕당 생성에 영향을 미쳤다. 전배前輩 곧 노성老成한 축인지, 후배後輩 곧 연소年少한 축인지에 따라 정치적 입장이 나뉘어 붕당을 이루기도 했다. 대개 전배들은 현실을 인정하며 안주하는 데 비해 후배들은 원칙에 충실하며 비판적이었다. 일단 붕당이 생성된 뒤에는 상대 붕당에 대한 비판과 공격이 강경하고 배타적인지, 또는 온건하며 포용하는지에 따라서 다시 기존 붕당이 분기해 새로운 붕당이 생성되기도 했다.

사림세력이 중앙정계에 진출함에 따라 관직을 둘러싼 경쟁과 대립은 더욱 날카로워졌다. 관료제가 시행될 때는 언제나 관직의 수보다 관직을 차지하려는 사람이 많게 마련이고, 관직을 획득하려는 경쟁이 따르지 않을 수 없다. 또한 조선 중기에는 단순히 관직을 둘러싼 경쟁이 치열해진 데에서 나아가 관료제 운영 방식도 달라졌다. 대표적으로 사헌부司憲府, 사간원司諫院, 홍문관弘文館 삼사三司의 언론이 활발해

셨다. 삼사의 언관言官들은 당하관이면서도 당상관은 물론 국왕까지 날카롭게 비판했고, 이러한 활동은 제도와 관행으로 보장되었다. 청직淸職으로 꼽히는 삼사 언관 인사에서 관직 후보자를 선정하는 역할은 같은 당하관인 이조吏曹 및 병조兵曹의 정랑과 좌랑, 곧 전랑銓郎이 담당했다. 이처럼 전랑이 삼사 당하관을 천거할 수 있는 권리를 전랑통청권銓郎通淸權이라고 한다. 그리고 전랑은 자신의 후임자 후보를 스스로 선임하는 전랑자대제銓郎自代制가 관행으로 보장되었다. 그 결과 언관들은 상대 붕당에 대해서는 지위 고하를 가리지 않고 신랄하게 공격하는 풍토가 조성되었다. 당하관이 상대적으로 자율성을 갖고 활동할 수 있었고, 그 바탕에서 활성화된 언론은 붕당을 생성하고 경화硬化시키는 데 큰 영향을 미쳤다.

이상 여러 요인은 서로 어울려 붕당 생성의 원인이 되었다. 또한 이러한 요인들은 이후 붕당이 변화·발달하는 데도 계속 작용했다. 개별 붕당은 처음 출현한 형태 그대로 지속되지 않고 생성-성장-경화-분기-소멸의 과정을 밟으며 변화해갔다.

선조 초반에 나타난 서인은 주로 노성한 축이었으며, 이에 비해 동인은 주로 연소배들이었다. 서인이 심의겸 같은 훈구계 인물들을 용납하려는 태도를 보였다면 동인은 이들을 철저히 배격하려 했다. 그러나 선조 초반의 서인, 동인은 아직 뚜렷한 붕당이라고 할 것은 아니었고 조짐을 보인 정도라고 해야 할 것이다. 이준경李浚慶이 붕당의 조짐이 보이니 이를 경계하라는 상소를 올렸을 때 이이李珥가 붕당을 거론하는 것은 훈구파에게 사림을 공격할 빌미를 제공할 뿐이라고 반박한 데서 그 정황을 찾을 수 있다. 그 시기 이이는 서인과 동인을 조정

사간원들의 계회   간쟁과 논박을 담당하던 관청 사간원들의 모임을 그린 〈성세창 제시 미원계회도〉(16세기) 부분. 사간원 관리들은 간원, 미원이라고도 하며 사헌부·홍문관과 더불어 삼사를 이루는 언관으로 활동했다.

하려는 노력을 기울였다.

　유교 정치이념에서 국왕 앞에서 붕당을 만드는 것은 원칙적으로 불충한 행위로서 용납되지 않는 행위였다. 그러나 송대 구양수歐陽脩는 붕당에는 군자당과 소인당이 있으니 붕당을 무조건 부정할 것이 아니라 군자당을 인정하고 등용해야 한다고 주장했다. 주자朱子는 한 걸음 더 나아가 임금이 군자의 당에 들어 군자들과 더불어 정치를 하면 정치가 바르게 될 것이라는 '인군위당설引君爲黨說'을 주장했다. 조선 중기에는 이러한 구양수와 주자의 붕당론을 수용해 붕당을 인정하는 근거로 삼았다.

붕당의 심화

　서인과 동인의 대립이 조정할 수 없는 상태가 되면서 붕당의 존재를 인정하지 않을 수 없게 되었고, 이이는 1583년(선조 16) 서인으로 자정自定했다. 이로써 서인, 동인이 각각 학연으로 연결되는 붕당의 모습을 갖추게 되었다. 서인은 이이, 성혼成渾의 학맥으로 연결되었고, 동인은 이황李滉, 조식曺植의 학맥으로 연결되었다.

　선조 연간에는 개별 붕당이 아직 경화되지 않은 단계로서 임진왜란(1592)을 비롯해 급격한 정치 상황과 맞물려 여러 붕당이 빠르게 분기·소멸을 거듭했다. 1589년에는 서인들이 정여립鄭汝立이 반역을 도모했다고 고변한 기축옥사己丑獄事를 일으켜 동인들을 대거 축출했다. 그러나 그 과정에서 과도한 조처를 취했다는 반발을 사 역으로 동인이 정국의 주도권을 잡게 되었다. 그 직후 동인은 서인을 철저히 배척하는 북인北人과, 서인을 인정하고 포용하려 한 남인南人으로 분기했다. 임진왜란을 치르는 과정에서 북인이 남인 류성룡柳成龍을 공격하면서 두 붕당은 확연히 구별되었다. 남인은 학연에서 이황과 연결되는 사람들로서 다른 붕당에 유화적이었다. 이에 비해 북인은 주로 조식의 제자들이기는 했지만 학연이 그리 뚜렷하지 않았고, 다른 붕당을 인정하는 데 인색했으며 왕권을 중심으로 국정을 운영하려는 경향이 강했다.

임진왜란의 와중에 서인과 남인이 번갈아 정국을 주도하다가 전쟁이 끝날 무렵에는 류성룡이 주축이 된 남인이 주도권을 잡았다. 1598년(선조 31) 일본군을 몰아낸 뒤에는 척화斥和를 주장한 북인이 대거 관직에 진출했다. 북인은 선조 말년에 현실 인식과 지위의 차이에 따라 노성한 인물들이 주축이 된 대북大北과 연소한 인물들이 모인 소북小北으로 분기했다. 대북과 소북은 다시 어느 개인을 지지하는지에 따라 각각 골북骨北·육북肉北·중북中北과 유당柳黨·남당南黨으로 분기하기도 했다. 선조 후반의 이러한 집단들은 생성 요인이나 존립 기간, 그리고 정치 행태 등에서 볼 때 분명한 정체성을 갖는 정치적 집단으로서 붕당으로 보기는 어렵다.

광해군이 즉위한 다음에는 대북이 정국의 주도권을 잡았다. 대북이 세자 시절 광해군을 지원했고, 또 임진왜란에서 의병 활동을 활발히 전개했으며, 주전론을 주장해 명분을 쌓았기에 가능한 일이었다. 대북은 1610년(광해군 3) 문묘에 종사되었던 남인 학통의 기반이 되는 이언적李彦迪과 이황을 문묘에서 배제하려는 이른바 회퇴변척晦退辨斥을 시도했으나 실패해 오히려 주도자인 정인홍鄭仁弘은 유생 자격까지 박탈당했다. 이어서 광해군과 북인은 1614년 영창대군을 죽이고, 1618

년에는 선조의 계비이자 영창대군의 생모인 인목대비를 서인庶人으로 격하해 서궁西宮(정릉동 행궁)에 유폐하는 폐모살제廢母殺弟를 감행했다. 이러한 광해군과 북인의 행태는 다른 붕당의 존재를 인정하지 않는 일당전제적 행태요, 붕당정치의 흐름을 거스르는 움직임이었다.

이에 실세失勢해 있던 서인은 1623년 인조반정을 일으켜 광해군과 북인을 몰아냈다. 정치권력을 장악한 서인은 남인을 국정을 함께 운영할 동반집단으로 참여시켰다. 이로써 붕당정치의 틀이 다시 확립되었다. 인조대(1623~1649) 이후 정국을 주도하던 서인은 남인에 대해 강경한 대처를 주장하는 공서功西와 포용론을 펴는 청서淸西로 분기했다. 또 남인과 연합을 주장하는 노서老西와 서인이 단독으로 정국을 운영해야 한다는 소서少西라는 이름이나, 구심점을 이루는 인물에 따라 원당原黨과 낙당洛黨, 산당山黨과 한당漢黨 등의 이름이 보이기도 한다. 이는 뚜렷한 붕당으로 발전하기 전 단계의 명칭들이다.

인조대의 정치집단은 반정에 참여한 공신 계열과 일반 사류인 비공신 계열로 나누어 보는 것이 더 큰 의미를 갖는다. 이 두 집단의 알력은 병자호란과 정묘호란을 겪으면서 청淸과의 화해를 주장하는 주화론主和論과 화해를 거부하는 척화론斥和論으로 연결되었다. 병자호란 이후 최명길崔鳴吉을 중심으로 하는 주화론자들은 청과 군신관계를 수립하는 화약을 맺었다. 그러나 최명길 등은 인조 후반에 일선에서 물러났고 주화론자 공신 계열이 정국을 주도했다. 이후 효종이 즉위하면서부터는 송시열, 김상헌 등의 척화론자들이 조정에 대거 진출했다.

효종은 청에 대해 복수하고 치욕을 갚는다는 복수설치復讐雪恥를 명분으로 내세워 청을 정벌하려는 북벌北伐 정책을 추진했다. 이를 위해 군비를 강화하고 대동법을 확대하는 등 재정 확충 정책을 시행했다. 그리고 효종은 정국의 주도권을 갖고 있던 서인의 중심인물인 송시열을 독대해 북벌에 협조할 것을 요구했다. 그러나 송시열은 북벌에 실질적으로 협조하기보다는 이를 자신의 입지를 강화하는 계기로 삼았다. 효종대에는 국왕이 국정을 주도하면서 실무형 관료들의 역할이 컸던 데 비해 붕당의 역할은 상대적으로 미약했다. 이러한 가운데 대체로 서인이 주류를 이루면서 남인 일부가 참여하는 구도가 연장되었다.

효종의 북벌론은 현종대(1659~1674)에 들어서면서 효력을 상실했다. 현종대에 가장 큰 정치적 쟁점은 예송禮訟, 곧 두 차례의 복제服制 논쟁이었다. 첫 번째는 1659년 효종이 승하했을 때, 그리고 두 번째는 1674년 효종비인 인선왕후仁宣王后가 승하했을 때, 그 모후母后인 인조의 계비 장렬왕후莊烈王后(자의대비)가 각각 어떤 상복을 입어야 하는지를 놓고 서인계와 남인계의 논자들이 대립했다. 서인계는 예禮는 누구에게나 동일하므로 국왕인 효종도 둘째 아들로 보아 예외 없이 가벼운 복을 입어야 한다는 주장을 폈고, 이에 맞서는 남인계의 주장은 효종이 왕위를 승계했다는 것은 장자의 지위도 승계한 것이므로 무거운 복을 입어야 한다는 것이었다. 1차에서는 서인의 주장에 따라 장자가 죽었을 때 입는 복 가운데 삼년복보다 가벼운 기년복朞年服을 입는 것으로 결정이 되었으나, 2차에서는 남인의 주장이 채택되어 맏며느리가 죽었을 때 입는 복 가운데 대공복보다 무거운 기년복으로 결정되었다.

許穆

1695(현종 원년)
1차 예송(기해예송)

1674(숙종 원년)
2차 예송(갑인예송), 갑인환국

1680(숙종 9)
경신환국

송시열宋時烈(1607~1689)과 허목許穆(1595~1682)　　조선 붕당정치의 두 거목 송시열과 허목은 서인과 남인의 영수로서 일생 대결의 길을 걸었다. 송시열은 1635년 봉림대군(효종)의 스승으로 발탁되었다가 병자호란이 일어나자 고향으로 돌아갔다. 그는 1650년 정계 진출과 낙향을 반복한 뒤 1958년 51세에 다시 조정에 나와 북벌 계획을 추진하고 이조판서에 올라 본격적으로 정치에 들어섰다. 반면 50대까지 초야에 묻혀 학문에만 열중했던 허목은 효종의 간곡한 권유로 1657년 회갑을 넘은 63세의 늦은 나이에 벼슬길에 들어선다.

이들의 첫 대립은 1659년 효종이 죽고 예송 논쟁이 일면서인데, 당시 서인인 송시열이 승리했고 남인 허목은 패배, 삼척부사로 좌천당했다. 15년 뒤 다시 일어난 2차 예송 논쟁에서 남인이 승리했고 조정은 남인의 손에 넘어갔다. 허목은 이조판서가 되었고 송시열은 유배의 길을 떠났다. 그러나 권력을 장악한 남인들은 송시열의 처벌을 놓고 둘로 나뉘었고, 남인들 간의 싸움이 그치지 않자 숙종은 허목을 우의정에서 물러나게 했다. 끝없는 갈등으로 남인은 세력까지 잃고 말았다. 남인의 몰락은 곧 서인의 득세로 이어졌고 송시열은 다시 복귀해 즉각 남인 제거에 나섰다(경신환국).

예가 사람들의 생각과 언행에 대한 규범이요, 사회를 이끌어가는 지도 이념으로서 큰 비중을 차지하던 당시에 복제논쟁은 각별한 의미를 갖고 있었다. 복제논쟁은 다분히 이념적이며 학술적인 논쟁이다. 처음에는 각각의 주장이 반드시 학연이나 붕당과 일치하지 않았으나, 점차 정치적 성격이 짙어지면서 붕당 사이의 논쟁이 되어갔다. 그리고 그 결과 1674년(숙종 원년) 2차 예송에서 승리한 남인이 정국의 주도권을 잡게 되었다. 이는 그때까지의 서인이 주도하고 남인을 견제하던 정국 구도가 뒤집힌 것으로 첫 번째 환국換局으로 꼽을 만한 변화였다.

조선 후기
환국과 탕평정치

환국

환국이란 정국 주도집단과 견제집단이 급격하게 뒤바뀌면서 정국이 전환하는 현상이다. 조선 후기에 이르러 정치집단이 붕당의 형태를 유지하고 있기는 하지만 공존의 바탕 위에서 상호 견제하고 비판하며 균형을 이루는 붕당정치의 특성은 점점 약해지고 상대방을 배제하는 움직임이 커졌다. 그리고 정국 운영의 중심은 붕당 사이의 역학관계에서 국왕으로 이동했다. 국왕이 깊이 개입해 발생했다는 점에서 환국은 국왕 주도의 정치 운영 형태인 탕평정치로 이행하는 과정에서

ㄴ나타난 현상이다.

환국이 발생하기 시작한 숙종대에는 상품의 유통이 활발해지고 화폐가 전국적으로 쓰이기 시작했으며, 신분제에 큰 변동이 일어났고, 향촌 사회의 세력 판도에도 변화가 일기 시작했다. 환국은 이와 같은 커다란 사회 변동이 정치사에 반영되어 나타난 현상으로 보아야 할 것이다. 그런 점에서 환국기는 조선 중기 양반문화의 질서를 깨고 새로운 질서를 열어나가는 조선 후기의 첫 시기로 보아야 할 것이다.

환국은 1674년의 갑인환국甲寅換局 이후 1728년(영조 4) 무신란戊申亂까지 50여 년간 아홉 차례 발생했다. 숙종 전반기에는 남인과 서인 사이에서 정국의 주도권이 오갔다. 1680년(숙종 6)의 정국을 주도하고 있던 남인 가운데 탁남濁南 측이 병권兵權을 장악하려는 기미를 보이자 국왕 숙종이 남인을 축출하고 서인을 다시 진출시킨 '경신환국庚申換局', 1689년 숙종과 소의昭儀 장씨 사이에 태어난 왕자의 위호位號를 원자元子로 정하고 조기에 세자로 책봉하는 사안을 둘러싸고 이에 반대하던 서인들이 밀려나고 남인이 다시 등용된 '기사환국己巳換局', 1694년 폐비되었던 인현왕후仁顯王后 민씨를 복위케 하고 왕후가 되었던 세자의 생모 장씨를 다시 빈嬪으로 강등하는 조치와 함께 남인을 물러나게 하고 서인을 등용한 '갑술환국甲戌換局'이 그것이다.

갑술환국으로 남인이 중앙 정치무대에서 패퇴한 뒤에는 서인에서 분기한 노론과 소론이 정국의 주도권을 주고받았다. 1710년(숙종 36) 당시 정국을 주도하던 소론의 지도자 최석정崔錫鼎이 지은《예기유편禮記類編》을 거두어들여 불태우는 조치를 계기로 소론이 퇴조하고 노론이 진출한 경인환국庚寅換局, 1716년(숙종 42) 소론의 영수로 인정받던 윤증尹拯의 부친 윤선거尹宣擧의 문집을 훼판하도록 하고, 이어 이 듬해에 윤선거와 윤증 부자의 관작官爵을 추탈하도록 한 숙종의 병신 처분丙申處分으로 노론이 정국의 주도권을 잡은 병신환국 등은 완만하 기는 하나 정국의 변동을 수반했다는 점에서 환국에 포함시켜야 할 사건들이다.

숙종 후반에서 영조 초반 사이에는 노론과 소론 간 대립의 쟁점이 왕위 승계로 모아졌다. 따라서 대립은 더욱 날카로워지고 정치적 파 장도 커졌다. 1721년(경종 1)부터 그 이듬해 1722년 어간에는 경종의 동생인 연잉군延礽君(후의 영조)을 왕세제로 책봉하는 문제를 둘러싸고 소론이 노론을 대거 숙청하고 주도권을 장악했다. 이 두 해에 걸친 극 심한 쟁투가 '신임환국辛壬換局'이다. 1724년 연잉군이 즉위하면서 소 론 강경파인 준소峻少계가, 1725년(영조 1)에는 온건파인 완소緩少계도 물러나고 노론이 정국의 전면에 진출한 것이 '을사환국乙巳換局'이다. 이후 을사환국으로 조정에 들어온 노론이 신임옥사 당시 처벌된 노론 계열의 인물들을 신원하고 소론을 처벌할 것을 집요하게 주장하자 영 조는 1727년(영조 3) 노론 인물들을 핵심 관직에서 물러나게 하고 소 론을 다시 불러들였다. 이를 '정미환국丁未換局'이라 한다.

정미환국 이후 완소 계열의 인물들이 정국을 주도하는 상황에서 준소 계열 및 남인의 일부 인물들이 영조의 왕권 정통성을 부정하며 1728년 반란을 일으켰다. 이를 흔히 무신란이라고 한다. 무신란을 진 압한 뒤 영조는 더욱 강력하게 붕당을 부정하며, 노론과 소론 가운데 그 논의가 온건한 자들을 균등하게 등용해 자신이 정국을 주도하는 탕평책을 추구했다. 탕평책이 실시된 이후 환국은 더 이상 발생하지 않았다.

환국의 성격은 숙종 초반에서 영조 초반으로 시간이 흐르면서 그 쟁점과 양상이 바뀌어갔다. 처음에는 붕당이 대치하는 상황에서 기본적으로 붕당 사이의 역학관계에 따라 정국이 변동했다. 국왕의 역할은 부차적인 수준이었다. 그런데 숙종 후반에는 국왕이 붕당 사이의 역학관계에까지 작용하기 시작했다. 숙종은 탕평蕩平을 표방, 붕당을 부정하면서 전문관료 성향의 인물들을 측근에 포진했다. 그러다가 숙종 후반에 가서는 붕당 사이의 대립의 쟁점이 왕위 승계 문제로 바뀌면서 노론과 소론 사이의 대립은 양보할 수 없는 충역忠逆 다툼으로 비화되었다. 붕당 사이의 쟁점이 병권을 비롯한 현실적 이해관계 다툼에서 다소 학술이념적인 명분을 둘러싼 시비是非 다툼으로, 다시 이것이 의리義理를 둘러싼 충역 다툼으로 바뀐 것이다. 이렇게 왕위 승계 문제가 붕당 사이의 대립의 쟁점이 되었다는 것 자체가 왕권을 근본부터 위협하는 일이었다. 그러므로 영조로서는 노론의 지지를 받아 왕위에 올랐다고 해서 노론 편을 들 수만은 없었다. 영조는 노론과 소론, 또 그 내부에서 분기해 나온 정치집단들을 조정하고 통제하면서 자신이 정국 운영 주도권을 행사하는 방식, 곧 탕평정치를 지향하게 되었다.

탕평정치

탕평정치는 국왕이 정국의 주도권을 행사하는 정치 운영 형태로 영조와 정조 연간에 정착했다. 탕평정치는 붕당 타파를 내세워 정치집단 사이의 인위적 균형을 꾀하거나 새로운 정치집단을 형성시켰다. 그럼으로써 국왕 자신이 정치 운영론을 제시하거나 취사선택하는 방법으로 국정을 주도하려 했다. 이 기간에 조선의 정치사는 환국으로 인한 불안정과 폐단을 극복하고, 경제·사회 분야는 물론 특히 문화적으로 상당한 성과를 축적했다.

탕평론은 숙종 연간부터 제기되었다. 《상서尚書》〈홍범洪範〉 편의 황극론皇極論을 근거로 국왕이 정치권력 행사의 주체임을 새삼 확인하는 주장이었다. 이는 유교 경전 가운데 주로 사서四書에 근거해 붕당의 존재를 인정하면서 국왕이 붕당을 인정하거나 더 나아가서는 붕당에 가입해야 한다고 하는 구양수나 주자의 붕당론과 배치되는 논리였다.

영조는 노론이나 소론에서 각기 자신들의 명분으로 내세우는 의리義理를 사족 일반의 지지를 받는 공론이 아니라 편파적인 당론이요, 스스로 만든 의리라고 비판했다. 그리고 이러한 비판을 근거로 영조는 붕당 타파를 내세우고, 국왕이 세도世道의 주인임을 주장했다. 즉 국왕이 각 붕당의 의리를 판단해 인정할 수 있는 내용을 발췌해서 '조제調劑'하고 주장이 온건한 인재들을 선택해 '보합保合'해야 왕도를 공평하게 실현할 수 있다고 했다. 조제보합을 핵심으로 하는 완론緩論탕평을 주장한 것이다.

영조의 주장과 정국 운영에 대해 충역과 시비를 혼란시키는 것이므로 반대한다는 반탕평론反蕩平論이 여러 노론, 소론, 남인 계열에서 모두 제기되었다. 이러한 반대에도 영조는 재위 내내 완론탕평을 추진했다. 이에 반탕평론은 퇴조하고 탕평을 긍정하되 자신들의 의리와 원칙을 고수하고자 하는 준론峻論탕평이 등장했다. 영조는 탕평에 동조하는 인물을 위주로 등용하고 이들을 왕실의 외척으로 끌어들여 자신의 측근세력으로 삼았다. 이렇게 탕평 정책이 추진되면서 붕당은 정치집단으로서의 정체성을 상실해갔고, 영조 말년에는 이들이 탕평당蕩平黨으로 불리는 노성한 기득권층을 형성했다.

영조는 완론탕평을 통해 왕권을 강화시키는 방편으로 경연을 활성화했다. 이전의 경연은 학자 관료들이 국왕을 학문적으로 보필하면서 동시에 자신들의 주장을 주입하는 자리였다. 그러나 영조는 《대학大學》이나 《정관정요貞觀政要》*와 같이 군주권을 강조하는 책을 교재로 채택해 경연을 자신의 주장을 관철시키는 자리로 삼았다. 영조는 자신이 국정 운영의 주체가 되어, 경연을 통해 산림山林으로 대표되는 사족 관료들의 사상적 우위를 견제한 것이다.

또한 영조는 고위 관원들의 합좌기구인 비변사備邊司의 기능을 강화했다. 비변사에 참여하는 인원을 늘리고 비변사에서 팔도의 관찰사가 보고하는 장계를 관리하도록 하는 팔도구관당상제八道句管堂上制를 실시했다. 이에 반해 언관을 비롯한 당하관들에게는 자율성을 제한하는 조처를 취했다. 1741년(영조 17)에는 이조 낭관이 청요직의 인사 후보자를 선임하는 이랑통청권吏郞通淸權과 사관史官 후보자를 전임 사관들이 천거하는 한림회천법翰林回薦法을 혁파했다. 국왕 측근인 고위 관료들의 권한을 강화하면서 비판과 감독 기능을 담당하던 당하관의 권한은 제한함으로써 왕권을 강화하려는 조치였다. 또한 중인과 일반민의 이익을 보호하기 위해 신문고를 설치하고 상언上言·격쟁擊錚을 활성화하는 한편, 혹독한 형벌을 금지하기도 했다. 이러한 조치들은 법적, 제도적 정비로 이어져 1746년(영조 22)에 《속대전續大典》이 간행 반포되었다.

영조의 탕평 정책은 왕권을 강화하고 측근세력을 키우는 방향으로 추진되었다. 이를 바탕으로 성장한 영조의 측근세력은 점차 기득권층

정관정요
당 태종이 근신들과 정치적 문제를 논한 것을 현종 때 오긍이 항목을 분류해 엮은 책으로 정치 철학을 기본 내용으로 하고 있다. 당 태종은 동양의 제왕 중 성군으로 꼽히는 인물로 이 책은 제왕학의 교과서로 꼽힌다.

이 되어서 당하관의 비판과 감독 기능을 약화시키고 새로운 정치집단의 진출을 막는 등 문제를 야기했다. 이들은 정국 운영의 방향을 바꾸고자 하는 기미를 보였던 사도세자를 영조가 죽이는 데 동조 또는 방조했다. 이러한 문제점은 정조대 정치의 숙제가 되었다.

정조는 영조대의 탕평정치는 이어받되, 완론탕평이 원칙을 상실했다는 비판 위에서 의리를 존중하는 준론탕평을 표방했다. 정조는 영조대의 외척을 중심으로 한 탕평당이 당론을 주장해 탕평의 근본정신을 저버렸다고 비판하며 이들 정치집단을 배제하는 것을 인사의 첫째 원칙으로 삼았다. 그리고 원칙을 견지하고 진정한 의리를 지키는 청의淸議와 준론을 중심으로 한 탕평을 내세웠다. 정조는 국왕 자신이 온 백성의 어버이로서 국정 운영의 중심이 되어야 한다고 생각했다. 따라서 이러한 논리 앞에서 붕당은 인정될 수 없었다.

정조는 자신의 뜻을 펼칠 중심 기관으로 규장각을 설치했다. 규장각은 왕실 관계자료 보관소에서 왕립 도서관이자 연구소로, 그리고 기존의 홍문관이나 승정원의 기능 일부를 흡수한 학술정무기관으로 확장되었다. 정조는 규장각을 통해 신진 관료들을 육성하고 기존 관료들을 재교육시켰으며, 국왕이 독점할 정보를 수집 관리하게 하는 한편 정책 개발, 감찰 기능까지도 담당하게 했다. 정조대 초기에는 영조대 당시 혁파되었던 이조 낭관 통청권을 일시 재도입했으나 중반에는 다시 폐지하고 재상의 권한을 강화했다. 그리고 《대전통편大典通編》을 편찬해 영조대에 이어 재차 법제를 정비했다.

군사적으로는 장용영壯勇營을 신설해 군문을 통일하여 병권을 장악했다. 경제적으로는 화성을 축조해 경제의 중심지로 삼는 등 지방에 대한 지배를 강화하려 했으며, 신해통공辛亥通共을 실시해 상업의 활성화를 꾀했다. 사회적으로는 상언·격쟁을 활성화해 일반민의 소원을 국왕 자신이 직접 듣고 해결하려는 노력을 기울였다. 또한 서얼이 청직에 나아갈 수 있도록 허용하고, 노비추쇄법을 혁파하는 등 민의 이익을 보호하기 위한 조치를 취했다. 이러한 정조의 정책은 성장하는 중간계층을 자신의 정치 기반으로 삼으려는 목적으로 추진되었다.

정조대의 탕평 정책은 붕당을 타파하고 외척을 포함한 기득권 집단을 제어해 왕권을 강화하는 방향으로 추진되었다. 그 결과 정치권력이 과도하게 국왕으로 집중되었다. 권력에 스스로 참여하지 않았거나 배제된 세력은 왕권을 부정하고 저항을 꾀하기도 했다. 이러한 상황에서 정조가 급작스럽게 승하하자 국왕에게 집중되었던 정치권력은 순조에게로 순탄하게 이어지지 못하고, 세도가문이 권력 행사의 중심으로 부상했다. 이것이 세도정치다.

조선 말기 세도정치

세도정치는 서울에 기반을 둔 소수의 유력한 가문인 세도가문이 정국의 주도권을 독점적으로 장악해 행사하는 정치 운영 형태이다. 1800년 즉위한 순조는 정국 운영의 구심점이 되기에는 역부족이었다. 이에 권력의 중심이 국왕으로부터 세도가문으로 이동했다. 세도

규장각 역대 조선 국왕의 시문과 서화, 유교, 고명, 선보 璿譜(王世譜), 보감 등을 관리하는 기구 규장각을 그린 〈규장각도〉(김홍도, 1776년경). 정조가 즉위하자마자 이를 설치한 이면에는 왕권강화를 위한 친위세력의 육성이라는 정치적인 목적이 있었다.

장용영　　조선 후기 왕권 강
화를 목적으로 설치된 친위군
장용영의 〈본영도형本營圖形〉
(1799). 장용영은 도성 내의 본
영인 내영과 수원에 설치된
외영으로 편제되었고, 총책임
자를 장용사라 했다.

가문이란 서울에 근거를 둔 안동 김씨, 풍양 조씨, 반남 박씨, 대구 서씨, 연안 이씨, 풍산 홍씨 등 소수의 유력한 가문을 가리킨다. 이들은 불천위不遷位 제사를 중심으로 큰 가문을 형성해 관직 인사 등을 과점했다. 그리고 공익보다는 자신들의 사리를 추구하며 사회 모순을 증폭시켰다. 이에 대하여 농민들은 이전과는 다른 모습으로 저항하기 시작했다. 이른바 '민란民亂'이라고 하는 농민항쟁이 그것이다. 이러한 변화는 그 의미가 매우 큰 것이었다. 따라서 순조부터 근대의 기점이 되는 1876년 개항까지는 조선 후기와 구별해 조선 말기로 시기를 설정하는 것이 마땅하다.

세도정치는 탕평정치기에 붕당이 정치집단으로서 정체성을 상실하고 국왕에게로 권력이 집중되었다가 정조의 승하와 순조의 즉위로 국왕이 행사했던 권력에 공백이 생기자 이것을 특정 가문이 차지함으로써 나타났다. 세도가문은 왕실과 외척관계를 형성해 왕권을 배경으로 삼아 자신들의 권한을 확대했다. 서울에 근거를 둔 소수의 세도가문끼리 배타적 연합을 이루어 다른 세력의 정치적 진출을 차단했고, 조선 후기 권한이 비대해진 비변사를 장악함으로써 공적인 국가권력에 개입하는 장치로 활용했다.

이러한 폐쇄성으로 세도가문들은 당시 사회가 안고 있던 개혁 과제들을 방기하고 자신들의 이익만을 추구했다. '세도世道'를 자신들이 갖고 있음을 천명할 뿐, 그 세도의 내용을 채우려는 노력은 기울이지 않아 세도론은 공허한 논리로 남게 되었다. 공론을 바탕으로 한 언론 기능은 무력하게 되었고, 연소한 관료들의 국정 참여는 무기력해졌다. 순조에서 철종까지는 안동 김씨 김조순 가家와 풍양 조씨 조만영

가가 협력의 기반 위에서 제한적인 경쟁을 할 뿐, 다른 정치집단은 크게 활동하지 못하는 형세였다.

세도정치는 많은 사회적 문제를 낳았고, 이를 증폭시켰다. 이에 대해 농민들은 여러 방면에서 다양한 형태로 저항했다. 1811년(순조 11) 홍경래洪景來 등이 주도한 평안도 농민전쟁, 1862년(철종 13) 삼남 지방에서 시작해 전국적으로 봉기한 임술민란壬戌民亂 등이 발생했다. 그러나 당시 농민항쟁은 아직 새로운 체제를 세울 만한 역량을 갖춘 것은 아니었다.

이러한 와중에 1863년 고종이 즉위하면서 그의 생부 흥선대원군이 실권을 장악했다. 흥선대원군은 세도정치기에 기득권을 갖고 있던 가문과 그에 속한 인물들을 대거 축출하는 등 세도정치적 질서를 타파하는 조치를 취했다. 그러나 그 역시 세도정치의 틀을 극복하지는 못했다. 권력 행사의 중심이 외척 가문에서 내척 인물로 바뀌었다는 한계를 벗어나지 못한 것이었다. 19세기 중반 서양 제국주의 열강이 동아시아로 밀려들었다. 조선 역시 그 침탈의 흐름을 벗어나지 못했다. 1876년(고종 13) 일본과 제1차 조일수호조규(강화도조약)를 맺고 개항開港을 했다. 불평등조약에 의한 개항에 따라 조선은 자본주의 체제로 편입되었다. 개항을 기점으로 한국사는 중세를 지나 근대로 이행하게 되었다.

— 홍순민

王覽爭酖

王覽祥之弟與祥友愛甚篤母朱氏遇祥
無道覽年數歲見祥被楚撻輒涕泣抱持至
於成童每諫其母其母少止凶虐朱氏以非
理使祥覽輒與祥俱又虐使祥妻覽妻亦趨
而共之朱患之乃止朱屢以非理使祥覽妻
亦趨而共之朱患使祥知之徑起取酒祥疑其有毒爭而不與朱遽奪反之自後
朱賜祥饌覽輒先嘗朱懼覽致斃遂止

노더브러이지극ᄒ여그어미를두려ᄒ미다른아이라니
너셔졉ᄒ나남은나히두어셜에
스ᄅ면문돋올버며그여미를과ᄒ여맛ᄃ니라
라양그어미를과ᄒ여맛ᄃ니너
ᄂ니라왕남은왕샹의ᄀ이마ᄃᄅ아이라니
도더브러우이지국ᄒ여그어미를두려ᄒ미다른아이
리너남이반ᄃ시이ᄒ
것ᄒ여ᄃ여러맛ᄃ니
너ᄒ미고ᄃ지ᄃ러맛반
ᄂ녀히여남의안ᄒ미
고부리면남의안ᄃ시ᄒ
울너하ᄃ며샹
ᄃ우ᄃ너러붓ᄃᄃ빗
의우리

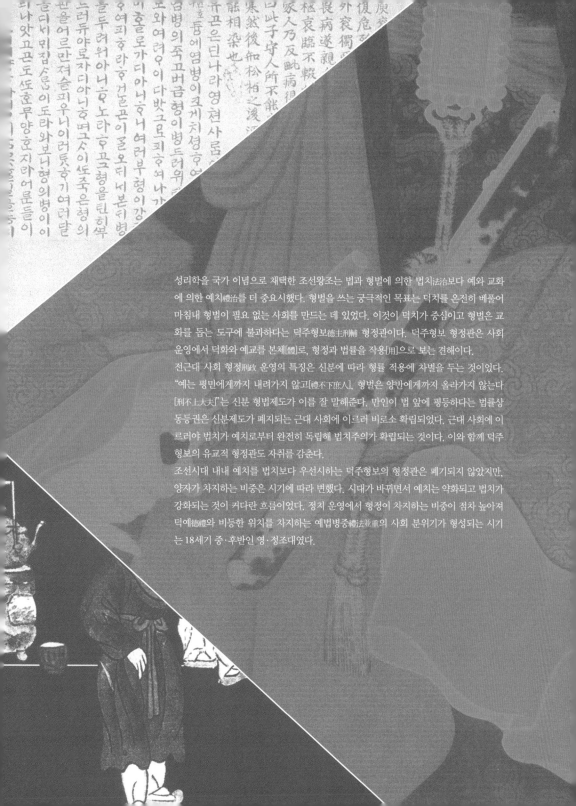

성리학을 국가 이념으로 채택한 조선왕조는 법과 형벌에 의한 법치法治보다 예와 교화에 의한 예치禮治를 더 중요시했다. 형벌을 쓰는 궁극적인 목표는 덕치를 온전히 베풀어 마침내 형벌이 필요 없는 사회를 만드는 데 있었다. 이것이 덕치가 중심이고 형벌은 교화를 돕는 도구에 불과하다는 덕주형보德主刑輔 형정관이다. 덕주형보 형정관은 사회 운영에서 덕화와 예교를 본체[禮]로, 형정과 법률을 작용[用]으로 보는 견해이다.

전근대 사회 형정刑政 운영의 특징은 신분에 따라 형률 적용에 차별을 두는 것이었다. "예는 평민에게까지 내려가지 않고[禮不下庶人], 형벌은 양반에게까지 올라가지 않는다[刑不上大夫]"는 신분 형법제도가 이를 잘 말해준다. 만인이 법 앞에 평등하다는 법률상 동등권은 신분제도가 폐지되는 근대 사회에 이르러 비로소 확립되었다. 근대 사회에 이르러야 법치가 예치로부터 완전히 독립해 법치주의가 확립되는 것이다. 이와 함께 덕주형보의 유교적 형정관도 자취를 감춘다.

조선시대 내내 예치를 법치보다 우선시하는 덕주형보의 형정관은 폐기되지 않았지만, 양자가 차지하는 비중은 시기에 따라 변했다. 시대가 바뀌면서 예치는 약화되고 법치가 강화되는 것이 커다란 흐름이었다. 정치 운영에서 형정이 차지하는 비중이 점차 높아져 덕예德禮와 비등한 위치를 차지하는 예법병중禮法並重의 사회 분위기가 형성되는 시기는 18세기 중·후반인 영·정조대였다.

교화와
형정

백성을 무엇으로 다스릴 것인가

교화 중심의
통치체제 확립

유교적 형정관의 확립

국가 통치수단의 근본은 덕치와 인정仁政이며 형벌은 보조수단이 되어야 한다는 것은 유교 고유의 정치사상이었다. 유가 정치사상의 특징은 통치 방법에서 덕으로 복종케 하는[以德服人] 왕도를 주장하고 힘으로 복종케 하는[以力服人] 패도覇道를 반대하는 것이었다. 덕과 예를 바탕으로 하는 덕치가 형벌로 다스리는 법치보다 우월하다는 점을 공자는《논어》〈위정편爲政篇〉에서 다음과 같이 말했다.

법으로 이끌고 형벌로 다스리면 백성이 형벌은 모면하나 부끄러움을 못 느낀다. 그러나 덕으로 이끌고 예로써 다스리면 염치를 느끼고 또한 바르게 된다[道之以政 齊之以刑 民免以無恥 道之以德 齊之以禮 有恥且格].

바람직한 사회질서는 내면적 자율성으로부터 구축되는 것이지 제도나 법률과 같은 외부적 강제력을 통해 이루어질 수 없다는 주장이다. 이러한 생각에서 공자는 백성을 덕으로 이끌고 예로써 다스릴 것을 강조했다. 덕화와 예교를 실행하면 비록 단기적으로는 효과를 거두기 어렵지만 시간이 지나면 결국 잔인함과 포악함이 사라지고 형벌에 의한 죽임도 면할 수 있다고 보았기 때문이다.

그렇다고 조선시대 위정자들이 정치와 형벌의 필요성을 부정하고 덕치와 예교禮敎만을 주장한 것은 아니었다. "형벌로 악을 징계하는 것은 나라의 떳떳한 법이다", "형벌은 만세의 큰 법전이어서 하루도 폐할 수 없다"는 주장처럼 형벌을 긍정하는 목소리 또한 자주 제기되었다. 이들은 천리, 인정과의 조화를 무시한 채 법률과 형벌에 의해서만 다스려지는 통치질서를 배격했을 뿐이었다. 조선시대 위정자들은 교화와 형벌이라는 두 가지 통치수단을 놓고, 교화를 앞세우고 형벌을 뒤로하며 덕화와 예교를 근본으로 하고 법률과 형벌을 보조로 삼는 덕주형보德主刑輔를 주장했다. 이들이 정치 운영에서 형정刑政보다 예악禮樂을 우선시해야 한다고 주장하는 이유는 다음과 같은 세 가지다.

첫 번째 이유는 형벌의 남용을 방지할 수 있다는 이점 때문이다. 법가는 엄격함으로 인민을 복종케 한다는 엄형준법嚴刑峻法 사상을 바탕으로 경죄중형輕罪重刑, 이형거형以刑去刑의 이론을 성립시켰다. 형벌을 행하는 데 있어서 가벼운 죄를 무겁게 처벌해 가벼운 죄가 생기지 않는 것은 물론 무거운 죄도 생기지 않도록 한다는 것이 경죄중형, 이형거형의 이념이다. 법가는 성악설에 따라 인간의 본성은 기본적으로 이기적인 욕망에서 벗어날 수 없다고 보았다. 법가는 인간의 욕망 작용을 생래적이고 본원적인 것으로 파악해 예를 통한 교화 가능성을 인정하지 않고 오직 법에 의한 교정 가능성만을 인정했다. 이러한 관점에 따르면 인성의 악함과 인민의 간사함을 교정하기 위해서는 오직

언한 형벌을 전제로 한 철저한 법치를 실시해야 한다. 인성의 악함은 예로는 교정할 수 없으며 오로지 강력한 법의 힘으로 다스려야만 인간의 욕망을 통제할 수 있다는 것이 법가의 신념이었다.

반면 성선설을 주장하는 유가는 관용으로 형벌을 줄인다는 약법생형約法省刑을 바탕으로 덕주형보 사상을 성립시켰다. 형벌은 예악을 근거로 하지 않으면 남용의 폐단이 생긴다는 주장이다. 《논어》에 나오는 "예악이 일어나지 못하면 형벌이 알맞지 못하고 형벌이 알맞지 못하면 백성이 손발을 둘 곳이 없게 된다[禮樂不興則刑罰不中 刑罰不中則民無所措手足]"는 공자의 말이 이러한 생각을 잘 표현하고 있다.

두 번째 이유는 효과 면에서 우월하다고 생각했기 때문이다. 예는 사전에 잘못을 예방하고 법은 사후에 제재한다. 이미 일어난 일을 징벌해 두려움을 알게 하는 것은 아직 일어나지 않은 일을 미리 방지해 피할 줄을 알게 하는 것만 못하다. 맹자는 "죄에 빠짐에 이르고 나서 형벌을 내린다면 이는 백성을 그물질하는 것과 같다[及陷於罪 然後從而刑之 是罔民也]"고 했다. 지레 죄에 빠지지 않는 길을 교육하지 않고, 죄를 지은 뒤에 잘못을 처벌하는 것은 옳지 않다는 주장이다.

세 번째 이유는 형벌의 위협이 갖는 한계와 부작용을 염려하기 때문이다. 법은 사람에게 형을 가할 수는 있으나 염치를 알게 할 수 없으며, 사람을 죽일 수는 있으나 어질게 만들 수 없다는 한계가 있다. 또한 형벌의 위협은 일시적으로 쓸 수 있는 방책이기는 하지만 오랜 기간 사용할 수 있는 것은 아니다. 형벌의 사용은 복종하지 않는 사람들을 복종시키려는 것이지만 학정虐政을 낳는 부작용이 있다. 형벌의 위협을 두려워하지 않으면 더 큰 위협을 해야 하기 때문이다. 공자는

"가르치지 않고 죽이는 것을 잔학이라 하고, 미리 훈계하지 않고 잘
못된 결과만을 따지는 것을 포학이라 하고, 법령을 엉성하게 하고 실
천의 기한만을 압박하는 것을 도적이라 한다[不教而殺謂之虐 不戒視成謂
之暴 慢令致期謂之賊]"고 했다. 잔인하고 포악한 형벌 사용은 단기적으
로는 효과를 거둘지 모르지만 시간이 지나면 한계를 드러낼 수밖에
없으므로, 백성을 가르치고 훈계하는 일을 게을리 해서는 안 된다는
주장이다.

이로 볼 때 덕주형보는 '덕은 될수록 크게, 형은 될수록 적게'라는
입장임을 알 수 있다. 악을 금지하는 데 형벌이 없어서 성인도 마지못
해 형벌을 쓴다. 그러나 성인이 형벌을 쓰는 까닭은 궁극적으로 형벌
을 쓰지 않기 위해서이다. 덕치를 온전히 행하고 인정仁政을 베풀면
마침내 형벌이 필요 없는 지극히 다스려진 세상이 도래할 것이다. 덕
주형보의 궁극적인 목표는 덕으로써 형벌을 없앤다는 이덕거형以德去
刑이다. 조선왕조 건국의 설계자 역할을 한 정도전은 이덕거형의 이
상을 다음과 같이 표현했다.

출처: 《삼봉집三峰集》 권14, 〈조
선경국전朝鮮經國典 헌전憲典 총
서總予〉.

조선경국전
정도전의 사찬 법전인 《조선
경국전》은 주나라인 《주례周
禮》의 육전체제를 조선의 현실
에 맞게 조정한 것이다. 《주
례》에서는 주로 재상·과거·
병농일치 제도의 이상을, 한
나라·당나라의 제도에서는 중
앙집권 및 부국강병과 관련되
는 부병府兵·군현·부세·서리
胥吏 선발제도의 장점을 흡수
했다.

성인이 형을 만든 것은 이것에 의지하여 정치하려는 것이 아니라, 오직 형
으로써 정치를 도우려는 것뿐이다. 형벌을 씀으로써 형벌을 쓰지 않게 하
고, 형벌을 씀에 형벌이 없어지기를 기약하는 것이다. 만약 우리의 정치가
이미 이루어지게 된다면 형은 방치되어 쓰이지 않게 될 것이다.●

정도전은 형벌의 필요성을 부인하지 않았지만 정치의 중심을 덕화
와 예교에 두었다. 그리고 덕으로 이끌고 예로써 다스리면 마침내 형

벌이 필요 없어지는 이상적인 경지에 도달할 수 있다고 보았다. 정도전은 《서경書經》의 '형벌을 씀에 형벌이 없어지기를 기약한다'라는 형기무형刑期無刑을 덕치와 인정으로써 형벌의 필요성을 없앤다는 이덕거형으로 이해하고 있었다. 예와 인을 형정 운용의 기본정신으로 삼는 유가의 이덕거형은 형으로써 형을 제거한다는 법가의 이형거형과는 대비가 되는 형정관이다.

재지사족의 향권 장악

조선왕조는 전국 모든 군현에 지방관을 파견하고 이들을 통해 획일적으로 지방을 통제해 궁극적으로 강력한 중앙집권화를 이루고자 했다. 군현제 정비 정책은 수령권을 강화하는 방향으로 나타났다. 조선왕조의 개국을 주도한 정치세력은 15세기에 이르러 지방 토착세력의 서울 이주와 외방 거주 금지, 향리의 대대적인 다른 지역으로의 이주 등의 조치를 내렸다. 그리고 수령과 감사 등 지방관에게 강력한 권한을 부여해 조정의 덕화를 널리 선양함으로써 백성을 순화시키도록 했다. 이는 조선시대 수령 역할을 정리한 수령칠사守令七事에 잘 드러난다. 고려시대의 수령오사●를 기초로 조선시대에는 학교를 일으키는 것[學校興]과 군정을 닦는 것[軍政修] 두 가지를 더 추가했다. 특히 조선왕조는 학교를 수리하고 학문을 밝히는 일[修明學校]을 수령의 책임으로 새롭게 추가해 인사고과의 기준으로 삼았다. 학교는 풍화風化의 근원이며 인재를 양성하는 곳이기 때문이다.

조선왕조는 성리학을 국가 교학으로 정착시키기 위해 노력했다. 따라서 성리학적 이념의 확산 보급을 위해 수령의 권학勸學 기능을 중시

수령오사
수령의 다섯 가지 임무, 즉 농지를 넓히고[田野闢], 호구를 늘리고[戶口增], 부역을 고르게 시행하며[賦役均], 사송을 간소화하고[詞訟簡], 도적을 막는다[盜賊息]를 가리킨다.

했다. 수령에게 교관과 생도에 대한 감독권을 부여해 교육의 중앙집권화를 꾀한 것이다. 그리고 세종 때부터는 500호 이상의 군현에 향교의 교관을 중앙에서 직접 파견해 향교 교육을 강화하고 국가의 통치이데올로기가 조선의 각 지방에 균일하게 확산되도록 했다. 조선왕조는 한 고을에 하나의 교육기관을 설치하는 일읍일교一邑一校의 원칙에 따라 전국 군현에 학교를 설치하고 성리학적 이념의 보급을 위해 예속禮俗, 즉 교화를 권장했다. 백성의 부모인 주현 지방관의 제일 중요한 임무는 조정의 덕화를 널리 선양함으로써 풍속을 바꾸고 순화시키는 것이며, 그다음 중요한 책무는 조정의 법령에 근거해 착한 일을 권장하고 악한 일을 징벌하는 것이었다.

조선왕조는 사회윤리의 가장 기본이 되는 도덕인 삼강오륜으로 백성을 교화했다. 군신, 부자, 부부, 장유, 붕우의 사회적 관계에 필요한 충忠, 효孝, 열烈, 제悌, 신信의 덕목을 규정한 오륜五倫과, 그 가운데서도 특히 군신, 부자, 부부의 관계를 상하·주종·존비 관계로 강조한 삼강三綱은 어떤 시기 어떤 상황에서도 변하지 않는 진리, 즉 하늘의 이치인 천리를 구현한 것이라고 주장했다. 삼강오륜은 현실 사회에서의 차별적인 인간관계를 천리로 합리화한 것으로 신분적인 차별과 억압을 정당화하는 신분 사회의 이데올로기였다. 삼강오륜을 준수하도록 요구하는 것이 강상론綱常論, 명분론이었으며, 이를 위배하는 행위는 강상죄綱常罪, 윤상죄倫常罪, 범분죄犯分罪 등으로 특히 엄중히 처벌했다.

그러나 16세기 이후로 지방양반인 재지사족세력이 경쟁자인 향리세력을 누르고 지배권을 확보하자, 조선왕조는 수령을 통한 직접적인 지방 지배 방식에서 재지사족의 지배권을 인성하고 이들을 활용하는 간접적인 방식으로 선회했다. 16~17세기에 이르러 국가의 지방 통치는 재지사족을 적극적으로 끌어들이는 방향으로 바뀌는데, 이는 조선 초기에 추구되었던 수령 중심 지방 통제 정책의 한계 때문이었다. 생원이나 진사, 내사조內四祖(아버지의 부·조부·증조 및 외조부)와 외사조外四祖(어머니의 사조) 내에 현관顯官, 즉 동서반東西班 정직正職 5품 이상, 감찰監察, 육조낭관六曹郎官, 부장部將, 선전관宣傳官, 현감縣監 등을 역임한 집안, 문무과 급제자 및 그 자손 등을 사족, 즉 양반이라고 규정한 것이다.[•] 또한 사족과 상민의 엄격한 구분을 지시하는 전교傳敎를 잇달아 내려, 사족과 상민을 차별하는 반상제적班常制的 구분을 엄격히 했다. 이전에는 없었던 사족과 상민, 사족과 노비 등 신분 사이의 차별 규정이 새롭게 나타나기 시작한 것이다. 이는《수교집록受敎輯錄》을 통해 다음과 같이 정리되었다.

출처:《각사수교》형조 수교 경술[1550년(명종 6)] 2월 27일 전傳

> 사족士族과 상한常漢의 구분은 매우 엄하다. 서인庶人이나 천구賤口가 호강豪强한 세력을 믿고 사족을 구타하면 온 가족을 변방으로 강제 이사시키는 전가사변全家徙邊의 형률을 거듭 밝혀 거행한다.

조선 사회는 16세기에 이르러 양천제良賤制, 즉 양인과 노비로 구분하는 신분차별 사회에서 반상제班常制, 즉 사족과 상민 및 천민 사이의 신분차별 사회로 이행한 것이다. 조선왕조가 사족의 신분적 지위를 법률적으로 보장해주자, 이를 바탕으로 재지사족은 지방 사회에 대한 지배권인 향권鄕權 장악에 나섰다. 재지사족은 폐쇄적인 신분공동체

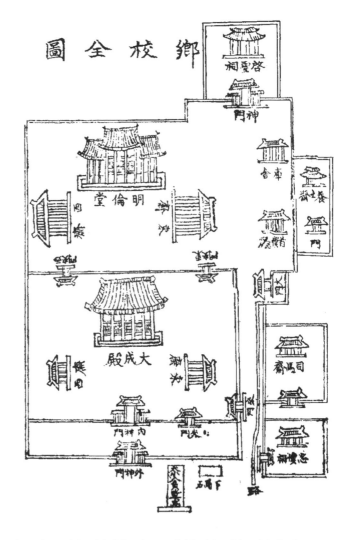

1127(인종 5)
여러 주에 학교를 세우도록 조서를
내림.

1406(태종 6)
각 도의 향교와 생도의 수를 정함.

1894(고종 31)
과거제도 폐지. 향교는 이름만 남아 문
묘를 향사함.

향교의 구성 《나주 향교지》에 그려진 〈향교 전도〉. 향교는 배향 공간과 강학 공간으로 구성된다. 배향 공간은 공자를 비롯한 중국과 우리나라의 여러 선현의 위패를 모시는 대성전과 동무東廡·서무西廡를 말하고, 강학 공간은 학습을 하는 명륜당明倫堂, 교생들이 공부와 숙식을 하는 동재東齋·서재西齋로 구성된다. 일반적으로 향교가 평지에 위치한 경우 배향 공간이 앞에 오고 뒤에 강학 공간이 배치되는 전묘후학의 형태를 이루지만, 구릉을 낀 경사진 곳에서는 높은 뒤쪽에 배향 공간, 앞의 낮은 곳에 강학 공간을 두는 전학후묘로 배치된다.

향교는 지방 유일의 관학으로 초기에는 교육과 교화의 중심지였으나, 교육효과가 미약할 뿐 아니라 교관이 무능했다. 또한 양반들이 향교 교육을 외면하고 대신 사립 서재와 서원 등을 찾으면서 향교의 교육기능은 쇠퇴해 후기에는 주로 제향의 기능을 수행했다. 향교는 고을 양반들의 향촌 통제기관의 하나로 활용되기도 했는데, 양반은 향교에 출입하면서 자신의 신분을 과시했다.

1431(세종 13)

충신·효자·열녀를 각각 35명씩 모두
105명을 뽑아 그 행적을 그림과 글로
칭송하는 《삼강행실도》 편찬.

1481(성종 12)

《삼강행실도》 한글 번역.

1797(정조 21)

《삼강행실도》에 《이륜행실도》를 덧붙
여 《오륜행실도》 편찬.

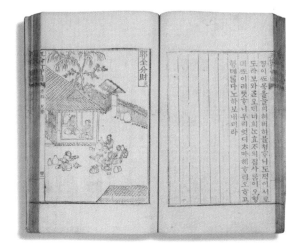

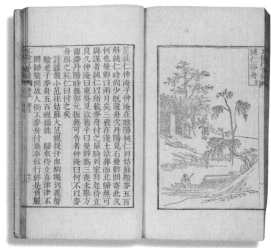

삼강오륜의 삶   백성 교화 차원에서 유교의 윤리 기본 덕목을 보급하기 위해 편찬된 《오륜행실도》(이병모, 1797) 중 〈형제도〉와 〈붕우
도〉. 《오륜행실도》는 부자·군신·부부·장유·붕우 등 오륜에 모범이 된 150인의 행적을 추려 그들의 이야기와 판화를 덧붙였다. 수록
된 인물들은 대부분 중국인이고, 우리나라 사람으로는 효자 4인, 충신 6인, 열녀 5인만이 실려 있다. 내용 별로 그림, 한문, 한글 설명
의 순서로 되어 있다. 삼강오륜은 유교에서 도덕 사회를 위해 우선 실천해야 할 윤리였다. 이는 중국 전한 동중서가 삼강오설을 논한
데서 유래해 우리나라와 중국에서 많이 강조되었다.

인 향회鄕會를 중심으로 결집하고 고을 양반들의 명부인 향안鄕案을 작성함으로써 평·천민에 대한 신분적 지배력을 확보하고자 했다. 재지사족이 향안을 작성하면서 내세우는 이유는 다음과 같았다.

고을에 향안이 있는 것은 무엇 때문인가. 훌륭한 양반[世族]임을 드러내기 위함이다. 훌륭한 양반임을 드러내 무엇에 쓸 것인가. 장차 그로 하여금 고을에 기강을 세우고 백성의 풍속[民俗]을 바르게 하기 위함이다.●

출처: 《우복집愚伏集》 권15, 〈상주향사당제명록서尙州鄕射堂題名錄序〉.

또한 "고을에 규약이 있는 것은 나라에 법이 있는 것과 같다"라고 해서, 자신들이 제정한 고을의 법규인 향헌鄕憲, 향강鄕綱이 국법과 같은 권위를 갖는 것임을 역설하기도 했다.

재지사족이 향촌 사회에서 평·천민에 대한 지배력을 관철할 수 있는 가장 효과적인 수단은 향약鄕約이었다. 재지사족이 향약을 실시하는 기본 목적은 교화를 통해 반상제적인 신분질서를 유지·강화하는 한편 부역賦役을 합리적으로 조정함으로써 평·천민의 저항을 무마하려는 것이었다. 향약에서는 '세금 납부를 소홀히 하고 노동력 징발을 면제받으려 하는 자', '자신의 집에 사람을 많이 끌어들여 국가의 역을 회피하려는 자' 등을 비리행위로 규정해 처벌했다. 재지사족은 사회적 비리를 스스로 규제하는 자정능력을 발휘함으로써 향촌 사회의 지배자로 군림하고자 했던 것이다. 그리고 '부세를 성실히 거두어 수령에게 바침'으로써 향촌 사회에서의 위상을 확고히 할 수 있었다. 그뿐만 아니라 '풍속을 바루고', '염치를 권장하며', '수령을 보좌하고', '부역을 균등히 하며', '향리들을 통솔하고', '민생을 안정시키느' 등의 역할도 자인했다. 재지사족들이 스스로를 규제하는 향규鄕規를 만들어 솔선수범해 자기통제를 하고, 이러한 자정능력을 바탕으로 평·천민들에게 교화를 수행하며 국가의 지방 지배 목표인 부세의 수취를 원활히 할 수 있도록 협조했으므로 수령은 이들의 향촌 자치권을 용인해주었다. 이처럼 재지사족들이 교화와 부세 운영을 장악한 것을 바탕으로 수령과 유착·길항 관계를 유지하면서 향촌 사회를 지배하는 사회 구조를 사족지배체제라고 한다. 즉 사족지배체제란 재지사족들이 향안을 모체로 하여 향회를 중심으로 결집하고, 향규를 제정해 자신들의 비리를 스스로 규제하며, 향약 실시를 통해 하층민에 대한 교화와 부세 운영을 담당하는 방식의 향촌 사회 운영구조를 말한다. 재지사족은 토지·노비 등의 물적 토대를 확보함으로써 경제적 기반을 구축했으며, 향약이나 동약洞約 등의 실시를 통해 평·천민에 대한 이념적 신분적 지배를 관철해 나갔던 것이다.

한편 17세기 양란으로 사회질서와 신분질서가 붕괴할 위험에 처하게 되자 사회 전반적으로 의리와 명분이 강조되었다. 지배층은 예가 다스려지면 천하가 다스려지고, 예가 어지러워지면 천하가 어지러워지며, 예가 존재하면 천하가 존재하고, 예가 없어지면 천하가 망한다고 주장했다. 이들이 보았을 때 천하국가의 흥망성쇠가 예에 달렸으니 가르침 중에 예교禮敎보다 앞서는 것이 없으며, 배움 중에 예학禮學보다 간절한 것이 없었다. 두 차례의 전란을 거치면서 국가 기강이 흐트러지고 양반 권위가 도전을 받게 되자, 사람이 살아가는 의례 법칙의 표준이며 국가가 백성을 교화하는 전범典範인 예학이 발달하게 된것이다.

1517(중종 12)
경상도 관찰사 김안국 《여씨향약》 간행 반포.

1519(중종 14)
기묘사화로 향약 폐지.

1571(선조 4)
이이 《여씨향약》과 《예안향약》을 근거로 《서원향약》을 만듦.

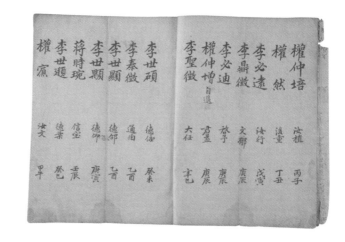

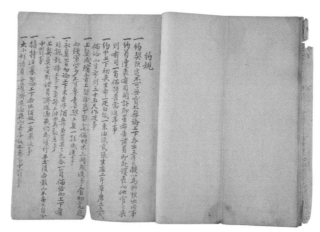

향안과 향규 경주 안강읍의 《향약안鄕約案》에 수록된 향안과 향규(1676). 향촌 사회는 향규에 의해 향안이 작성되었다. 여기에는 대개 재지사족들만이 입록될 수 있다. 또한 향안에 입록되어야 비로소 양반으로서의 대우는 물론, 좌수·별감의 향임에도 선출되고, 지배신분으로 행세할 수 있었다. 향안의 체재는 대체로 관직·성명·본관·자·호·생년간지와 누구의 아들이나 아우 또는 손자의 순서로 기록했다. 지방에 따라서는 이름만 기록해놓은 것도 있다. 입록 자격으로서 친족은 물론, 처족과 외족까지 포함된 족계가 분명해야 되고, 반드시 문벌세족이어야 했다.

양반들은 전란으로 다 무너져버린 예악문물을 복구하기 위해 예서禮書를 저술하는 등 예학에 관심을 기울이고, 향사당鄕祠堂을 세우거나 향약, 동계 등을 시행해 향촌 사회의 안정과 교화에 힘썼다. 예치禮治가 국가적 차원에서 표출된 것이 17세기 중반 현종 연간에 두 차례에 있었던 예송논쟁을 비롯한 많은 전례典禮 논쟁이었다. 그리고 개인과 향촌 차원에서 표출된 예치는 《주자가례朱子家禮》의 완전한 정착과 향약, 향음주례, 향사례 등 향례鄕禮의 시행이었다.

비리호송으로 매도된 송사

16~17세기 재지사족들은 향약을 만들어 고리대, 불법매매, 도적질, 사기행각 등의 사회 문제를 자체적으로 조정 처리했으며 부세의 수취, 환곡의 분배, 군역의 차출 등에도 관여했다. 이들은 유향소, 사마소, 서원, 향교, 문중조직 등을 통해 향촌 사회에 대한 지배를 관철해나갔다. 또한 향음주례, 향사례, 향약 등을 실시해 성리학적 이념을 향촌 사회에 정착시켜, 명분을 어기고 양반을 능멸하는 능범凌犯이나 송사를 일삼는 쟁송爭訟 등이 발생하지 못하도록 했다. 향촌 사회에서 갈등이 발생했을 때 양반들의 분쟁조정을 거부하는 행위는 '쓸데없이 분규를 일으킨다' 며 비리호송非理好訟으로 매도되었다. 이에 대해 이이는 다음과 같이 말했다.

민간에 무릇 쟁송이 있는 자는 모두 계장契長, 유사有司에게 나아가서 잘잘못을 밝힌다. 계장, 유사는 옳고 그름을 깨우쳐 송사를 그치게 한다. 만약 계장, 유사가 홀로 처단할 수 없으면 3인 이상이 참여하는 사족회의를 열어서 시비를 분석해 깨우치도록 한다. 잘잘못이 명백하게 드러났는데도 잘못한 자가 쟁송을 그치지 아니하면 비리호송非理好訟으로 논죄해, 무거우면 즉시 죄를 다스리며 가벼우면 향약의 악적惡籍에 기록한다. 만약 향약 내에서 스스로 처리할 수 없으면 수령에게 아뢴다. •

출처: 《율곡선생전서栗谷先生全書》 권16, 〈잡저雜著 3〉 서원향약西原鄕約.

이이의 언급을 통해 당시 재지사족들은 하층민들의 쟁송을 도덕적 타락행위로 간주했으며, 시비곡직을 다투는 것을 비리호송으로 매도해 분규가 발생할 가능성을 유교적 윤리 앞에서 녹여 없애려 했음을 알 수 있다. 명분 앞에서는 시비가 있을 수 없다는 뜻이다. 이처럼 양반사족들이 하층민들의 쟁송을 비리호송으로 매도한 까닭은 다음 두 가지 이유 때문이었다.

하나는 하층민들이 송사를 일삼는 것은 도덕적 타락을 의미한다고 생각했기 때문이다. 양반사족들은 송사를 불온시했다. 송사를 벌이는 것은 부끄러워해야 할 일이며 교화가 불충분해 나타나는 현상이라고 생각했다. 이 때문에 소송이란 지식은 있지만 비루하고 교활한 소인배들과 무지몽매해 도덕의 교화를 받지 못한 백성이나 하는 수작이라고 매도했으며, 소송을 부추기는 이들인 송사訟師는 사회의 안정을 파괴하는 무뢰배들로 간주했다. 소송이 성행하는 것은 예악이 붕괴하고 민심이 천박해졌으며 도덕이 갈수록 타락해만 가는 징표였다. 따라서 양반사족들은 송사가 일어나지 않는 무송無訟의 질서를 이상화했다. 공자는 "송사를 심리한다면[聽訟] 나도 다른 이와 같겠지만, 나는 반드시 아예 쟁송이 일어나지 않도록[無訟] 할 것이다"라고 했는데, 공자가 말하는 무송의 경지가 바로 양반들이 간주하는 이상적인 정치였다.

소송 풍경 　조선 후기 풍속화가 김윤보의 《형정도첩刑政圖帖》에 수록된 법정 풍경이다. 그림은 소송이 진행되는 조선시대 법정의 모습인데, 법정 (송정)에서 죄인들이 재판관의 결정을 준수하겠다는 다짐을 제출하고 있다.

수령의 일곱 가지 업무인 수령칠사에는 사송간詞訟簡이 있다. 조정이 정한 법령에 근거해 소송을 처결함으로써 시비를 밝히고 곡직을 가리며 국가에 저항하는 호강세력을 제거하고 국가에 복종하는 백성을 편안하게 해주는 일 역시 수령의 주요 책무라는 것이다. 그러나 송사를 정확히 심리한다는 것[詞訟辨]과 아예 쟁송이 일어나지 않도록 한다는 것[詞訟簡]과는 차이가 크다. 수령의 덕목은 송사를 정확히 변별해 처결하는 데 있는 것이 아니라, 도덕을 보호하고 널리 선양해 분규를 해결하는 데 있다는 생각은 송사에 대한 부정적인 관념을 잘 보여주는 것이다. 송사를 심리하고 판결하는 것은 오로지 덕화德化라는 목적을 추구할 때에만, 아울러 무송의 경지에 도달하려는 조치의 일환일 때에만 의미가 있다는 말이다.●

양반사족들이 하층민의 쟁송을 비리호송으로 매도한 또 다른 이유는 유교적 윤리·도덕에 따라 명분이 낮은 사람이 감히 명분이 높은 사람들을 상대로 소송을 벌이는 것 자체가 죄악이라고 보았기 때문이었다. 권리와 의무는 명분에서 나온다. 명분의 등급은 천리 자연의 이치이며 그 높고 낮음에는 바꿀 수 없는 지위가 있고 상하에는 정해진 본분이 있어 사람이 마음대로 하는 바가 아니다. 명분이 높고 귀한 사람은 권리가 많고 의무는 적다. 반대로 명분이 낮고 천한 사람은 권리는 적고 의무가 많다. 이것이 중세시대 법률관계를 처리하는 기초가 되었으며 모든 소송 과정을 관통하는 기본원칙이었다. 명분이 낮은 사람이 송사를 일삼는 것은 사회 안정을 파괴하는 불순한 행위였다. 송사를 일으키는 사람은 인륜을 파괴하고, 존귀를 경시하며, 아비도 임금도 몰라보고, 사람을 업신여기며, 사회를 어지럽힌다는 비난을

● 박인로朴仁老는 이근원李謹元이 경상도 관찰사 시절 덕을 베풀고 교화에 힘써 무송無訟의 이상을 실현했음을 다음과 같이 찬양했다. "허다호송배許多好訟輩는 어드러로 다간게오 옥송獄訟이 지식止息흐니 영어공허囹圄空虛흐단말가 민심民心이 감화感化흐야졀노졀노그러토다 필야사무송必也使無訟을 천재하千載下에 보아고야 공정公庭이 무사無事흐니 촌락村落도 일이 업다"(《노계선생문집蘆溪先生文集》 권3, 〈영남가嶺南歌〉 을해乙亥(1635)].

받았다. 명분과 교화는 자신의 분수에 만족해 본분을 지키며, 자신의 정당한 이익을 포기하는 것을 대수롭지 않게 여기게 하고, 자발적으로 욕망을 억제하도록 하는 힘이었다. 명분과 교화는 피지배층의 저항을 미리 봉쇄할 수 있는 효과적인 수단이었다.

이러한 원칙 때문에 어쩔 수 없이 사건을 판결해야 하는 경우, 윤리와 예교상의 시비를 기준으로 판단해야만 했다. 이는 사실에 근거해 시비곡직을 명확히 하는 것보다 훨씬 중요했다. 유교적 윤리·도덕에 의거해 볼 때, 명분이 낮은 사람이 감히 명분이 높은 사람들을 상대로 소송을 벌이는 것 자체가 죄악이기 때문이었다. 주희는 이 원칙을 다음과 같이 피력했다.

출처: 《주문공문집朱文公文集》 권14, 〈무신연화주차戊申延和奏箚〉 1.

무릇 옥송이 있을 때는 먼저 그 존비, 상하, 장유, 친소의 분수를 논한 뒤에 그 잘잘못의 이야기를 듣게 하십시오. 무릇 아랫사람으로서 윗사람을 업신여기며, 낮은 자가 높은 사람을 능욕하고 모멸한 것은 비록 말이 정직할지라도 잘한 것으로 받아들이지 말 것이며, 말이 굽은 것이면 죄를 보통사람보다 더 무겁게 하십시오.●

옥송의 처리는 시비를 가리는 것보다 명분을 밝히는 데 중점을 두어야 한다는 주자의 주장은 조선왕조 법전과 국가 정책에도 반영되었다. 《경국대전》에서는 "자손·처첩·노비가 부모 가장을 고발하면 사형[絞刑]에 처한다"고 했다. 그리고 16세기에 이르러 비리호송을 공물남징, 공물방납, 전세불납, 부민고소 등과 마찬가지로 전 가족을 함경도 지방의 국경지대에 옮겨 살도록 하는 전가입거죄全家入居罪로 처벌하도록 했다.

조선시대 양반사족들은 송사가 존비귀천의 차별을 규정한 성리학적 신분질서에 엄청난 파괴력을 갖고 있다는 사실을 누구보다 잘 알고 있었다. 양반사족들은 비리쟁송이라는 도덕적인 비난을 통해 소송을 일삼는 건송健訟을 사전에 봉쇄하려 했다. 민간에서 소송방법을 가르치는 송사訟師, 즉 외지부外知部*를 도적으로 간주해 포착捕捉·고발 대상으로 삼았다. 이들이 이상으로 생각하는 무송의 질서는 전제주의적 중앙집권을 유지하는 데 반드시 필요한 것이었다. 송사가 발생하지 않는 광대한 향촌 사회야말로 전제주의적 국가의 가장 견고한 기초였다. 겁 많고 소심하며, 자신의 분수에 만족하고, 외부로부터 가해지는 압력에 잘 견디며, 결코 이익을 다투어 송사를 벌이지 않는 온순한 백성[順民]이야말로 언제나 양민이었다. 그 반대로 송사를 좋아하거나[好訟]나 끈질기게 송사를 벌이는 자[健訟]는 교활한 백성[刁民]이며 도적과 같은 무리였다.

외지부
조선시대 소송대리인을 이르는 말이다. 조선시대 소송은 양반 식자층의 전유물이 아니었다. 여성이나 평민은 물론 노비들도 자신의 권리를 찾거나 지키기 위해 적극적으로 소송에 나섰다. 조선시대 소송은, 진행 과정에서 관의 개입이 최소화되고 원고와 피고의 역할이 두드러진다는 점이 특징이었다. 이 때문에 소송인들은 소송절차나 법률에 관한 전문적인 법률지식인의 도움을 필요로 했다. 이 과정에서 등장한 것이 외지부였다. 외지부는 소장을 대신 작성해주거나 소송 기술을 조언할 뿐만 아니라, 소송의뢰자에게 고용되어 관사에 나가 소송을 대신 진행했으며 승소한 경우에는 보수도 받았다.

형정이 중시되는 사회로의 변화

예법병중론의 대두
양반들이 내세우는 예치나 무송은 결과적으로 개인의 인격과 권리를 말살하는 것이나 다름없었다. 무송의 질서란 의무만 있고 권리는 없으며, 차별은 있지만 평등은 없고, 양보만을 중요시하고 분쟁은 나쁜 것으로 여기도록 하는 것이었다. 이러한 양반의 지배이데올로기에 맞서 송사를 '권리를 위한 투쟁'으로 인식하는 움직임이 나타나기 시작했다. "근래 인심이 착하지 아니해 억울한 일이 아닌데도 하찮은 일로 관아에서 다툼이 자주 일어난다"는 지적처럼 사회가 발전하면서 백성들의 권리의식이 높아지고 신분 계급을 둘러싼 갈등과 대립의 양상도 더욱 노골화되었다. 분쟁이 일어났을 경우 시비를 분명하게 가리지 않으면 쉽게 승복하지 않는 새로운 풍조가 생기기 시작한 것이다. 이처럼 법치, 즉 형정이 통치의 중심에 자리 잡는 시기는 18세기 중후반부터였다.

18세기에 대두한 '강자보다 약자의 처지에 더 많이 귀를 기울여야 한다'는 억강부약론抑强扶弱論이 이러한 변화를 잘 보여준다. 송사를 '도덕적인 타락'으로 바라보는 비리호송론에서 '권리를 위한 투쟁'으로 이해하는 억강부약론으로의 전환은 의미심장하다. 억강부약 정책은 명분보다 시비를, 예치보다 법치를 강조하는 것이기 때문이다. 이는 무송의 예법질서를 이상적인 사회로 생각하는 데에서, 송사를 중시하는 법치 사회로의 전환을 예비하는 것이기도 하다. 1776년(정조 원년) 시독관侍讀官 이재학李在學은 "우리나라에서 400년 동안 유지해 온 것은 명분인데, 중간에 혹 이것이 폐단을 끼치는 단서가 되는 일이 없지 않았기 때문에, 위로는 조정과 아래로는 형조에서 매양 강한 자를 누르고 약한 자를 도와주는 억강부약 정책을 시행해왔습니다"라고 했다. 이어 그는 명분론을 누르고 억강부약 정책을 편 결과, 다음과 같은 새로운 사회 풍조가 대두하게 되었다고 지적했다.

그러나 굽은 것을 바로잡는 것이 너무 지나침에 따라 폐단도 따라서 생기게 되었습니다. 그리하여 밖으로는 아전과 백성들이 관장에게 유감을 품고 감영에 소송하기도 하고 심지어는 임금님께 격쟁과 상언까지 하고 있으니, 이는 풍습과 교화에 크게 관계되는 것으로 진실로 작은 걱정이 아닙니다. 또 안으로는 빈궁한 사족들이 매양 상놈과 천민들에게 능멸과 모욕을 당하는가 하면 시정의 무뢰배들도 재상의 이름을 마구 부르고 거리의 하인과 천민들 복식이 분수에 넘친 것이 많습니다.●

출처: 《정조실록》 2권, 정조 즉위년 11월 19일.

18세기에 이르러 억강부약론이 대두하고 형정이 중시됨에 따라, 양반들의 중재를 거부하는 행위는 더는 비리호송으로 매도되지 않았다. 평·천민들은 고을과 감영에 소장을 올리고, 자신들의 주장이 받아들여지지 않을 경우 국왕에게 직접 호소하는 상언과 격쟁까지 감행했다. 송사가 개인의 권리를 찾는 투쟁수단으로 인식되기 시작한 것이다. 그 결과 백성의 소송, 즉 민소民訴가 활성화되었고 양반의 신분적 권위는 약화되었으며 하층민의 법률적 권리는 신장되었다. 이처럼 조선 후기에 이르러 하층민을 보호해야 한다는 억강부약 정책이 등장하고, 억울함을 국왕에게 직접 호소할 수 있는 상언上言·격쟁擊錚과 같은 소원訴冤 제도가 활성화된 까닭은 백성들의 권리의식이 성장했기 때문이다. 하층민들이 소원제도를 적극적으로 활용해 자신들의 목소리를 결집시키자, 양반들도 이들을 새로운 눈으로 바라보기 시작했다. 즉 "하인이 명분과 귀천은 비록 같지 않으나 하늘의 떳떳함을 갖추고 태어난 것은 동일하다"라고 해서, 평·천민을 권리를 주장할 수 있는 독립된 인격체로 인정하기 시작한 것이다. 또한 "소민小民을 침도순찰사에게 보내는 의송 19세기 무렵의 의송으로, 함평에 사는 이경섭의 동생 달삼이 억울하게 체포되었으니 이를 시정해줄 것을 청원하고 있다.

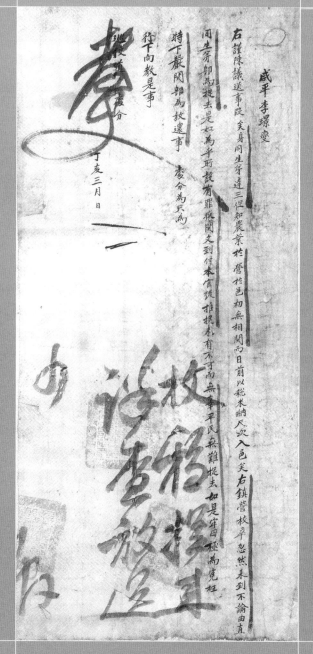

咸平李璟燮

右謹陳議送事段 矣身同生弟達三 但知農業於 營於邑初無相關而日前以税米納尺次入邑矣 右鎮營校卒忽然來到不論曲直

同生竟卽為捉去是如為乎所設有罪捉閉文到付本官後推根教有不可而無辜平民無難捉去如是寃極為乎矜

特于嚴閱覈為放還事

行下向教是事

慶分為只為

慶分

牒報 詳查放送

丁亥三月日

탈하고 사사로이 형벌을 사용할 경우[侵暴小民 私門用杖者] 극형으로 다스린다"고 하여, 불법적인 침탈과 형벌 남용을 최대한 자제함으로써 하층민들의 반발을 차단하려 했다.

한편 18세기 들어 붕당정치가 한계를 드러내면서 공론公論이 공공성을 상실하고 당파의 이익을 대변하는 당론黨論으로 변질하자 사회를 운용할 새로운 기준이 필요했다. 탕평군주들은 공공성의 기준을 법에서 찾았다. 정조는 법치의 필요성을 적극적으로 강조했다. 예악과 형정은 정치를 돕는 도구로서 하나라도 없어서는 안 된다는 예법병중론禮法並重論을 다음과 같이 주장한 것이다.

내가 처음 왕위에 올랐을 때는 망령스럽게 자신을 헤아리지 않고 곧 삼대의 융성함을 손쉽게 따라갈 수 있을 것이라 여겼다. 그런데 하루이틀 지날수록 정치가 뜻대로 되지 않아 인심과 세도에 이따금 교화시켜나갈 수 없는 부분이 있으니, 바야흐로 한漢·당唐 이래 오로지 형명刑名만을 주로 하여 다스렸던 것은 이에 말미암은 것을 믿게 되었다.

인심과 세도를 교화시키는 데 형정의 쓰임이 있을 수밖에 없다는 것이다. 정조는 사람의 병을 치료하는 데 있어서 예악을 음식, 형정을 약에 비유함으로써 양자를 동등한 반열에 올려놓기도 했다.

예악과 형정으로 나라를 다스리는 것은 마치 음식과 약으로 병을 치료하는 것과 같으니, 몸을 편안히 하려면 먹어야 하고 병을 낫게 하려면 약을 써야 한다. 그래서 의가醫家 책에서는, "알맞게 먹는 것을 모르면 삶을 온

이러한 흐름은 동약에서도 확인된다. 안정복이 1756년에 작성한 경기도 광주 이리동약二里洞約은 "무릇 선을 드러내고 악을 규탄하는 일은 마땅히 삼로三老와 더불어 상의하여 처리한다. 만약 죄를 처벌해야 할 자가 있을 경우에는 동약의 다섯 등급의 벌에 의거하여 삼로가 여러 촌장과 나란히 앉아 처벌하도록 한다. 이는 대중과 함께 하고자 하는 뜻이다"(《순암선생전집順菴先生全集》 권15, 〈잡저雜著〉). 이 리동약이라고 하여, 하민의 처벌을 결정하는 일은 종전처럼 동집강洞執綱이 단독으로 할 수 없으며, 하민의 대표인 삼로와 상의해야 한다고 했다. 결정된 형벌을 집행하는 일도 하민 대표인 삼로와 촌무목村頭目에게 일임했다. 이는 양반이 하민을 처벌하는 과정에서 야기되는 마찰을 피하려는 의도에서 마련된 조치였다.

출처: 《홍재전서》 권167, 〈일득록 7〉 정사 2, 대교신김조순기유록待教臣金祖淳己酉(1789)錄.

출처: 《홍재전서》 권167, 〈일 득록 7〉 정사 2, 원임대교신윤 행임기유록原任待敎臣尹行恁己 酉(1789)錄.

전히 힐 수 없고 약 싱분에 밝시 않으면 병을 없앨 수 없다. 먹어서 치료해 보고 낫지 않은 뒤에야 약을 쓰도록 한다" 했으니, 이 말은 통치의 법에 비 유할 만한 것이다. ●

예악과 형정은 똑같이 중요하며 다만 형세에 따라 그 쓰임이 다를 뿐이므로, 통치자는 예악뿐만 아니라 형정의 쓰임새에도 밝아야 한다는 것이다. 19세기에 이르러 정약용丁若鏞은《경세유표經世遺 表》●에서 "선왕은 예로써 나라를 다스렸고 백성을 지도했다. 그 런데 예가 쇠해지자 법이라는 명칭이 나타났다"고 언급했다. 예 를 통한 사회질서 유지가 바람직하지만, 지금의 현실에서는 법률 적 강제 또한 불가피하다고 역설한 것이다. 즉 예치가 궁극적인 목표 이기는 하지만 사회를 다스리는 데 법치 역시 필요하다는 주장이다.

경세유표

조선 후기 실학자 정약용이 행 정 기구의 개편을 비롯해 관 제·토지제도·부세제도 등 모 든 제도의 개혁 원리를 제시한 책. 원래 44권 15책으로 구성 된 필사본으로 원제목은 방례 초본邦禮草本이다. 《경세유표》 는 이·호·예·병·형·공의 육 전체제로 기술된《주례》와《경 국대전》의 체제를 본받아 서술 되었는데, 정약용의 정치·경 제·사회 사상이 집대성되어 있 다. 육전체제의 형과 공에 해당 하는 부분은 완성되지 못했다. 《서경》과 《주례》의 이념을 표 본으로 하되 당시 조선의 현실 에 맞도록 조정해 정치·사회· 경제 제도를 개혁하고 부국강 병을 이루는 것에 목표를 둔 대 표적 실학서라 할 수 있다.

법률서 편찬과 소송법규집 간행

18세기는 국가가 소송에 단순히 교화적 차원에서 대처하는 데에서 벗어나 법률적 처리 절차를 마련했으며, 빈발하는 사회세력 간의 갈 등과 대립을 정부 차원에서 조정하는 기틀을 마련했다는 점에서 이전 시기와는 다른 특징을 보였다. 18세기는 신분제의 동요가 일어나면서 하층민의 양반에 대한 저항이 노골적으로 드러나는 시기였다. 그리고 지방관에 대한 백성의 저항이 늘어남에 따라 중앙에서도 이를 체제 전반의 위기로 인식하기 시작했다. 18세기 중후반, 특히 탕평군주인 영·정조대의 활발한 법전 편찬과 법률서의 보급, 각종 형사제도의 개 선은 이 시기에 나타난 사회 변화에 대한 국가의 능동적인 대응이었

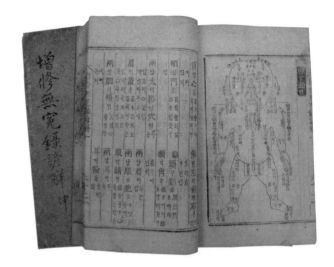

1440(세종 22)
중국 원나라 《무원록》에 주석을 붙여
《신주무원록新註無寃錄》 간행.

1748(영조 24)
《신주무원록》의 오류를 바로잡고, 해
석을 붙인 《증수무원록》 간행.

1792(정조 16)
《증수무원록》을 왕명에 따라 서유린徐有
隣 등이 언해한 《증수무원록언해》 간행.

증수무원록언해　 살인 사건과 관련된 옥사에서 시시비비를 명백히 밝히기 위한 법의학서. 이 책은 권1의 〈검복檢覆〉, 권2, 3의 〈조례條例〉, 권3 후반부의 〈잡록雜錄〉으로 구성되어 있다. 〈검복〉은 시신의 시간 경과에 따른 변화 등과 같은 법의학적 지식과 검시의 법식, 검시장 작성 방법 등을 설명한 부분이고, 〈조례〉는 각 사인에 따른 검시 방법 및 사인의 진위 판별법 등을 설명한 부분이며, 〈잡록〉은 검시와 관련해 살펴야 할 주변 정황이나 필요한 지식을 설명한 부분이다.

다. 그 내용을 보면 다음과 같다.

　먼저 형벌을 가능한 한 자제하고 삼가는 흠휼欽恤 정신에 입각해 법전과 법률서들이 새롭게 편찬되었다. 18세기 중엽 편찬된 《속대전》은 《경국대전》으로는 사회 유지에 한계가 있음을 인정한 바탕 위에서, 새롭게 나타난 사회 변화를 수용해서 편찬한 조선 후기의 기본 법전이었다. 형전을 개수改修하는 작업이 중심이 된 《속대전》 편찬에는 영조의 흠휼 정책이 잘 반영되어 있다. 이와 함께 법률 서적의 간행과 보급에 힘쓴 결과, 검시와 관련된 법의학 책인 《증수무원록增修無寃錄》과 이를 언해한 《증수무원록언해》, 일반형법인 《대명률大明律》과 특별

형법인《경국대전》,《속대전》을 종합해 형법 관련 내용을 일목요연하게 수록한《전율통보典律通補》, 각종 형구의 규격과 사용 범위를 명시한《흠휼전칙欽恤典則》등이 간행되었다. 그리고 억울한 옥사를 국왕이 직접 판결한《심리록審理錄》이 간행되었으며, 암행어사를 전국에 파견해 지방관의 형장刑杖 사용과 법률 집행이 공정한지를 감찰하도록 했다. 새로 편찬된 법전에는 형정과 관련된 법조문이 대폭 증가했으며, 옥송의 처결을 맡은 형조의 위상 또한 격상되었다. 18세기에 이루어진 여러 법전 편찬과《춘관지春官志》,《추관지秋官志》,《홍문관지弘文官志》등 다양한 관서지官署志 간행은 법치주의 통치질서를 확립하기 위한 기초 작업이었다. 관행이나 관습, 여론에 의한 정치를 극복하고 제도와 법에 의한 통치를 확립하려 한 노력이었던 것이다. 탕평군주의 법전 편찬은 법의 실행을 담보할 수 있는 관료를 중심으로 정치를 운용하겠다는 의지의 표현이며, 양반 중심의 예치에서 국왕 중심의 법치로 통치방식을 전환하고자 했던 역사적 의미를 지니고 있었다.

또한 형벌 제도에도 많은 변화가 이루어졌다. 정부가 편찬한 법전과 법률서에서는 가혹한 신체형을 막고자 악형惡刑과 혹형酷刑, 남형濫刑, 사형私刑 등을 금지했다. 형벌을 가벼이 하는 것[省刑罰]은 세금을 가볍게 하는 것[薄稅斂]과 함께 왕정의 요체였다. 가벼운 형벌[緩刑]이 가벼운 요역[輕役]과 적은 세금[薄賦] 등과 함께 사회적 갈등을 완화해 주기 때문이다. 각종 악형과 혹형은 탕평군주인 영조대에 이르러 거의 모두 폐지되었다. 죄인을 심문할 때 사금파리를 깔아놓은 자리에 무릎을 꿇게 하고 다시 널빤지를 올려놓아 몇 사람이 올라가 짓밟는 압슬형壓膝刑(1724년 폐지), 두 발목을 한데 묶고 다리 사이에 두 개의 장대를 끼워 엇비슷하게 비트는 주리형周牢刑(1732년 폐지), 쇠를 달구어 몸을 지지는 낙형烙刑(1733년 폐지), 얼굴이나 팔에 흠집을 내어 죄명을 새겨 넣는 자자형刺字刑(1740년 폐지), 주릿대로 때리거나 위협하면서 신문하는 주장당문형朱杖撞問刑(1759년 폐지), 신체의 부위를 가리지 않고 닥치는 대로 장杖을 치는 난장형亂杖刑(1770년 폐지) 등의 고문을 폐지한 것이 대표적인 사례이다. 정조는 형정에서 사용하는 형구를 바로잡기 위해《흠휼전칙》을 편찬했는데, 여기에는 법외의 남형을 통제하려는 휼형恤刑과 백성의 억울함을 보살피고자 하는 휼민恤民 의식이 깊게 배어 있다. 정조는 신체에 대한 법 이외의 가혹한 고문을 금지해 백성을 함부로 처벌하지 못하도록 했다.

마지막으로 국가가 형벌권을 장악하는 공형벌公刑罰 체계가 추구되면서 양반토호가 멋대로 백성을 침학하는 사문용형私門用刑을 불법으로 간주했다. 권세 있는 양반토호가 백성을 사사로이 감금하거나 매질을 가하는 사형私刑, 세력 있는 이들에 의한 소민침학小民侵虐, 향약이나 동계에서 집을 헐어 없애고 동리 밖으로 쫓아내는 훼가출동毀家黜洞 등이 사회적 물의를 일으키자 정부는 백성 보호를 위해 억강부약책을 시행했다.

18세기 탕평군주인 영조와 정조의 형정 정책은 그 운용의 합리화를 통해 국가의 집권력과 대민지배를 강화하려는 데 목적이 있었다. 이 시기 편찬된 법전의 형전에는 불법적인 백성 침탈을 배제하고 형벌 적용의 신중을 강조하는 국가의 흠휼정신이 많이 반영되어 있었다. 그 결과 각종 형사 정책의 정비가 이루어졌으며, 형구刑具에 대한 대대적인 정비, 남형에 대한 통제가 강화되었다. 또한 노비 등에 대한 사형도 금지했으며, 옥송獄訟의 치리에도 명분보다 법에 따른 처리를 강조해 억강부약 정책이 대세를 이루었다. 조선 후기에 이르러 인민들이 변혁 주체 세력으로 부상하게 된 것은 사회경제적인 성장과 더불어 이와 같은 인신적·법률적 지위의 상승이 있었기 때문에 가능한 일이었다.

한편 수령의 송사 처리가 중요시되면서 소송 처리를 위한 실무지침서가 편찬되었다. 이전에는 훌륭한 수령의 덕목이 송사를 가능한 한 적게 만드는 것[詞訟簡]이었다. 따라서 수령이 재임하는 동안 교화에 진력한 덕분에 '백성의 풍속이 순박해졌고', '백성이 송사를 벌이는 것을 부끄럽게 여기게 했으며', '수령이 거의 형벌을 사용하지 않게 되었다'는 점 등을 강조했다. 송사는 도덕적 타락의 상징이며 분쟁은 나쁜 것으로 간주되어 비리호송으로 매도되는 사회 분위기에서는 식송息訟과 무송無訟을 이상으로 간주했기에, 시비를 가려서 송사를 올바르게 처결하는 일은 별로 중요한 덕목이 되지 않았다. 그러나 조선 후기에 이르러 억강부약책의 실시와 함께 형정이 중시되었기에 지방관의 소송 처결을 위한 실무 법률지침서가 만들어지기 시작했다.

수령의 법률지침서로 간행된 최초의 책은 1585년(선조 18) 김백간金伯幹의 《사송유취詞訟類聚》다. 안산군수를 역임한 김백간은 소송을 심리하고 옳고 그른 것을 분변해 백성으로 하여금 두려워 복종하게 하고 마침내는 소송하는 자가 없게 하기 위해 《대명률》, 《경국대전》, 《대전속록大典續錄》, 《대전후속록大典後續錄》, 《경국대전주해經國大典註解》, 《각년수교各年受敎》 중에서 사송詞訟에 필요한 조문을 뽑아 분류해 이 책을 편찬했다. 소송지침서인 《사송유취》는 수령이 소송을 심리하고 시비를 분별하는 방법을 체계적으로 정리해 수령의 재판 판결에

惡刑罪人

태형 〈치곤죄인治棍罪人〉(김준근). 회초리로 볼기를 치는 형벌로 최소 10대에서 최대 50대까지 쳤다. 지방수령의 권한으로 가할 수 있는 형벌로, 그 이상은 반드시 상급 관청에 보고해서 허가를 받아야 했다.

회시回示 〈명고이공鳴鼓以攻〉(김준근). 사형수의 마지막 길을 그린 것으로, 사형 집행 전에 죄수를 끌고 회시하며 죄수의 등에 묶인 북을 울려 사람들에게 영이 내려졌음을 알렸다. 조선시대에서 사형은 국왕의 결재를 받아야 하는 중대한 사안이었다.

귀중한 지침이 되었기 때문에 《청송지남聽訟指南》이라 불렸다. 《사송유취》가 간행되고 나서 이를 보완·교정한 책이 《결송유취決訟類聚》다. 그리고 순전히 송사와 관련된 문제만을 골라 편찬한 송사법규집인 《청송제강聽訟提綱》도 간행되었다. 《청송제강》에는 사건 고발과 송사 심리, 금지사항, 재산 상속, 제사 방법과 같은 항목과 수많은 조문이 수록되어 있다. 1707년(숙종 33)에는 앞의 법률지침서에서 소홀히 했던 형률을 대폭 증보한 《결송유취보決訟類聚補》가 만들어졌다. 《결송유취보》는 수령들이 재판할 때 주로 사용하는 국전國典인 《경국대전》과 일반법전인 《대명률》의 규정들을 모아 정리한 책으로 자주 이용되는 사안에 관한 규정들을 추려 실어 수령이 실무를 볼 때 쉽게 참고할 수 있도록 했다. 《사송유취》, 《결송유취》, 《청송제강》, 《결송유취보》 등은 법전과 법률서에 수록된 민·형사 관련 법령이 주제별로 편성되어 있어 지방관의 재판 업무 수행에 긴요한 지침서가 되었다. 이러한 흐름을 반영해 1746년(영조 22)에 편찬된 《속대전》에 청리聽理 조와 문기文記 조가 신설된다. 백성들의 소송이 증가함에 따라 이에 대한 독립적인 법 조항이 요구되었고, 그 결과 마침내 법전에 청리 조가 신설된 것이다. 이는 소송제도의 발전이라는 측면에서 특히 주목된다. 18세기 중엽에 이르러 소송이 일정한 법의 규제, 절차가 요구될 만큼 일반화되었음을 보여주는 것이기 때문이다. 실체법의 보강뿐만이 아니라 절차법적 규정이 다수 마련되고 있다는 점도 청리 조가 가지는 특징이다. 이전의 법전 여러 곳에 흩어져 있던 소송 절차에 관한 조항을 하나로 모아 정리한 것이 청리 조인데, 소송은 관련된 법규를 독립된 항목으로 설정해야 할 만큼 일반화되었던 것이다.

한편 개인이 편찬하는[私撰] 법률지침서의 간행은 지방 행정 처리지침서인 민정자료 편찬으로 계승되었다. 안정복安鼎福의《임관정요臨官政要》, 홍양호洪良浩의《목민대방牧民大方》, 작자미상의《칠사문답七事問答》,《치군요법治郡要法》, 정약용의《목민심서牧民心書》등이 바로 그러한 것들이다. 이들 민정자료는 지방 통치에서 가장 중요한 구실을 하는 수령들이 행정업무를 정확히 파악하고 이를 원활히 수행하도록 지도하기 위한 목적으로 편찬된 일종의 행정지침서이다. 수령들의 행정업무 처리지침서인 민정서에는 백성이 올린 소송을 처결하는 방식인 민소民訴 조와 청송聽訟 조가 신설되었다. 정약용은《목민심서》에서 다음과 같이 말했다.

책상 위에《대명률》한 부와《대전통편》한 부를 놓아두고, 항상 찾아보아서 그 조문과 사례를 갖추어 알고 있어야 이로써 법을 지키며 명령을 시행하고 소송을 판결하며 일을 처리할 수 있을 것이다.…… 목민에 뜻을 둔 자는 마땅히 위의 법전들을 취해 그 요긴한 조목들을 유별해 나누고, 또한《만기요람萬機要覽》,《비국등록備局謄錄》,《고사신서攷事新書》등의 책을 취해 그 요긴한 곳을 뽑아내어 이를 모아 한 편의 책으로 만들어두고, 일에 임할 때 상고해봄이 좋을 것이다.

소송을 정확히 판결하는 것, 즉 변송辨訟, 결송決訟, 단송斷訟 등이 일상적인 공무일 뿐만 아니라 도덕을 보호하고 널리 선양하는 중요한 업무이므로, 수령은 법을 지키며 명령을 시행하고 소송을 올바로 판결하려면《대명률》,《대전통편》,《만기요람》,《비변사등록》,《고사신서》등을 바탕으로 소송 처리지침서를 만들어놓고 수시로 참고해야 한다는 것이다.

수령의 교화권 장악

향회, 향교, 서원의 세 기구를 바탕으로 형성된 사족지배체제는 향교·서원을 중심으로 재편되어갔으며, 품관층을 배제하려는 움직임도 강화되었다. 그 결과 17세기 후반부터 유향儒鄕의 분기가 일어났다. 18세기 들어 경제적 분화나 정치적 분열로 재지사족들은 고을에서 공론[鄕中公論]을 형성할 수 없게 되면서 향촌 사회에 대한 지배권인 향권鄕權도 상실했다. 이처럼 재지사족들의 대민지배력이 약화되자 수령들도 이들의 기득권을 구태여 보호해줄 필요성을 느끼지 않게 되었다. 지금까지 재지사족들이 향촌 사회에서 했던 역할을 수령이 대체하기 시작한 것이다. 수령의 지위와 역할 강화는 정령[政]과 교화[敎] 모두에서 드러난다.

먼저 교화 면에서 볼 때, 수령이 지방 사회에서 차지하는 명분론적 지위는 크게 강화되었다. 수령의 지위가 재지사족을 능가하는 현상은 향약 시행, 향교 운영권 확보 등을 통해 확인할 수 있다. 지방민에 대한 교화와 상부상조를 기간으로 하는 향약의 실시는 재지사족들의 고유 권한이었다. 16세기에 재지사족들은 향약 실시를 통해 "풍속과 교화를 바로잡고 백성의 풍속을 유지한다[糾正風敎 維持民俗]"고 표방하면서, 관으로부터의 간섭을 배제했다. 아울러 재지사족들은 교화권을 바탕으로 부세 운영권도 장악했다. 그러나 17세기 후반에 이르러 향약은 풍속과 교화를 바로잡는 일만 전담하도록 했으며, 관가의 정령에는 관여하지 못하도록 했다. 이처럼 향약 조직에서 정령과 교화의 분리는 향약기구가 독사성을 상실하고 관권에 예속되기 시작했음을 보여준다. 그리고 이러한 현상은 재지사족들의 향촌 사회에 대한 지배력이 약화된 데에서 원인을 찾을 수 있다.

17세기 후반 이후 사족 내부에서 경반京班과 향반鄕班, 적파嫡派와 서파庶派, 유향의 분기 등 끊임없이 계층분화가 일어나고 향전鄕戰이 발생했다. 또한 18세기 들어 면리제面里制가 전면적으로 실시되면서 면을 기간 단위로 삼아 고을 주민 전부가 의무적으로 가입해야 하는 주현향약州縣鄕約이 출현했다. 주현향약의 시행 주체는 재지사족이 아닌 고을 수령이었다. 그 결과 재지사족들은 향권을 상실했고, 향약의 주도권도 수령에게로 넘어갔다. 사법적私法的인 사족지배체제가 퇴조하고 공법적公法的인 수령지배체제가 강화된 것이다. 주현향약이 실시되면서 향약조직은 수령의 부세 운영을 청부받는 기구로 전락했다. 주현향약의 등장은 교화는 사족이 맡고 정령은 수령이 책임진다는 기존의 이원적인 운영구조에서, 교화와 정령 두 가지 모두를 수령이 장악하는 일원적인 운영구조로 바뀌었음을 말해주는 것이다. 그 결과 사족들의 자치적인 지배영역은 빠른 속도로 수령에게 침식당했다. 이러한 경향은 향교나 서원의 경우에서도 마찬가지로 나타난다. 원래 수령은 향교나 서원에 재정적인 지원을 하는 등 후원자로서의 역할에 그쳤으며, 그 운영은 사족들이 전적으로 담당했다. 그러나 18세기에 들어서는 수령이 재정적인 지원과 아울러 향교나 서원의 운영에도 직접 간여했다. 예컨대 수령이 직접 재정을 감독하기도 했으며, 교생이나 유생들에게 유교 경전의 학습 정도를 시험하는 고강考講을 실시해 상벌을 내리기도 했다. 또 교생이나 유생이 읽어야 할 경서 목록을 정해주기도 하고, 백일

余以固陋謬蒙知遇之眷寥讀并序不可無
一語頌之故畧敍顛末謹識

易云於鄉飲酒禮存儒風今日警迷昏春秋兩義
尊賢地揖讓遺合道原三代之前摩聖制旨
年以後閩山論諫所天賢守新爲從此諸家筑
未喧

　　　　　　　　晋州鄭斗杓

鄒魯吾鄉此禮存揖南後學警迷昏三代遺風
其塵次一心秋月照泉泉言儀絃衆從古罕文翁
治化至今論未齊夏閩訟地使感人心自息喧

碧珍李宗峻

鄉飲斷近禮所存賢侯未主隆豪昏一心鹿洞
遺條約重葺龍泉菊原士子経章多講僕
實法制親討論行盃唱等觀聽地揖讓相超不
　　　　　　謹次
歠喧

河濱李賢根

鄉飲元未禮所存前賢行此警心昏士多揖讓
非眃浩世盡辭斗此本原桐賃遙踵今此見逃
老肯孫天旦論認是各州因薰俗的醫考等整

경상도 거창의 향음주례　　　1889년(고종 29) 경상도 거창의 용천정사를 중수하고 수령과 지역 사족들 간에 향음주례를 행하면서 지은 시문집 《용천정사향음주례운》. 향음주례란 고을의 수령이 연로하고 학식과 덕망이 있는 이를 주빈으로 하여 주연을 베풀고 좋은 풍속을 위해 서약을 하는 향촌의 의례. 향음주례가 행해진 곳은 향교나 향사당 등 향촌의 사족들이 주로 모이는 곳이었다. 선비들만이 아니라 서민들도 자리를 달리해 참석하여, 어른과 노인을 공경하며 예절과 도덕을 익히도록 하는 취지가 있었다. 그러나 실질적으로 향촌의 선비들이 서로 교유하고 향촌의 제반 문제를 논의하는 모임으로서의 기능이 컸다.

징에서 직접 재점관이 되어 우수사에게 시상하기도 했다.

또한 18세기 후반에 오면서 국가가 향당鄕黨의 예인 향례도 장악하려는 모습이 나타난다. 정조는 향음주례鄕飮酒禮를 시행할 것을 명하고(1795), 〈어제양로무농반행소학오륜행실향음주례향약윤음御製養老務農頒行小學五倫行實鄕飮酒禮鄕約綸音〉을 반포했다(1797). 그리고 이 윤음의 내용을 구체화해 향례를 집대성한《향례합편鄕禮合編》을 편찬했다(1797). 정조대 이르러 향례는 향촌 차원이 아닌 국가 차원에서 시행되고, 국가가 향례를 지방 지배의 이념적 바탕으로 삼는 데까지 나아간 것이다. 그 시행의 이념적 기준이 되었던 것이《향례합편》이었다.

다음으로, 정령政令 면에서 보면 수령이 부세 운영, 면리 임의차출 등의 업무를 수행할 때 재지사족의 간섭을 배제할 수 있게 되었다. 수령의 지시나 명령은 재지사족을 거치지 않고 직접 면이나 리 혹은 가가호호에까지 미쳤으며, 수령들은 사족들의 도움이나 조언 없이 정사를 독자적으로 판단하고 시행할 수 있었다. 설혹 재지사족들로부터 조언이나 도움을 받을 때에도 이전처럼 대등한 관계가 아니라 상하관계에서 행해졌다. 〈오가작통사목五家作統事目〉을 보면 수령이 고을에서 지위와 명망이 있는 사람인 재지사족을 이정里正과 면윤面尹에 임명하도록 했고, 적임자가 이를 회피하면 도형徒刑에 처한 뒤에 유배 보내는 도배율徒配律로써 논죄할 수 있을 만큼 수령의 사족에 대한 통제권은 강화되었다. 이처럼 18세기는 수령 중심의 지방 지배가 여러 형태로 마련됨으로써 법제적 관료적 지방 지배의 틀이 마련된 시기였다. 국가는 수령의 지방 지배권을 강화시켜주는 한편 수령을 견제하고 감독할 수 있는 제도적 장치도 마련했다. 18세기에 이르러 중앙관인 내직보다 지방관인 외직을 선호하는 외중내경外重內輕 풍조가 새롭게 대두하면서 국가의 최고 권부인 비변사가 지방 장악에 직접 나섰다. 비변사의 지방 장악은 두 방향에서 이루어졌다. 하나는 지방관에 인사권을 행사하는 것이며, 다른 하나는 비변사 당상이 전국을 팔도로 나누어 지방 사회의 행정·재정을 관장하는 것이었다. 그 결과 중앙 정치권력의 최고 중심 기관인 비변사를 정점으로 하는 '국왕-비변사-감사-수령'의 전일적인 지방통치체제가 확립되었다. 이와 함께 수령의 관치행정을 보조하는 하부조직으로 면리제와 오가작통제의 조직 정비도 이루어졌다. 이처럼 18세기에 이르러 군현을 매개로 최상단에서부터 최말단에 이르기까지 관료제적 지방통치체계가 완비되었는데, 그 중심에 수령이 있었다.

민인의 권리의식 향상

18세기에 이르러 송사가 관례화·일상화되면서, 19세기에는 쟁송爭訟을 권유하고 지도하는 풍조[教唆詞訟]가 한층 더 성행했다.《속대전》에 "결송決訟하는 아문에 오랫동안 서서 타인에게 쟁송을 교사·유혹하는 것을 업으로 삼는 자는 장杖 100·유流 3000리에 처한다. 이러한 사람은 강도의 예에 의해 포착·고발하도록 하고 포布 50필을 상으로 준다"라고 해서, 비리입송非理立訟을 부추기고 가르쳤을 시 처벌하는

'교유지율敎誘之律'이 신설된다. 이는 백성의 소송을 도와주는 존재인 외지부外知部를 처벌하자는 16세기 이래의 주장이 마침내 법전에 수록된 것이다.

소송이 활성화되면서 판결에 대한 항의도 잇따랐다. 백성들이 송관訟官의 부당한 처결을 감내하지 않고 적극적으로 불만을 표출했던 것이다. 《속대전》에 "터무니없는 말을 꾸며 송관을 모함하면[構誣訟官] 장 80에 처하고, 무리를 지어 송관을 침범해 욕보이면[侵辱訟官] 먼 지방으로 유배 보낸다"는 내용이 수록된 것이 당시의 분위기를 잘 말해준다. 그 결과 감사나 수령 등 명리命吏에 대한 민인들의 직접적이고 폭력적인 도전인 능범관장凌犯官長이 19세기의 특징적 양상으로 자리 잡았다. '반班↔상常', '주主↔노奴' 간의 신분 갈등인 범분犯分에 이은 '관官↔민民' 간의 대립인 범관犯官의 일상화로, 민인들의 권리의식이 고양되었기 때문에 나타난 새로운 현상이었다.

— 한상권

東西廣拾貳尺
南北房伍尺
東西長杜佑制人
南北房杵桐人
東西農参拾雄
南北房杵桐榭
南北長参
東北広

亦百一西犯直當
亦百二東犯直田
亦百三南犯進直當
亦百四東犯直當
亦百五東犯橋當
亦百六東犯戯直
亦百七洞北
亦石入

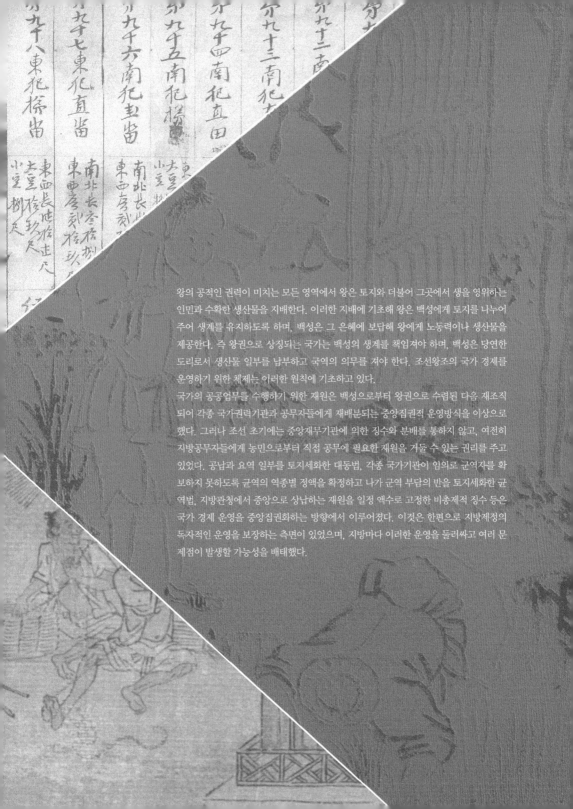

왕의 공적인 권력이 미치는 모든 영역에서 왕은 토지와 더불어 그곳에서 생을 영위하는 인민과 수확한 생산물을 지배한다. 이러한 지배에 기초해 왕은 백성에게 토지를 나누어 주어 생계를 유지하도록 하며, 백성은 그 은혜에 보답해 왕에게 노동력이나 생산물을 제공한다. 즉 왕권으로 상징되는 국가는 백성의 생계를 책임져야 하며, 백성은 당연한 도리로서 생산물 일부를 납부하고 국역의 의무를 져야 한다. 조선왕조의 국가 경제를 운영하기 위한 체제는 이러한 원칙에 기초하고 있다.

국가의 공공업무를 수행하기 위한 재원은 백성으로부터 왕권으로 수렴된 다음 재조직되어 각종 국가권력기관과 공무자들에게 재배분되는 중앙집권적 운영방식을 이상으로 했다. 그러나 조선 초기에는 중앙재무기관에 의한 징수와 분배를 통하지 않고, 여전히 지방공무자들에게 농민으로부터 직접 공무에 필요한 재원을 거둘 수 있는 권리를 주고 있었다. 공납과 요역 일부를 토지세화한 대동법, 각종 국가기관이 임의로 군역자를 확보하지 못하도록 균역의 역종별 정액을 확정하고 나가 군역 부담의 반을 토지세화한 균역법, 지방관청에서 중앙으로 상납하는 재원을 일정 액수로 고정한 비총제적 징수 등은 국가 경제 운영을 중앙집권화하는 방향에서 이루어졌다. 이것은 한편으로 지방재정의 독자적인 운영을 보장하는 측면이 있었으며, 지방마다 이러한 운영을 둘러싸고 여러 문제점이 발생할 가능성을 배태했다.

농민의 의무,
국가의 책임

국가 재분배 관점에서 본 조선의 재정

국가 경제 운영의
원리

토지제도와 군사제도에 대해 물었다

중국의 명明은 조선과 국교를 맺은 후에도 사신을 보내어 조선왕조의 통치체제를 탐문하고 있었다. 명 사신은 특히 토지제도와 군사제도에 관심을 보였다. 조선왕조 통치체제의 정당성을 확인하려 한 것이다. 조선 각 중앙부처의 관료들은 명 사신의 질문에 이렇게 대답했다. "토지제도는 중국의 토지 단위가 '경무頃畝'인 것과 달리 조선은 '결부結負'를 사용한다. 그리고 군사제도는 중국처럼 정규 군인이 있는 것이 아니라 농민이 수시로 '군역軍役'을 진다."

'결부'가 경작 토지를 파악하는 단위로 사용된 것은 이미 오래된 일이나, 조선시대처럼 사용된 것은 고려 후기부터인 것으로 알려졌다. 그 이전에 사용한 '결부'나 중국의 '경무'는 경작지의 넓이를 나타내는 토지의 절대면적 단위다. 그에 비해 조선시대의 '결부'는 비옥도에 따라 등급을 나누어 측량한 면적 단위다. 같은 1결이라도 비옥도가 높으면 절대면적은 좁았고, 척박해 등급이 낮으면 절대면적은 넓었다. 1결 1등급의 면적은 대략 2만여 제곱미터, 6등급은 8만여 제곱

미터로 추계한다. 즉 조선시대의 '결부'는 토지의 생산력을 고려해 측량한 면적 단위인 것이다.

조선 정부가 경작지의 비옥도를 제도적으로 등급화한 '결부'를 경작지 면적으로 사용한 까닭은 어느 땅이든 동일한 결부 수로 동일한 생산량을 예상할 수 있고 동일한 징수량을 부과할 수 있었기 때문이다. 조선 정부의 입장에서 결부 수만 알면 바로 징수량을 가늠할 수 있는 편리함이 있었다. 말하자면 토지마다 다른 생산량을 고려함으로써, 절대면적을 기준으로 토지세를 징수할 때 발생하는 조세 부담의 불균등을 줄일 수 있었던 것이다. 물론 '연분법年分法'이라고 해서 원칙적으로 풍흉에 따라 몇 단계를 나누어 해마다 차등적으로 징수하는 융통성이 있었으나, 등급이 점차 하향평준화해 결국 고정되는 경향이 있었다.

경작지와 산림천택은 재원을 창출하는 최대의 생산수단이었다. 조선이 건국되기 전에 중앙정부는 어느 지역의 토지가 대략 어느 정도인지를 파악한 후에 경작지와 농민을 포함해 그 지역에 대한 영역적 지배권을 권력자들에게 부여해왔다. 그러나 한편으로는 나라 안의 모든 토지와 그로부터 징수할 수 있는 모든 재원을 정확히 파악한 결과를 바탕으로 국가가 징수조직을 통해 직접 재원을 징수하고자 했다. 조선 정부는 재원이 개별적으로 지배되는 것보다 중앙기관이 통일해 파악하는 쪽으로 공식화하고자 했다. 개인에게 징수권을 부여하는 경우에도 원칙적으로 그 징수권은 국가의 공무업무를 수행하는 대가로 주어진 것이었다. 조선왕조가 일단 '결부'라는 면적 단위로 경작지를 파악한 것은 권력자 개개인의 토지지배를 가능한 한 제한하고자 했기 때문이다.

조선왕조는 경작 토지를 조사해 '양안量案' 이라는 토지대장을 작성했다. 이것은 경작지 주인에게 직접 토지세를 부과하거나 국가기관 혹은 개인에게 징수권을 부여하기 위한 장부였다. 경작지 이외의 산림천택에서도 지방마다 특산물이 생산되었다. 이것에 대해서는 행정구역 단위로 납부해야 할 물품과 분량이 있었으니, 이를 수요처까지 운송하는 요역徭役을 포함해 '공납貢納' 이라고 했다. 지역마다 납부해야 하는 공납품명과 각각의 액수는 '공안貢案' 이라는 장부에 명시되어 있었다. 공납해야 하는 각종 물품은 그 지역에서 파악되는 호구戶口에 나누어 부과했다. 공납은 일정 영역에 대한 지배를 전제로 부과하는 오래된 형태의 징수방법으로 조선 전기까지 가장 큰 비중의 징수항목으로 존재했다.

개인에게 토지 생산물의 징수권을 부여해 공무를 수행케 하는 원칙은 농민에게도 적용되었다. 농민도 호를 세워서 군사 임무를 수행했다. 이른바 '입호충역立戶充役' 이라 하는 군역 부담이었다. 여기에 군역의 종류에 따라 일정한 토지가 호마다 분배되었다. 농민에게 토지를 분배하는 대신에 농민을 병사로 동원하는 '병농일치兵農一致' 의 군사제도는 중국의 고대 사회에서 그 연원을 찾을 수 있다. 그런데 중국에서는 잦은 전쟁을 계기로 전문군인을 양성했고 농민은 경작에만 전념해 군역을 토지세로 대신하는 '병농분리兵農分離' 의 군사제도가 일반화되었다. 그러나 고려와 조선은 기본적으로 병농이 일치하는 군사동원체제를 유지하고 있었다.

고대 중국의 호적에는 호의 대표자에게 관직이나 군역과 관련된 명

1389(고려 창왕 1)
평안도와 함경도를 제외한 6개도에 양전 실시.

1653(효종 4)
척 사용 폐지하고 1등전척을 통일해 측량하는 등의 양전법 개정.

1720(숙종 46)
삼남 지역에 경자양전庚子量田 실시. 이때를 전후해 시행된 양전을 끝으로 대대적인 양전은 실시되지 못함.

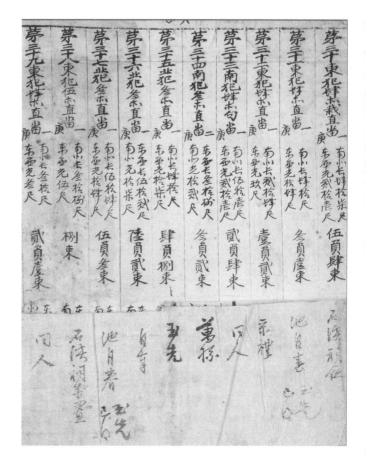

토지대장 양안　양안은 조선시대의 토지조사인 양전量田에 의해 작성된 토지대장으로 일제 초기 토지조사사업 전까지 사용되었던 장부다. 토지세 징수를 위해 전국의 토지면적을 측량하고 누락된 토지를 적발하는 데에 목적이 있었다. 양안에는 논밭의 소재지, 천자문의 자호, 지번, 양전방향, 토지형태, 지목, 사표四標, 장광척長廣尺, 면적, 등급, 결부속結負束 단위 토지면적, 전주田主 등이 기재되었다. 특이하게도 위의 석천 양안에는 전주 위치에 종이를 덧대어 경작자 이름을 기록했다.

조선시대에는 법제적으로 20년마다 한 번씩 전국적으로 토지측량을 실시했고, 이를 토대로 양안을 작성해 호조와 해당 도道 또는 군·현에 각각 한 부씩 보관하도록 규정되어 있었다. 그러나 양전을 하기 위해서는 막대한 비용과 인력이 소요되기 때문에, 실제로는 수십 년 내지 100여 년이 되어야 실시되는 것이 보통이었다. 실시한다고 해도 전국적인 규모로 실시된 적은 별로 없었으며, 각 지역의 필요에 따라 지역별로 실시해 양안을 부분적으로 작성했다.

칭인 '직역職役'이 기재되어 있었으나, 후기 호적에서는 대부분 사라진다. 그러나 조선시대의 호적에는 조선 말기에 이르기까지 이 '직역'이 계속해 기재되었다. 중국의 호적에는 호구 기록과 함께 토지 징수와 관계된 기록이 병기되는 경우가 많은 데 반해 조선의 호적에는 그러한 기록이 나타나지 않는다. 중국은 병농이 분리되어 농민의 호적에 더 이상 군역이 기재될 필요가 없었지만, 토지와 호구가 직접적인 관계를 유지하면서 동시에 파악되고 있었다. 이에 반해 조선의 호구조사는 토지와 관계없이 '직역' 부과를 전제로 시행되었다. 그런데 관직이나 군역이라는 공무수행을 맡기면서 그에 따라 개개인에게 징수권을 분배하는 체제는 조선 전기를 통해 점차 부정되어갔다. 조선왕조는 중국의 고대 사회와 같이 병농이 일치하는 군사체제를 유지하면서도 토지와 분리된 군역체제를 형성한 것이다.

　명 사신은 이러한 조선의 부세와 군사제도에 대해 '참 좋은 제도'라고 대답한다. 상당히 진전된 수준으로 전국의 토지를 파악하고 있다는 점을 높이 산 것인지, 중국의 이상적인 군대동원체제를 계속해 사용하고 있다는 데에 감복한 것인지는 알 수 없다. 단지 조선이 훈련된 전문군사를 제도적으로 양성하지 않는다는 점에 대하여는 흡족했으리라 여겨진다. 전문군인도 없어 임진왜란이 발발했을 때에 의병으로 왜군을 맞아 싸우고, 이에 명이 조선에 군사를 지원하지 않을 수 없는 상황에 처하게 되었더라도, 당시로는 최소한 조선으로부터의 군사적 위협은 없다고 판단했을 것이다. 조선왕조가 중국 천자天子의 책봉국冊封國으로 존재하는지를 탐문하는 조선 초기의 상황으로서는 명만이 정예의 군대를 가지고 있어야 했다.

토지지배에 대한 통제

조선왕조의 국가권력은 왕권으로 상징된다. 왕은 개인적으로 왕실의 일원이나, 국가의 공적 권력을 행사하는 왕권의 주체이다. 원칙적으로 왕의 공적인 권력이 미치는 모든 영역에서 왕은 토지와 그곳에서 생을 영위하는 인민과 그곳에서 수확한 생산물을 지배한다. 이러한 지배에 기초해 왕은 백성에게 토지를 나누어주어 생계를 유지하도록 하며, 백성들은 그 은혜에 보답해 왕에게 노동력이나 생산물을 제공한다. 즉, 왕권으로 상징되는 국가는 백성의 생계를 책임져야 하며, 백성은 당연한 도리로서 생산물 일부를 납부하고 국역의 의무를 져야 한다. 특히 왕조의 정치체계를 정비하는 건국 초기에는 국가 경제를 운영하기 위한 체제를 이러한 원칙에서 찾았다.

조선 건국을 목전에 둔 1389년(고려 창왕 1)에 양전量田, 즉 토지조사가 시행되었다. 국가가 토지세를 징수하는 경작지뿐만 아니라 국가기관이나 개인이 직접 생산량을 파악하고 징수하도록 할애된 토지에 대해서도 일률적인 조사가 감행된 것이다. 이 땅들은 사실 당대의 세력자들이 정치권력을 이용해 전국 각지의 토지에서 임의로 징수하던 곳이었다. 그러나 이 땅들은 국가에서 공공업무 수행을 위한 재원으로 파악되지 못해 줄곧 '국고國庫'를 위축시키는 땅들로 인식되어왔다. 조정은 토지세를 국고로 들이는 '공전公田'에 대해 이 땅들을 '사전私田'으로 규정하고 나아가 이러한 토지 자체를 혁파하고자 했다. 이것은 조선왕조의 국가 경제를 재정비하기 위한 첫걸음이자 토지지배가 왕권으로 집중되어가는 첫걸음이 되었다.

토지조사가 시행된 토지라도 징세는 그해에 경작이 이루어지는 땅

직전제
현직 관료만을 대상으로 한 토
지분급제로 이전의 과전법을
대체한 것이다. 과전법에서는
과전을 비롯해 수신전·휼양전
등이 지급되어 세전이 가능했
는데, 이로 인해 수조지 점유의
불균형이 심화되자 이를 모두
폐지하고 현직 관료의 직사만
을 대상으로 수조권을 분급했
다. 직전제는 수조권 분급제에
의한 토지·농민 지배의 체계로
서 성종 초반에 이미 직전으로
분급할 전토의 부족 현상이 나
타났으며, 1566년(명종 21) 계속
되는 흉년과 전란으로 재정이
악화되자 직전분급이 중단되
었고, 재정 상태는 호전되지 못
한 채 임진왜란을 거치면서 완
전히 폐지되었다.

에서만 할 수 있다. 사전의 선주田主는 매년 경작 여부를 조사해 경작
자로부터 토지세에 해당하는 재원을 스스로 징수했다. 그런데 1417
년(태종 17)에는 관답험官踏驗이라 해 국가가 일률적으로 경작 여부를
조사하게 되었다. 1445년(세종 27)에 시행된 국용전제國用田制에서는
전주가 임의로 징수하는 그러한 토지 자체를 축소시켜서 국고수입을
확충하고자 했다. 나아가 1466년(세조 12)에는 직전제職田制*를 시행
해 관직자에게 현직에 있는 당대에 한해서 토지 징수권을 부여했다.
그리고 1478년(성종 9)에는 그러한 사전에 대해서도 재원을 국가가 징
수하고 국가가 지급하는 관수관급법官收官給法을 시행했다. 조선 전기
를 거치면서 중앙정부는 국고수입 대상지 이외에 개인이나 개별 기관
들이 제각기 지배권을 행사하는 토지에 대해 통제를 가하거나 그러한
땅 자체를 축소시켜나갔다.

이렇게 모든 토지에 왕권이 일률적으로 미치게 되는 과정은 모든
백성에게 국역이 일률적으로 시행되는 과정과 궤를 같이했다. 국가는
백성을 일정한 호구로 편제하고 직역을 부과하면서 그에 맞추어 토지
징수권을 분배해왔다. 그런데 직역에 따라 개인에게 징수권을 분배했
던 토지들이 조선 전기부터 점차 소멸되었다. 이에 따라 관직자, 향
리, 군인에게 주어지던 양반전兩班田, 인리위전人吏位田, 군인전軍人田
등이 소멸했다. 직무와 군역을 수행하는 직역은 단순히 '국역國役'이
라는 의무조항으로 변하고 말았던 것이다. 특히 고려시대 지방의 행
정, 재정사무를 담당하는 '향촌의 관리'로서 지방 사회의 최고 권력
층으로 존재했던 향리들의 경우, 이제는 단순히 '향역鄕役'을 부담
하는 국역자로 전락했다.

조선왕조가 직역에 기초한 토지분배를 단념함으로써 토지와 인민은 각각 독립된 별도의 재원으로 파악되었다. 조선왕조는 개개의 권력자가 토지를 개별적으로 지배할 수 있는 권한을 배제했다. 동시에 그로부터 발생하는 특권적 권력을 소멸시키고 인민을 '직역'이라는 국가 징수체제로 획일화하기에 이르렀다.

전국 규모의 토지조사는 15세기, 17세기에서 18세기 초에 집중적으로 시행되었다. 특히 1634년(인조 12)의 갑술양전甲戌量田, 1718~1720년(숙종 44~46)의 경자양전庚子量田에서는 그 토지 소유자가 어떠한 신분이든, 그 토지가 어떠한 성격의 토지든 관계없이 획일적으로 토지조사를 실시했다. 특히 징수대상에서 제외되는 '진전陳田(북정밭)'까지 조사대상에 포함되었는데, 이는 토지개발을 권장하는 권농勸農 정책의 일환이기도 했다. 그뿐만 아니라 재원 징수의 기준이 점점 토지로 집중되었기 때문이기도 했다.

급기야 지역마다 토산물을 상납시키는 공납이 경작 토지를 기준으로 징수되는 개혁이 단행되었다. 공납은 17세기에서 18세기 초에 걸쳐 '대동大同'이라는 이름으로 경작지에 부과되었다. 국가에 의해 징수되어 국고수입으로 잡히는 전세田稅는 점차 1결당 쌀 4~8두斗의 낮은 등급으로 징수되었다. 이에 비해 대동미는 1결당 12~16두에 해당되었다. 공납이 이전의 토지세에 비해 두세 배의 비중을 차지했다는 계산이 나온다. 이처럼 공납이 토지세로 전환되면서 토지를 파악하는 것은 그만큼 중요한 일이 되었다.

토지 징수를 통한 새성의 중앙집권화

조선시대에 민民이 농업생산을 제대로 하지 못해 기아와 질병에 시달린다면 그것은 왕의 책임이며 국가의 책임이었다. 조세를 제때에 납부하지 못하면 기관이나 관원이 공공업무를 수행하기 위해 드는 재원을 분배할 수도 없었다. 조선왕조는 국가통치체제를 견지하기 위해서라도 진휼을 통해 농업생산력을 유지해야 했다. 말하자면 조선시대 국가 경제를 운영하는 궁극적인 목적은 국가가 재원을 분배하는 데 있었다고 할 수 있다.

분배하는 재원은 체계적인 징수활동으로 확보되었다. 왕권의 이름으로 산물을 징수, 분배하는 데에는 여러 가지 방법이 있었다. 첫째는 공공업무를 수행하는 국가기관이나 공공업무 수행권자에게 재정권 자체를 나누어주는 방법이다. 즉 수요자에게 재원을 나누어주는 것이 아니라 재원의 근거가 되는 토지나 보인保人 또는 노비를 나누어준 다음, 그로부터 직접 재원을 징수해 스스로 공공업무 수행에 사용케 하는 방법이다. 둘째로 재원의 근거를 나누어주되 수요처에 대신해 국가가 세물을 징수해 그것을 수요처에 주는 방법이다. 재원의 근거는 수요처 명목으로 되어 있으나, 관이 징수와 분배에 개입해 수요처가 임의로 처리하지 못하도록 제한했다. 셋째로 중앙재무기관이 재원의 근거를 일원적으로 장악하는 방법이다. 그로부터의 재원을 공적인 세물로 징수해 국고수입으로 한 다음, 공공업무를 수행하는 데에 재분배하는 방법이다.

토지나 노동인원 등 재원의 근거 자체를 분배하는 방법은 이미 나누어주는 단계에서 공공업무 수행을 위한 재원의 분배를 완료한 셈이다. 공공업무를 수행하는 기관이나 개인이 국가의 개입 없이 토지나 소속자로부터 직접 필요한 재원을 징수해 사용하면 되었기 때문이다. 두 번째 방법은 재원의 근거를 받은 기관이나 개인이 그것을 함부로 운영하지 못하도록 징수권을 국가가 가져가서 통제를 가한 것이다. 이는 중앙재무기관이 일률적으로 징수, 분배하는 단계로 진행되는 과도적 방법이라 할 수 있다. 조선왕조는 전 시기를 아울러 개별 분산적인 징수권에 대한 통제를 강화하고, 재원의 분배도 중앙재무기관이 일괄적으로 처리하는 경향을 띠었다. 이것은 두 번째 방법을 거쳐 궁극적으로 세 번째 방법, 즉 국고를 통해 모든 재원을 징수, 분배하는 재정권 일원화를 지향하는 것이었다.

국가가 재원의 근거를 파악하고 이를 바탕으로 징수할 각종 세물의 액수를 공식적으로 정해두었다. 그런데 그 징수액은 수요처에서 소비할 때의 액수였다. 분배될 액수를 징수할 원액原額으로 정해놓았을 뿐, 거기에 세물이 수요처까지 이르는 비용은 포함되지 않았다. 본래 납세자 개개인이 세물을 직접 수요처에 가지고 가서 납부하는 것이 원칙이기 때문이다. 따라서 수송비용은 수요처가 부담하는 것이 아니라 납세자가 부담했다.

이 부담을 축소하기 위해서는 납세조직을 구성하고 대표자를 뽑아 한꺼번에 수송케 하거나, 지방관청이 납세를 대행해야 했다. 그럼으로써 개별 납세자가 납부하는 데에 드는 수송 및 서류처리 비용 등, 납부를 위한 중간비용이 절감될 수 있었다. 이러한 비용이 잡역雜役 혹은 잡비雜費로 공식화되었는데, 공납의 경우는 호를 단위로 부담해 요역徭役으로 인식되었다.

1594(선조 27)
류성룡의 건으로 대공수미법 실시(1599년 폐지).

1608(광해군 원년)
선혜법이라는 이름으로 대동법 실시.

1708(숙종 34)
전국에 대동법 확대 실시.

선혜청 응봉　대동법 실시에 따라 대동미를 관리한 선혜청에서 조세 수납 상황을 정리해 만든 책자. '응봉應捧'이란 '(납부하는 것에 응해) 수납한 것'이라는 표현이다. 기존의 현물로 바치던 공물제도를 대신해 토지를 기준으로 미곡을 징수하는 제도가 대동법이다. 대동법의 부과대상은 수조안의 토지를 대상으로 하며, 1결당 12두씩을 봄과 가을에 나누어서 징수하는 것을 원칙으로 했으나 시간이 경과하면서 포布나 면포 및 전錢으로 대신 납부하도록 했다. 대동법의 실시는 국가 재정의 안정화와 농민들의 부담이 경감되는 효과와 함께 현물 대신에 미·포·전 등으로 징수해 조세의 현물화폐납이 추진되었다. 이는 시장에서의 조세물류를 전제로 진행된 것이다.

　　　　공납 가운데에는 수요처에 이를 때까지 손상되기 쉽거나 부피가 크거나 무거운 물품이 있어 그 현물을 수요지까지 수송하는 노고가 여간 아니었다. 또한 지방의 수령과 지역의 납세조직이 공납 부과의 기준과 요역 부담을 자의적으로 결정해 세 부담의 불평등을 야기하고 있었다. 이러한 상황에서 대동법의 시행으로 부세 징수에 주요한 변화가 발생했다. 공납 원액과 함께 요역의 일부를 토지에 부과하고 경작지 생산물인 곡물이나 면·포로 거두기 시작한 것이다. 이에 따라 상납물품이 단일화되면서 수송납부의 부담이 현저히 감소했고, 원칙적으로 부가적 징수인 잡역 및 잡비가 일부나마 정규 징수조항에 포함되기 시작했다.

대동법 시행 이전에 공납은 중앙의 재무기관을 거치지 않고 수요처인 각 국가기관으로 상납되고 있었다. 그리고 공납 재원이 어느 기관에 얼마만큼 분배되는지 정해진 원액이 공시되었으나 징수와 분배의 과정은 지방관청과 중앙 각 기관의 자의적인 활동에 맡겨졌다. 그런데 대동법 시행 이후, 대동미의 수납과 각 기관으로의 분급은 중앙재무기관이라 할 수 있는 호조戶曹 산하에 선혜청宣惠廳을 두어 그곳에서 일괄적으로 시행하게 되었다. 산림천택에서 생산되는 가장 비중 있는 재원을 징수하고 분배하는 재정권이 왕권에 의해 일원화됨으로써 재정권의 중앙집권화가 한층 가속화되었던 것이다.

조선시대 재정이 중앙집권화되는 흐름은 각종 부세가 토지세로 통일되고, 중앙의 재무기관이 일괄적으로 그것을 관리해 각 국가기관에 일원적으로 수요재원을 분배하는 시스템으로 전환되며, 시장에 국가가 강력하게 개입하는 과정으로 진행되었다. 그 결과 재원의 징수부터 분배에 이르는 국가 경제 운영에서 대동법은 가히 획기적인 변화를 가져왔다.

18세기 중엽에는 '비총제比總制'라 하여 국가 수취 대상지에 대한 수취 방법에도 변화가 있었다. '비총제'란 각 지방의 매년 경작상황을 파악해 그에 상응하는 어느 해의 수취총액을 크게 벗어나지 않는 선에서 수취대상지의 총액을 결정하는 것을 말한다. 이러한 토지 수취 방법은 국가가 경작토지에 대한 파악을 포기했으며, 수세 대상지의 총 액수가 지역마다 거의 고정되었음을 의미한다. 18세기 중엽 이후 19세기에 이르기까지 《탁지전부고度支田賦考》●에 보이는 매년의 수세 토지 총수는 전국 80만 결 전후로 거의 고정되거나 하향하는 경향마저 볼 수 있다. 조선 후기에 최대의 재원 수취 근거가 되는 토지의 액수가 지역적으로 사실상 정액화되었던 것이다.

정규의 조세와 달리 주로 지방재정의 운영 부문에 속하는 비정규의 수취항목도 지세화地稅化되었다. 대동법 이래 토지세 상납을 위한 수송 잡비의 일부가 토지세화되고 이외의 지방경비를 위한 각종 잡역세도 토지세로 전환되었다. 18세기 중엽의 균역법均役法은 반감된 군역 부담을 토지에서 징수토록 하는 것이었다. 19세기에는 각종 조세를 비롯해 구휼 및 비상시 재원을 비축해두기 위한 징수도 공공연하게 이루어졌는데, 그 대부분의 징수를 토지에 일괄적으로 부과하는 '도결都結'이 출현하기도 했다.

그러나 조선 말에 이르기까지 재정권을 중앙재무기관으로 일원화하는 것은 일정 수준에 머물렀다. 국가기관이나 왕실이 재원의 근거를 부여받아 직접 재원을 징수하는 방법이 지속적으로 존재하기도 했다. 관의 둔전屯田 및 궁방의 궁장토宮庄土와 같은 국가세력의 개별 토지지배가 중앙정부의 통제를 받으면서도 제한적으로 존속되었던 것이다. 이러한 토지가 계속해서 존속한다는 것은 끝내 토지지배가 왕권하에 일원화되지 못했음을 의미한다. 이것은 갑오개혁에 이르기까지 조선시대 재정의 최대 문제점이었다.

대동법 주관 기관　19세기 문신 한필교의《숙천
제아도》 중 〈선혜청〉. 조선시대 대동미·대동포·
대동전의 출납을 관장한 선혜청은 1608년(광해군
1) 대동법이 선혜법이란 이름으로 경기도에 처음
으로 시행되면서 이를 관리하기 위해 설치한 관
청이다.

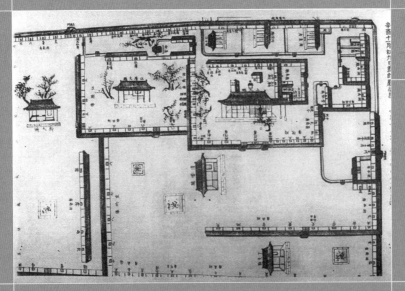

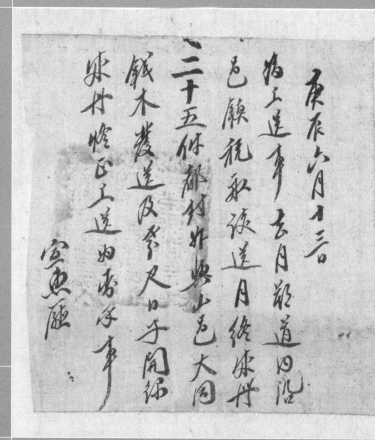

상송문서　전라도 관찰사가 호남 지역의 조세 관련 선박의 호송, 세금 징수 장부의 작성과 세금 징세 시 소요 기간 등을 정리해 선혜청에 보고한 상송문서다.

조선 후기
국역체계의 정비

국역의 의무

호적상의 호戶는 하나의 혈연적 가족이나 그 가족이 경영하는 경제 단위를 현존하는 그대로 기록한 것은 아니다. 호는 부세 부담 능력에 따라 호구 수를 편제한 결과를 나타내고 있다. 하나의 호는 혈연 및 혼인으로 맺어진 가족과 노비·고공雇工* 등의 종속적인 인구를 포함한다. 그 호를 대표하는 가족은 부부와 미혼 자식으로 구성되는 세대이지만, 한 세대 혹은 여러 세대가 하나의 호로 편제되기도 했다. 호적에 기초해 부세를 부과할 때에는 지방에 따라 다양하게 운영했다. 호의 규모에 따라 등급을 나누어 부세 부담에 차등을 두기도 하고, 호마다 동일한 부담을 지도록 해서 지역의 총액으로 부과하기도 한 것이다.

지역의 호구 파악에 기초한 부담에는 지방 행정구역을 대상으로 부과된 공납, 노동력 동원인 요역, 개별호에 부과되는 군역이 있었다. 조선시대에는 여전히 병농일치의 국역체계와 노비가 존재해 호적에 개인마다 직역職役 및 양천良賤 신분이 기재되었다. 관직이 국가에 봉사하는 국역의 일종이 되면서 군역·정역定役 등의 각종 신역을 포함하는 직역은 바로 국역을 나타냈다. 또한 가장 대표적인 국역이 군역이었으므로 국역은 군역으로 통칭되는 경우도 있었다. 군역은 원칙적으로 양인 남성이 담당했으며, 역시 호구 편제에 기초해 부과되었다.

고공
기본적으로는 주인집에 거주하면서 경제적 계약관계에 의해 머슴살이를 하는 것이나 인신적 예속관계가 배제되기는 어려웠다고 여겨진다.

군역자는 군사직 임무를 수행하기 위한 비용을 하나, 혹은 여러 호에서 스스로 조달했다. 이러한 방식은 번番을 서거나, 훈련을 받는 정규의 병사와 그를 경제적으로 보조하는 봉족奉足으로 구성되었다. 16세기부터 봉족은 보인保人 혹은 군보軍保로서 정군正軍과 동일한 군역자로 인식되기 시작했다. 정군은 번을 서는 데 필요한 의복 및 물자를 군보로부터 확보했다. 군보를 찾아서 소속기관에 보고해 자신의 보인으로 삼았으며, 자신을 대신해 정군이 되는 자로 이들을 추천하기도 했다. 그런데 점차 국가기관은 정군의 상번上番 군역을 군포나 군전軍錢으로 대신 받아 이를 자체경비에 사용하는 경향을 보였다. 군역 대신 군포 등으로 대납한 이들 또한 역시 군보였으나 정군 개인이 아니라 소속기관으로 군역을 상납하는 자들로, 관납보官納保라고도 했다.

17세기 이후 대동법 등으로 새롭게 발생한 토지 징수는 호조 산하에 선혜청을 신설해 일원적으로 시행되었다. 그러나 토지 징수가 일원화되는 경향과는 달리 군역은 여전히 각종 국가기관이 개별·분산적으로 파악하고 있었다. 임진왜란 이후 수십 년 동안 호구를 파악한 결과 임진왜란 이전의 호구 수를 능가할 정도로 사정이 회복되었으며, 그에 기초해 군역제가 정비되었다. 반면에 중앙 및 지방에 소재하는 국가기관들은 저마다 자신의 소속으로 군역자를 확보하고 있었다. 그러한 활동이 경쟁적으로 벌어져 각 기관마다 가벼운 부담의 역종을 신설해 더 많은 군역자를 모집하는 등, 장부상의 군액軍額은 증가했다. 그러나 실제로 군역을 부과할 수 있는 자를 그만큼 확보한 것은 아니었다. 군역을 부담하는 이들 가운데 무거운 역 부담을 피해 가벼운 역종으로 소속을 달리하는 경우도 속출했고 이미 이중의 군역을 부담하기도 했다.

이러한 각 기관의 개별적인 군역 징수 활동에 대해 조선 정부는 17세기 말에서 18세기 중엽에 걸쳐 소속별·역종별 군액을 정액화하는 사업을 대대적으로 시행했다. 중앙정부는 각 권력기관이 중앙정부의 허락 없이 스스로 확보해 '직정直定'한 역종별 군액을 조정해 정족수를 다시 정했다. 그것을 넘는 군액을 '사모속私募屬'이라 규정하면서 이 액외額外의 수치를 삭감 또는 제한하는 정책을 시행한 것이다. 군역자의 정해진 액수를 다시 확인하는 이러한 작업은 18세기 중엽의 《양역실총良役實摠》으로 공표되기에 이르렀다. 이리하여 양인 군역자인 양역은 한성의 경사군문京司軍門 소속자 47만 3600여 명, 지방 감영 및 군영 소속자 10만 3900명에 가까운 인원을 파악했다. 지방군에는 사노가 많았으므로 전체 군액은 이 수치를 훨씬 능가한다.

그런데 이 군역 정액 작업에서 주목할 것은 군역자가 소속한 국가기관을 단위로 군액을 확정할 뿐 아니라, 지방의 군현별로 각종 군역 역종의 정족수가 조사되었다는 점이다. 여러 국가기관은 수시로 군역자를 확보하고자 했으며, 이러한 상부기관의 요구에 대해 지방수령은 어쩔 수 없이 그 군액을 채워넣어야 했다. 그러나 이것을 금지하고 지방마다 정해진 액수대로만 군역을 징수하도록 하는 것이《양역실총》을 공표하는 이유였다. 상부관청에 보내야 할 군액이 확정되고 지역적인 군역 부담이 고정됨으로써 지방관청은 지역 내의 군역 운영을 안정화시킬 수 있었다. 또한 정액으로 충당된 호구 이외의 인력을 지방재정을 위해 확보하는 길이 열렸다.

군액을 정액화하는 정책은 균역법 실시와 병행되었다. 그 내용은 군억 부담을 반감, 균일화하는 대신에 그로 인한 군역 수입의 부족분을 토지에 부과하고 그에 대한 징수와 분배를 균역청에 맡기는 것이었다. 이에 따라 각 국가기관은 자의적이고 분산적인 군역자 확보 활동을 더 이상 할 수 없었으며, 동시에 군역 징수로부터의 인적·물적 수입도 축소되었다. 중앙재무기관이 그것을 토지세로 일괄 징수해 국가기관에 재분배함으로써 재정권財政權을 중앙으로 집중시켰던 것이다.

역종별 군액이 확정되는 18세기 중엽 이후로 군역자 명부인 군안軍案이나 읍지에 기록된 군현 단위의 군역자 총액에는 커다란 변화가 없다. 그러나 그 수치만큼 실제로 군역을 부담하는 자들이 존재했는지는 의문이다. 호적에 군역을 기재하는 자는 현저히 감소되었다. 군역은 지방행정구역 단위로 부담해야 할 액수로밖에 인식되지 않았으며, 이는 호적이 더 이상 군역자를 차정하기 위한 장부로 활용되지 못했다는 것을 의미한다.

18세기 중엽에는 지방마다 군역자의 역종별 액수를 고정시키고 정군으로 출동하는 대신에 군포로 대납하는 경향이 짙어졌다. 이에 따라 지방에서는 개별 군역자를 색출하기보다는 상납해야 할 부담 액수를 지역 단위로 책임지는 군역 운영 방법이 고안되고 있었다. 지방관은 고정된 군액에 대해서도 그 부담을 더욱 줄여보고자 줄기차게 탕감을 요청했다. 그리고 지방 통치 및 재정 운영에 필요한 군역자를 색출하기 위한 근거로서 그 의미가 상실되어가는 호적에 양반 이외의 계층에게도 '과거 준비생을 뜻하는 '유학幼學'을 기재할 수 있게 했다.

이제 지역의 호구 상황은 재해가 발생해 토지로부터 세물 징수가 어려워지고 백성이 이산해 군역 징발이 어려워짐을 중앙에 호소하기

1541(중종 36)
정부가 대역代役의 대가로 납부해야
할 군포의 양을 정해주는 군적수포제
실시.

....

1750(영조 26)
균역법 제정.

....

1871(고종 8)
포를 가구 단위로 걷는 호포제 실시.

호조 현판　1744년(영조 20) 영조가 호조에 내린 〈균공애민절용축력〉 현판. 그 뜻은 '조세를 고르게 하여 백성을 사랑하고, 씀씀이를 절약해 힘을 축적하라'는 것으로, 균역법의 정신을 엿볼 수 있는 현판이다.

조선 전기 군역은 병농일치에 따라 중앙에 번상하거나 지방의 진관체제하에서 입역하는 것이 원칙이었다. 16세기 이후에는 번상 시 어려움 등으로 다른 사람에게 대가를 지급하고 대신 번상케 하는 대립제가 성했고, 중종대에 이르러서는 국가에도 번상을 면제해주고 대신 포를 납부하도록 하는 대역납포가 관행화되었다. 이런 가운데 군포의 징수가 체계 없이 행해져 양인들이 부담해야 할 군포액이 점차 증가했다. 게다가 군포의 수납 과정에서 수령·아전 들의 농간으로 인징·족징·황구첨정·백골징포 등의 폐단이 자행되자 많은 양인들이 파산하거나 유망했다. 이에 대응해 양역변통론이 제기되었고, 1750년 군포의 부담을 줄이는 균역법이 시행되었다. 균역법은 양역의 폐단을 근본적으로 해결한 것은 아니었으나, 잠시나마 양인들의 부담을 경감시켰다.

위한 근거자료로 거론될 뿐이었다. 중앙정부도 호적대장 본문의 각 호구에 직역이 어떻게 기재되었는지에 상관없이 지역 단위의 직역자 통계만을 직역부과의 근거로 삼았다. 18세기 말에는 각 지역의 호적 대장에 기재된 호구 통계에 기초해《호구총수戶口總數》가 공표되었다. 여기에는 직역과 관계없이 전국 규모로 지역 단위의 호구 수만을 파악했는데, 호구 수마저도 지역 단위로 정액적인 액수가 제시된 셈이다.

군역은 부과되는 대상이 호이든 토지이든, 그리고 운영 주체가 지방관이든 향촌 사회의 자율적 활동이든, 지역의 군액에 따라 물납이 이루어지면 되었다. 그러나 19세기 후반에 군역 운영을 둘러싸고 지방 사회 내부에서부터 지방의 군정軍政이 문제시되고 있었다. 이에 대해 어떤 지역에서는 행정구역 내의 호를 일률적으로 파악해 호를 단위로 군포를 부담시키려고도 했다.

초분을 가리키며 통곡하다

국역은 양인이 담당하는 것이 원칙이다. 그런데 17~18세기에는 양인뿐만 아니라 국가기관이나 개인에게 귀속되는 공사천公私賤⦁도 많은 수가 군역을 지고 있었다. 노비는 본래 각자의 주인인 상전上典에게만 신공身貢을 지도록 규정되어 있었다. 국역이 양인에게 부과되는 공적인 역이라 한다면 노비의 신공은 개별 기관이나 개인에게 지는 사적인 형태의 역이라 할 수 있다. 신역을 징수하는 주체가 국가인지, 아니면 개별 기관이나 개인인지의 차이는 토지에서 조선 전기의 공전과 사전의 차이를 구분하는 것에 비견된다. 따라서 노비에게 군역이

공사천
공사노비와 같은 말로 공노비와 사노비를 함께 일컫는 말이다. 공노비는 관아에 예속된 노비, 사노비는 개인에게 소유된 노비로서 그 주인의 잡다한 사령에 대비하며 가내에서 살림하는 솔거노비率居奴婢와 주로 가전家田의 경작에 치중하며 주가主家에서 나와 살림하는 외거노비外居奴婢가 있었다.

부과되었다는 것은 사역 외에 공역까지 신역을 이중으로 진다는 의미가 된다. 어떻게 이러한 현상이 발생할 수 있었을까?

조선 전기의 많은 사료를 살펴보면 양인이 국역을 피해 승려가 되는 현상을 찾을 수 있다. 승려들은 국역을 지지는 않았다. 그러나 그 대신에 승려들이 모여 있는 사찰로부터 행정사무에 필요한 물품들이 징수되었다. 또한 양인이 세력 있는 집안에 기대어 사노私奴 행세를 하면서 국역 부과를 피해보려 했다. 양인의 피역避役 노력으로 말미암아 17세기에는 사노가 대량으로 증가했다고 알려졌다. 부모 중 한쪽이라도 노비이면 그 소생은 노비가 되는 일천즉천一賤卽賤의 원칙에 따라 양천교혼良賤交婚으로 인해서도 노비가 증가하고 있었다.

조정은 사노 증가에 따른 군역대상자의 감소에 대응해 사노에게도 지방 소재 군영에 속하는 일정 군역을 부과하지 않을 수 없었다. 사노를 예비군역자로 파악한 것은 이미 16세기 이전부터의 일이다. 그렇지만 이들 사노에게 본격적으로 군역이 부과되기 시작한 시기는 양천良賤 신분이 교혼交婚할 경우의 노비귀속을 둘러싸고 종모법從母法이 한창 논의되던 17세기 말부터이다. 이전까지 노비의 소생은 그 어미의 상전에게 귀속되고 어미가 양인일 경우에는 아비의 상전에게 귀속되었다. 그런데 정부는 어미가 양인일 경우에는 그 소생을 종모법에 따라 양인으로 삼아 그들을 국역대상자로 확보하고자 했다. 그러나 현실적으로 그러한 지침이 지방 사회에 그대로 적용되지는 못한 듯하다. 오히려 사노에게 군역을 부과하는 현상이 일반화되어갔다.

노비귀속을 논의한 결과로서 1730년(영조 6)경에 종모법이 정식으로 공포되었을 때에는 이미 국역 부과에 양천신분을 구별하는 의미가 퇴색되어가고 있었다. 노비는 더 이상 국역으로부터 제외되지 않았다. 따라서 상전의 처우에 따라 다른 상전을 찾아 도망을 다니던 노비들은 이제 관의 비호하에 국역만을 지는 양인으로 존재하려 했다. 실제로 호적을 보면 18세기를 전후해 노비의 수가 대폭 줄어드는 현상을 찾을 수 있다.

그러나 상전은 자신의 노비를 쉽사리 군역자로 내어놓으려 하지 않았다. 사노의 군역 부담은 양인의 반에 지나지 않았으나, 그로 인해 상전은 사노군역자로부터 신공을 제대로 받아내기 어려워졌다. 나아가 상전과 노비 사이의 신분적 관계도 완전히 단절될 수 있었다.

속오군束伍軍과 같은 지방군영 소속의 지방군은 정기적으로 군사훈련에 동원되고 수시로 군역자 액수가 점검되었다. 상전은 그때마다 사노가 자식의 과거에 몸종으로 따라갔다는 식으로 현재 곁에 없다고 하거나, 상전 집에 솔거率居하는 솔하노자率下奴子 혹은 하나밖에 없는 단노單奴에게 군역을 지우느냐고 오히려 호통을 치며 관에서 나온 장교를 내쫓기도 했다. 따라서 군역은 가족을 거느리고 별도로 호를 세워 상대적으로 독립성을 가진 외거外居 사노에게 부과되는 경향이 있었다. 호적상 상전의 호에 기재되어 실제로 노동력을 제공하는 솔거앙역仰役 사노나, 상전이 소유하는 사노가 하나밖에 없으면 군역을 부과하지 않는 것이 관례였다. 18세기 중엽을 전후해 호적상에 사노가 대량으로 감소했지만 솔거 사노는 감소하지 않았다. 또한 부자·형제끼리 노비를 나누어 가지며 각 호에 하나의 사노만을 기재하는 예도 증가했다.

그러나 18세기 중엽을 전후해 외거 사노는 물론이고 솔거 사노, 단노에게도 군역이 부과되는 일이 많아졌다. 더구나 외거 사노 가운데 상전과 같은 동네에 살고 있는 자에게도 높은 비율로 군역이 부과되었다. 사노에게 광범위하게 부과된 군역은 군역자를 가능한 한 많이 확보하려는 국가의 군역 정책에서 연유한 것이었을까? 그렇지 않으면 상전들이 자발적으로 자신의 사노를 군역자로 내어놓은 것이었을까?

사노의 군역 부과와 더불어 노비 신공의 부담도 감소했으나, 한 사람이 많은 사노를 보유하기는 점점 어려워졌다. 1750년(영조 26)의 균역법 실시로 군포 부담이 1필疋로 반감됨으로써 양인의 군역 부담은 줄어들었으며, 이에 따라 사노가 군역을 부담하면서 양인화하는 것이 더욱 쉬워졌다.

이러한 상황에서 상전은 지방군영 소속의 지방군과 지방관아에서 요구하는 노역자와 재정 부담자, 즉 읍소속邑所屬으로 자신의 사노를 제공했다. 그 대신에 자신들이 지어야 할 군역 부담을 그들에게 전가하는 한편, 그들이 자신의 사노로 귀속됨을 공식적으로 보장받고자 했다. 상전들은 많은 노비를 사역해 경영하는 농업이 그다지 효과적이지 않음을 경험적으로 터득하고 있었다. 그러나 상전들은 관혼상제冠婚喪祭를 비롯한 의례와 접빈객接賓客을 행해 양반의 행세를 유지하려면 수시로 동원할 수 있는 노비들을 그들 주위에 두어야 했다. 19세기 호적에 노비가 다시 증가하는 현상이 나타나는 이유 가운데 하나는 여기에 있는 것으로 추정한다.

국역 부과에 양천신분을 구별하지 않는 중앙정부의 입장에서는 노비 귀속이 더는 문제되지 않았다. 지역 단위로 역종별 군액을 확정해놓고, 국역으로 이루어지는 인력동원, 그리고 군포, 군전 등의 대납

균역청 발급 문서　김원철의 배 한 척에 대한 갑인년의 세금 한 냥을 수납했으므로 이에 대한 세금을 다시 부과하지 말라는 내용의 물금첩勿禁帖이다. 이 문권을 소지한 사람의 특정 권리나 행동을 침범하지 말라는 의미 특권 문서이자 세금납부를 증명해주는 영수증이기도 하다.

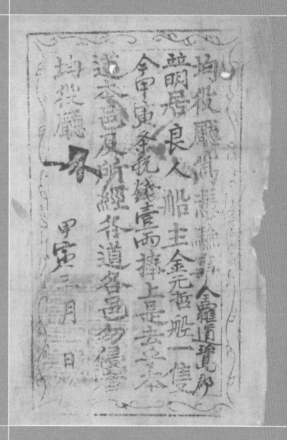

재원을 정해진 액수대로 각 기관에 분배할 수 있으면 되었다. 18세기 전반까지만 하더라도 조선은 국가기관이 각 기관에 소속된 국역자를 지방에서 일일이 차출하도록 하는 방식으로 군액을 확보하고 있었다. 지방관청은 상부기관이 요청하는 군액을 채워넣기 위해 관할구역 안에서 국역대상자를 색출하기에 바빴다.

그러나 국역자 색출이 그리 쉬운 일은 아니었다. 국역대상자는 역을 피해 다른 지방으로 도망가거나 숨어 있다가 색출 시한이 지나면 나타났다. 또한 색출 시 아직 군역이 부과되지 않은 연령의 동생 행세를 하며 군역대상자는 존재하지 않는 것처럼 행동하거나 나이 어린 사람에게 군역을 지우는 황구첨정黃口簽丁이라 주장하기도 했다. 군역대상자의 부모가 나와 "이미 죽은 놈을 군역에 차출하느냐"고 초분草墳을 가리키며 통곡하는 경우도 있었다. 초분은 뼈를 매장하기 전에 시신을 풀로 쌓아 썩히는 장례의식으로, 관官이 백골징수白骨徵收가 되지 않도록 군역대상자의 생사를 확인하고자 시신을 들쳐 본인 여부를 조사할 리가 만무했다. 이리하여 도망간 군역대상자를 대신해 이웃이나 친척에게 국역을 물리는 인징隣徵, 족징族徵이 국역대상자 차출의 한 방법으로 감행되었다.

17세기 말에서 18세기 전반에 걸쳐 양인 군역자의 확보가 강력히 추진되는 한편, 한 사람이 두 가지의 국역을 지는 일신양역一身兩役 사태가 발생하기도 했다. 그 일차 원인은 소속 기관들이 경쟁적으로 군액 확보 활동을 벌인 데 있었다. 그러나 그러한 경쟁 속에서 군역 대상자가 유리한 조건을 취하려는 의도도 없지 않았다. 각 지방의 경계에 사는 자들은 각 지방관청으로부터 다른 군역을 부과받는 경우가 종종 있었는데, 당사자가 일신앙억을 문제 삼아 지방관청 사이에, 그리고 지방관청과 상부기관 사이에 분쟁을 야기했다.

18세기 중엽 이후 군역의 일부는 토지세로 전환되어 군역 부담이 전반적으로 감소했다. 그러나 부모가 사내인 갓난아이를 살해한 사건이 발생하자 자식의 군역 부과가 두려워 벌어진 사건이라는 소문이 전국으로 퍼졌다. 소문은 세월이 지나도 계속될 정도로 군역부과에 대한 거부감은 계속되었다. 이제 군역은 '이징里徵'이라 해서 말단 행정조직의 공동 책임으로 전환되고 있었다. 이전에 불법적인 것으로 금지되었던 인징, 족징을 지방 차원에서 관례로 정착시켰다. 그리고 19세기에 이르러서는 이마저도 토지세로 전환되거나 지역 단위의 호구 수에 준해 부담하는 경향을 보였다.

재정시스템의 현실화

중앙과 지방 사이의 재원 분배

18세기 말에 지방마다 세물의 수요처와 상납 물품 및 그 분량을 전국 규모로 작성한 《부역실총賦役實摠》이 공표되었다. 이 장부는 세물에 대해 중앙정부가 파악하는 한에서, 그리고 수요처와 분배량을 확정한 재원에 한해 기재하고 있다. 기관에 징수권이 주어진 토지, 군역을 위시한 인력동원은 기재되지 않았으며, 세물 수송과 서무 처리 등의 잡역을 위한 비정규의 재원에 대해서도 모든 액수를 밝히지 않았다. 그러나 《부역실총》에는 국가재원의 징수 및 분배 액수를 지역과 수요처마다 파악한 결과가 기재되었기 때문에 당시까지 진행된 재정 중앙집권화의 성과를 확인할 수 있다.

군현을 단위로 국가재원의 액수를 전국에 공표하는 것은 《양역실총》에서 이미 시행된 바 있다. 《부역실총》 또한 재원수요처인 각 국가기관의 자의적인 수취를 제한하려는 의도로 작성되었다. 그러한 의미에서 《부역실총》에서 주목되는 점은 납부처에 따른 세목별 납부량과 함께 '태가駄價', '잡비雜費' 등 군현에서 납부처에 이르는 수송비가 기재되어 있다는 것이다. 정규의 세목별 납부량이 수요처에 분배되어야 할 국가기관의 순수경비임에 비해 이 수송비 항목은 납세자나 납세조직이 부가적으로 부담해야 할 '비정규'의 재원에 속한다. 지방관청이 납세를 대행할 때 발생하는 부가적 수취인 것이다.

실제로 당시 정규의 세물이 농민들에게 어느 정도의 부담인지, 정규의 세물에 부가되는 잡역·잡비의 비중이 또한 어느 정도인지 분명치는 않다. 단지 18세기 1결당 생산량은 벼 600두로 추정된다. 또한 왕실에서 관리하는 궁장토의 1결당 징수량을 보면 쌀 40두斗(말) 혹은 벼 100두가 통례인데 이 부담은 일반 수세지에서 정규의 토지세와 비정규의 부가적 징수를 포함하는 액수이다. 중앙으로 상납하는 정규의 토지세는 전세, 대동, 삼수량미三手糧米,[•] 균역 등을 포함해 1결당 쌀 25두 가까이 되므로 지방관청이 부가적으로 더 거두는 토지세는 15두 정도로 계산된다. 따라서 경작 토지에 대해 농민이 지는 부담은 생산량의 6분의 1에 해당하며, 그 가운데 비정규의 부가적 징수가 40퍼

삼수량미
훈련도감의 사수射手, 포수砲手, 살수殺手 삼수병의 경비 마련을 위해 신설된 지세다.

센트 가까이 되는 셈이다.

이 부가적 징수액은 세물을 납부하는 과정에 소요되는 중간적 비용, 즉 세물운송 및 보관, 서류처리와 관련된 수수료 내지는 인건비 등, 잡역·잡비로 통칭되는 비정규의 재원이다. 주로 향리를 비롯한 지방관청의 납세담당자가 이를 관리했다. 중간적·부가적 재원은 국가로부터 묵인되어 향리들에게 맡겨져 있었지만, 과도한 징수는 금지되었다. 정규의 세물이 납부되는 한 중앙정부가 지방기관에 관여할 필요가 없지만, 지방 사회에서 소요가 일어날 정도로 문제시되는 것은 달갑지 않았던 것이다.

18세기 말 《부역실총》에 잡역가의 일부가 정규 재원 파악과 함께 전국적으로 공식화되었다는 것은 재정권이 중앙집권화되어가는 과정과 궤를 같이한다. 생산물과 인력이 전국적인 범위에서 중앙정부에 의해 징수, 분배된다는 것 자체만으로 이미 국가 경제가 왕권을 정점으로 하고 있음을 의미한다. 그러나 재원의 관리, 징수, 수송, 소비에 이르는 일련의 재정 활동 자체가 중앙재무기관에서 일괄적으로 수행되었음을 의미하는 것은 아니다. 징수와 수송에 이르는 재원의 상납 과정은 지방관청에 맡겨졌다. 지방관청은 백성의 의무로서 수행되는 상납 과정을 대행하는 셈이다. 그 과정에는 중앙정부에 의한 통제 내지는 보장이 뒤따르고 있었으며, 일정 정도 공식화되었다.

18세기 초 전국적 토지조사 이후 19세기 말의 토지조사인 광무양전 光武量田에 이르기까지 대규모의 토지조사는 시행되지 않았으나, 특정 군현을 대상으로 하는 토지조사는 빈번하게 시행되고 있었다. 또한 지방관청은 '답험踏驗' 혹은 '간평看評'이라 해서 매년 그해의 진황지,

즉 버려진 땅이나 새로운 경작지를 조사했다. 중앙정부는 수세실결收稅實結을 증대시키기 위해 이러한 토지조사를 권농 정책의 하나로 권장했다. 그러나 이로써 파악된 진황지가 바로 토지세를 면제받거나, 또는 새로운 경작지에서 바로 징수가 이루어진 것은 아니었다. 중앙정부는 거의 고정적인 액수를 징수하려 했기 때문에 적정선에서만 재해지를 인정하는 한편, 새롭게 파악된 토지수입을 수송 잡비로 할애해주기도 했다.

지방관의 토지조사는 재해 입은 토지를 확보하기 위한 근거를 마련하는 데 역점을 두었다. 지방관은 자신의 임지에 배당된 토지세를 축소하기 위해 노력했으며, 이러한 노력은 지역주민에게 지방관이 임지에 있는 동안의 공적으로 여겨졌다. 한편 실제로는 경작되고 있음에도 토지대장에는 경작되지 않는 진전陳田으로 기록되어 수세지로 분류되지 않는 때도 있었다. 이러한 '은결隱結'은 겉으로 잘 드러나지 않았다. 진전은 주로 양반들이 소유하고 있었다. 이 가운데 은결로 존재하는 토지로부터의 수익은 지방에서 토지세 징수업무를 담당하던 향리가 모를 리 없었을 것이다. 또한 임지에서 한 차례라도 작황 보고를 겪은 지방관이라면 은결을 둘러싼 양반과 향리와의 거래관계를 충분히 짐작할 수 있었을 것이다.

18세기 중엽 이후 중앙정부가 전국적으로 파악한 수세지의 총면적은 거의 고정되거나 감소하는 경향을 나타냈다. 이에 반해 지방관청 독자의 토지조사는 지역의 토지 현실을 더욱 치밀하게 조사해 지방재정의 기능과 역할을 증대시키는 방향으로 진행되었다. 지방관청에 의해 파악된 수세지 면적과 군현 단위 납부총액은 일정 수준에서 고정되는 대신에 그 이외의 토지가 지방관청 차원에서 확보되었다. 지방관청에는 지역 내 토지를 일괄적으로 관리하고, 파악한 재원을 지방재정 일부로 활용할 수 있는 여지가 주어졌다.

한편, 18세기 중엽에 이르기까지 각종 국가기관의 군역자 확보 활동을 금지하고 소속 군역자를 정액화하는 조치가 지방 단위의 역종별 군액으로 확정되었다. 이는 지방이 보유한 인적 재원의 유출을 제한하는 것일 뿐 아니라, 지방관청이 인적 재원을 일괄적으로 파악하고 관리하는 체계를 보장하는 조치였다. 각종 상급기관이 지방에 거주하는 각자의 소속 군역자를 직접 파악해 번군으로 징병하거나 그에 대신하는 군포를 징수하고 있었지만, 이제 그 과정에 지방관청이 개입하게 된 것이다.

국역은 국가에서 파악하는 인적 재원이라 할 수 있으나, 지방에는 지방 나름의 인력동원체제가 형성되어 있었으며, 그로부터 지방경비에 필요한 재원을 확보하고 있었다. 당시 호적을 보면 국가기관 소속 군역자를 대신해 지방관청에 소속된 소위 '읍소속邑所屬'이 직역으로 기재되어 있다. 호적상에 기재된 '읍소속'은 18세기 후반에 증가해 19세기 초까지 대량으로 존재하는 현상이 나타났다. 지방관청은 국가기관에 상납하는 군역 정액 이외의 인적 재원을 지방재정 운영을 위한 재원으로 파악했으며, 이것이 호적에 나타난 것이다. 조선 후기 국가재정의 중앙집권화 과정은 각급 국가기관의 재정권을 제한하는 것이 있다. 그러나 지방재정 차원에서 본다면 그것은 지방재정 운영의 독자성을 높이고 지방재정 규모를 확대시키는 것이었다.

해당 군현의 지방경비와 관련해《부역실총》에는 '본관봉용질本官捧

用秩'이라는 조항이 있다. 여기에는 국가가 파악하는 재원 일부를 지방관청에 할애하는 내용이 기재되어 있다. 지방관청도 국가기관의 하나로서 지방의 통치·재정 업무를 수행하기 위한 재원을 국가재원으로부터 분배받았다고 할 수 있다. 그러나 이것은 지방경비의 일부에 지나지 않았다.

18세기 말부터는 '읍사례邑事例'라 해서 지방 단위로 상납할 정규의 국가재원뿐만 아니라 지방경비가 중심이 되는 비정규의 재원이 지방 차원에서 공식화되었다. 이것을 《부역실총》,《양역실총》 등의 기재사항과 비교해 보면, 중앙의 경사군문과 지방에 소재하는 감영 및 군영에 납부되는 재원의 분량은 크게 다르지 않음을 확인할 수 있다. 그러나 그보다 더 번잡하고 측량하기 어려운 재원들이 지방 자체의 수요로 기재되어 있다. 지방경비 자체가 증가하기도 했으나, 주로 비공식적인 징수와 항상적이지 않은 재원 및 인력동원이 지방재정 운영 차원에서 겉으로 드러난 결과이다. 또한 지방관청은 18세기 말 이후 항상적이지 않은 경비의 증가에 대처해 자체의 비축재원을 확보해갔다.

'삼정문란'의 인식

조선 전기를 거치면서 지방재정 실무를 담당하는 향리들에게 지급하던 토지를 소멸시키고 업무수행을 국역으로 의무화해 정세 이외의 부가적 징수가 가중되었다. 일반적으로 이것은 상납 과정에서 발생하는 '중간적 수탈'이라 인식되고 있다. 나아가 지방재정이 독자성을 확보해가는 과정에서 향리들은 중앙정부가 파악하지 못하는 재원을 유용하기 쉬웠다. 비공식적인 재원의 유용이 도를 지나쳐 적자 재정을 조래할 경우 이를 '포흠逋欠'이라 불렀다. 포흠은 향리뿐만 아니라 납세대상자인 민과 징수에서 상납, 분배에 이르는 재정 활동 과정에 개입했던 지방관에 의해 발생하기도 했다.

그러나 중앙정부가 파악하지 못하는 이러한 재원 운영은 국가재정 규모를 억제하려는 중앙정부의 의도로 이미 묵인된 사항이었다. 단지 지방관청에 재정권을 허락하면서도 수송 잡비를 비롯한 지방경비의 일부를 공식화하도록 해서 일정 정도 지방재정 운영을 통제했다. 중앙정부는 과도한 징수와 사적인 유용 등의 자의적인 재원의 운영이 발생하는 것을 끊임없이 경계해 시범적으로 포흠의 책임자를 처벌했다. 19세기에 포흠은 환곡還穀에서 가장 많이 발생했다.

토지와 군역에 근거한 국고수입은 정체되거나 현실적으로 감소하는 사태가 발생했다. 그러나 재정수요가 이에 따라 감소할 수는 없었으므로 이러한 사태는 결국 재정 적자를 가져왔다. 중앙정부는 적자를 환곡이나 비축재원의 이자수입에 의지하려 했고, 각 기관도 공인되지 않은 갖가지 무명잡세無名雜稅를 늘려갔다.

환곡은 국가재정의 목적인 '진휼'을 실현하기 위해 실시되었다. 환곡은 원칙적으로 농업재생산을 유지하기 위한 비상시 식량과 종자로서 사용되었기 때문에 지방 곳곳의 창고에 곡물로 비축되었다. 곡물은 보관 기간에 제한이 있었으므로 환곡의 출납사무를 담당한 지방관청은 비축한 곡물 가운데 묵은 곡물을 민에게 분급했다가 그해에 새로 생산된 곡물로 계속해 교체해야 했다. 또한 보관상의 손실을 보충하기 위해 원곡의 10퍼센트인 모곡耗穀을 감가상각비조로 더해 회수했다. 이 감가상각비의 일부가 '회록會錄'이라 해 중앙기관의 재정수요를 보충하기 위해 이전되었다.

환곡으로부터의 수입은 모곡의 회록 비율을 높이거나, 다른 비축곡물을 환곡에 보태 원곡 자체를 증가시키거나, 원곡 가운데 분배하는 곡물의 비율을 높이는 방법으로 증대될 수 있었다. 그러나 환곡은 결국 진휼로 소비될 재원이었으므로, 원곡과 모곡이 분배한 만큼 회수되지는 않았다. 그렇다고 농민이 몰락할 정도로 회수를 강요하기도 어려웠다. 환곡의 미회수 부분이 장부상의 부채로 증가하는 상황에서 중앙정부는 환곡의 원곡 분량을 더 이상 늘릴 수는 없었다. 환곡은 그 곡물 총액이 18세기 후반에 1000만 석에 이르고 분급률은 70퍼센트에 육박했다. 그러나 19세기에 들어서서 중앙기관 소관의 환곡 총액은 정체 또는 감소했다. 그 대신에 지방의 감영 및 군영, 지방관청 자체의 환곡 및 기타 비축곡물은 증가하는 추세였다. 여기에 더해 지방관청 스스로 비축재원을 출자해 금융 활동을 전개하기 시작했다.

환곡의 원곡을 증가시키거나 분배율을 높이는 이유는 재정수입의 증가뿐만 아니라 재해를 입은 민들에 의해 환곡 분배가 계속 요구되었기 때문이기도 했다. 비상시의 구휼로 농업재생산을 유지한다는 환곡 본래의 기능이 지속되고 있었던 것이다. 분배된 환곡이 쉽게 회수되기 어려운 것도 환곡의 이러한 성격에서 유래한다. 조선왕조는 국가적 재분배를 위해 일정 정도의 비축재원이 항상 필요했다. 그 재원이 백성에게 분배되어 백성에게 모두 비축시키는 형상이 되어도, 또한 환곡이 농가 부채로 축적되어 많은 폐단이 있다는 지적에도 불구하고 조선왕조는 패망할 때까지 이러한 환곡제를 포기하지 않았다.

중앙정부는 국가기관의 자의적인 원곡의 창출이나 증액을 제한하고

1458(세조 4)
흉년 대비, 임시기구로 상평창 설치.

1626(인조 4)
상평창을 진휼청에 통합.

1895(고종 32)
환곡을 사환미社還米로 개칭.

국가의 진휼　1795년(정조 19) 정조의 화성행차와 혜경궁 홍씨의 회갑연을 기록한 《원행을묘정리의궤》 중 〈홍화문사미도弘化門賜米圖〉. 창경궁 홍화문 앞에서의 사미 의식을 그린 그림이다. 기민들에게 쌀을 나눠주는 국가의 진휼을 상상해볼 수 있는데, 조선시대에는 기근에 대처하기 위한 진휼책으로 주로 환곡을 지급했다. 환곡은 춘궁기에 곡식을 빌려주고 추수기에 받아들이던 제도인데, 16세기 이후부터는 빈민구제보다 세입에 치중해 상평창·진휼청에 이어서 중앙의 여러 관서·군영과 지방의 관청·군영에서도 환곡을 설치고 운영했다. 이에 따라 조선 후기에는 환곡을 빙자한 탐관오리들의 부정행위가 심각해졌으며 삼정문란 중 환곡 제도의 폐단이 극심해져 결국 민란으로 이어졌다고 이해되어왔다.

미회수 부분을 탕감하는 조치를 취해 환곡 운영을 정상화하려 했다. 그러한 가운데 환곡 회수는 지역 주민의 호구나 토지를 대상으로 하는 일종의 지방세로 징수했다. 그 과정에서 재원의 상납과 환곡 운영을 둘러싸고 중앙과 지역 사이에, 혹은 지역 내부에 갈등이 고조되어갔다. 이에 지방관청은 지역의 자치적 조직인 향회鄕會와 함께 납부 방법에서 타협점을 찾았다. 지방관청에 비축되어온 재원으로 미납분을 상납하는 대신에 식리殖利 활동을 하거나 토지를 구매해 소작료를 받아 몇 년간에 걸쳐 분할 상환하도록 하는 등의 방안이 제시되기도 했다.

지방관청은 농민으로부터 재원을 마련하고 농민에게 비축재원을 분배하는 업무를 맡아 이 시기에 전정田政, 군정, 환정還政(혹은 휼정恤政을 포함)이라는 소위 삼정三政을 지방재정 운영의 주요 항목으로 삼고 있었다. 그런데 이 지방재정이 자율성을 가지고 진행되면서 지역마다 독자적이고 다양한 방법으로 운영되기에 이르렀다. 더구나 지방재정 운영의 자율성은 지방관 및 향리와 지역주민 내부의 합의로부터 도출되나, 안건마다 합의가 쉽사리 이루어질 수는 없었다. 중앙정부는 점차 지방재정에 대한 일률적인 대응이 곤란한 상황에 처하게 되었다. 중앙정부와 당시 개혁적인 지식인들은 지방재정 운영 현황을 '삼정문란三政紊亂'으로밖에 인식할 수 없었다.

재정개혁의 지향점

조선왕조의 재정은 왕권이 주도하는 재원의 분배, 즉 국가재분배를 목적으로 했다. 이는 국가의 책임으로서 백성의 생계를 유지하는 데에 최대의 가치를 두었다. 구황할 때는 사냥을 하지 않으며, 백성이 농사에 힘쓸 시기에는 모든 국역을 폐한다는 원칙이 아니더라도 국가 재원의 분배뿐 아니라 백성에 대한 구휼은 왕권으로 이루어져야 할 책임사항이었다.

조선왕조는 광범위하게 분산된 민산民産을 일괄적으로 파악해 저액으로 균등하게 부세를 부과하고, 공공업무를 수행할 재원의 소비를 최소로 줄이는 방향에서 왕권하에 일원적으로 재원을 분배하는 중앙집권적 재정체계를 수립하고자 했다. 그러나 이것은 어디까지나 정규의 재정 부문에서, 그리고 중앙으로 상납되는 재원에 한해서만 실천될 수 있었다. 각 지방이 상납하는 각각의 조세 물량은 적을지 모르나 전국으로부터 중앙에 집적되는 재원은 그 규모가 거대할 수밖에 없다. 나아가 세물이 현물로 납부되고 시장이 소득 재분배의 역할을 하지 못하는 상황에서는 정규의 재정 부문뿐만 아니라 수송 잡비를 비롯한 비정규의 재정 부문도 적지 않았다.

조선 정부는 재화의 종목과 분배량을 정액으로 고정시켜 각 국가기관의 자의적인 징수를 막음으로써 재정권의 중앙집권화를 시도했지만, 토지세 대부분을 제외하면 중앙재무기관을 거치지 않고 직접 수요처로 수송되는 재원이 여전히 많았다. 이렇게 재정권의 중앙집권화를 강화해 갔음에도 불구하고 재원을 중앙재무기관에 일단 모았다가 다시 각 국가기관에 재분배하지 않는 부분이 많이 남아 있는 이유는 무엇일까?

재원의 파악, 관리, 징수, 납부, 재분배에 이르는 재정 활동의 전 과정을 왕권으로 일원화하기에는 그 비용이 너무 많이 들었다. 이것은 '애민절용愛民節用'이라는 절약적 재정이념을 실현하는 데에 최대의 장애가 된다. 이러한 장애를 극복하기 위해 조선왕조는 각 국가기관에 분배할 재원의 분량을 정액, 고정화해 개별 분산적인 재정 활동을 차단하면서도 각 관청의 자체경비 마련을 위한 일부의 재정권 발휘를 묵인했다. 더구나 수송 잡비를 비롯해 재원의 파악에서 납부에 이르는 비정규의 재정수요에 대해 그 운영을 지방관청에 위임했다. 재정의 중앙집권화를 일정 수준에 멈추고 분권적 운영을 묵인 내지는 보장해 '절용' 재정의 합리성을 발견했다고 할 수 있다. 그러나 이러한 조선시대적 재정의 합리성은 상납재원 대부분이 정규의 재원으로 정액화된 18세기 후반부터 모순으로 다가오기 시작했다.

국가기관에 상납하는 정규 재원이 정액화되면서 상납 세물의 종류도 고정되었다. 공납은 각 국가기관이 소비할 품목 그대로 각종 물품이 상납되었다. 이에 대해 대동법은 현물 화폐라 할 수 있는 쌀이나 면포로 상납함으로써 납세자가 부담해야 할 수송비용을 절감시킨 바가 있다. 이후 한성으로부터 원거리에 있는 지방에는 이것마저 화폐로 대납시켰으며, 운송비를 비롯한 요역·잡역적 성격의 부가적 징수에 대해서도 일찍부터 현물 대신에 정가의 화폐로 납부하도록 했다. 그러나 지방마다 상납 재원의 정액을 공표한 18세기 말에도 곡물이나 현물로 상납되는 세물이 여전히 많았다.

한편 지방관청은 상납 세물의 정액화 때문에 재정을 자율적으로 운영할 수 있는 여지를 확보했다. 주로 비정규의 재정 부문에서 지방마다 다양한 운영 방법을 고안해갔다. 지방의 다양한 재정 활동은 생산물의 작황과 상품유통의 변화에 시기적절하게 대응하고 불시의 지출에 대비하려는 것이기도 했다. 그런데 지방관청은 정규의 재원에 대해서도 상납방법의 융통성을 요구하기 시작했다. 세물과 수송 잡비의 금납화金納化는 납세자의 부담을 절감하는 효과를 가지지만, 수요처의 입장에서는 물가 변동에 따라 정해진 세물을 확보하지 못하는 문제가 있었다.

중앙정부 및 상부기관은 곡물 및 현물인 세물에 대해 18세기 말에 칙례로 규정한 '본색本色(본래의 생산물)'으로 상납하도록 종용했다. 엽전이 부족한 '전황錢荒'●의 사태가 발생할 때에는 정해진 대로 금납을 요구했다. 반면에 물가가 상승할 때에는 공시가로 대납代納된 화폐를 가지고 수요 물품을 시가대로 구매할 경우에 발생하는 손실은 곧바로 국가재정의 압박으로 나타났다. 그러나 18세기 말 이후로 재해가 있을 때마다 수시로 부세탕감 조치가 취해졌음에도 정규의 재원을 정해진 만큼 상납하지 못하는 미납 사태가 빈번히 발생하고 있었다. 이에 대해 중앙정부는 미납분의 분할 상환과 금전으로의 대납을 제시할 수밖에 없었다. 특히 19세기 후반에는 물가가 급격히 상승해 민들은 곡물이나 현물 대신에 공시가에 준하는 화폐로 상납하기를 원하고, 관청은 본래의 현물대로 납부받기를 원했다.

조선왕조의 재정개혁은 개혁의지를 지닌 지식인들에 의해 고무되었다. 특히 18세기 후반 이후로 이념적 지향과 현실적 재정위축 사이에서 발생하는 여러 모순은 이들 지식인들이 재정개혁을 요구하도록 자극했다. 조선 건국의 정치이념을 윤리화한 성리학에 대해서도 18~19세기를 통해 다시금 새로운 해석이 제기되고 있었다. 정치이념에 있어서 이것은 바로 왕권을 정점으로 하는 '왕도정치'의 실현을 지향하는 것이었다. 지방통치에도 정약용의 《목민심서》와 같은 목민관의

전황
18세기 말 서울 근교의 쌀값은 한 석당 10냥이었으나 19세기에 접어들면서 12냥에서 15냥까지 오르는 일도 흔했다. 물가는 18세기 후반 상승해 19세기 전반이 되면 18세기 초에 비해 평균 2배 정도 상승한 셈이었다. 그런데 화폐유통이 확대되고 물가가 상승해도 서울에는 동전 유통량이 부족한 전황이 심화되었다. 모순된 현상으로 보이나 전황은 일반적 동전 유통량의 부족이라기보다 시전상인과 공인 등 특권 상인들의 동전 부족을 뜻하는 것으로, 이 시기 동전 유통의 특징을 반영하는 경제 변동이었다. 이러한 전황은 이 이후에도 지속적으로 문제시되었다.

통치에 관한 지침서가 작성되었다. 이것들은 중앙관서의 공식적인 경로를 통해서보다는 관료나 지식인들의 개인적인 작업으로 정리되고 있었다. 이러한 목민서들은 지역마다 지방통치·재정 운영 방안이 다양하게 구사되고 있는 당시의 상황에 대응해 전국적으로 통용되는 지방통치방법의 표준을 제시하고자 했다.

19세기 후반 전국 각지에서 발발한 농민항쟁은 '삼정' 운영을 둘러싼 지방 사회 내부의 갈등이 주요한 원인이었다. 지방관과 향리가 지역주민과의 사이에 합의를 도출하지 못하고 지방재정 운영을 자의적으로 강행한 것이 문제가 되었다. 1894년의 동학농민군은 이러한 지방재정 운영상의 문제점에서 나아가 조선왕조의 국가 경제 운영까지 비판하고 나섰다. 농민군은 조선 말까지 유지되어온 특권적·사적인 재정권의 발휘를 일소하고 왕권도 공적 권력에 한정토록 하며, 그러한 왕권을 정점으로 중앙집권적 재정체계를 수립할 것을 요구했다. 그러나 그들이 재정의 중앙집권화를 주장한다 하더라도 지방재정의 자율적인 운영까지 부정하는 것은 아니었다. 조선시대 전 시기를 통해 진행되어온 국가재정 이념의 실현을 지방자치적 전통에 기초해 완수시키는 것이 근대 변혁의 한 방법으로 제기된 것이다.

이와 같은 농민의 요구를 계기로 중앙정부도 같은 해에 정치경제적 개혁안을 제시했다. 바로 갑오개혁이다. 그 가운데 재정 운영에 관한 개혁에서 두 가지 핵심 제안을 발견할 수 있다. 즉 첫째, 면세지인 둔전 및 궁방토를 수세지 총액에 포함시키는 갑오승총甲午陞總을 단행한다는 것, 둘째로 모든 부세를 토지와 호에 부과하며 세물을 금납화해 결전結錢·호전戶錢으로 징수한다는 것이다.

이 개혁의 목적은 국가기관 및 왕실에 부여해왔던 사적인 토지지배를 일소하고 모든 재원 근거를 공적인 징수대상으로 전환해 모든 토지수입을 국고로 귀속하는 데 있었다. 국고를 관리하는 중앙재무기관을 다시 정비해 일원적으로 수요재원을 분배토록 한 것이다. 즉 토지에 대한 왕권의 일률적인 지배와 함께 일원적인 재원의 재분배체제를 완수하고자 했다. 이것은 비로소 국가재정에는 '공公'으로서의 왕이 있을 뿐, '사私'로서의 왕은 개입할 수 없다는 '인군무사장人君無私藏'의 원칙이 지켜짐과 동시에 조선 건국 이래의 중앙집권적 재정정책이 완결점을 찾은 것이라 할 수 있다.

단지 비정규의 재정 부문을 병행시키지 않는 중앙집권화의 실현은 현실적인 어려움이 있었다. 특히 이전부터 진행되어오던 부세의 토지집중과 금납화 경향의 연장선상에서 정세 이외의 수송 잡비를 비롯한 중간적 징수를 엄금함으로써 지방재정 운영의 자율성이 원천적으로 봉쇄되었다. 궁극적인 재정의 중앙집권화는 지방 재무지소를 설립해 지방관청으로부터 재정업무를 완전히 분리시키며, 재무 담당자에 대한 급료의 지급을 포함해 국가재원의 파악, 징수, 납부에 이르는 모든 비용을 중앙재무기관이 일괄적으로 지출하는 것이다. 그러나 이러한 중앙집권적 재정개혁은 기왕에 개별적으로 발휘되던 재정권을 박탈할 뿐 아니라, 지방재정 운영상의 자율적 조정기능을 말살하는 방향으로 진행됨으로써 지방 사회로부터 거센 반발이 예상되었다.

— 손병규

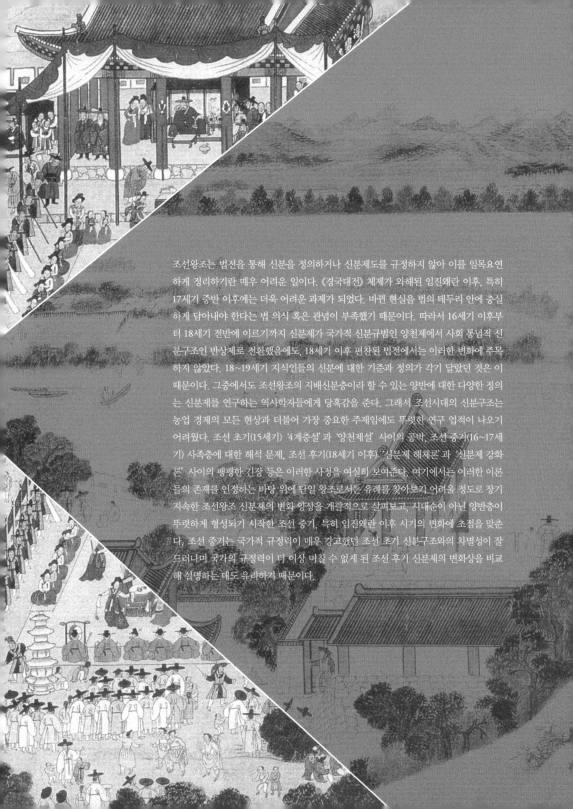

조선왕조는 법전을 통해 신분을 정의하거나 신분제도를 규정하지 않아 이를 일목요연
하게 정리하기란 매우 어려운 일이다. 《경국대전》체제가 와해된 임진왜란 이후, 특히
17세기 중반 이후에는 더욱 어려운 과제가 되었다. 바뀐 현실을 법의 테두리 안에 충실
하게 담아내야 한다는 법 의식 혹은 관념이 부족했기 때문이다. 따라서 16세기 이후부
터 18세기 전반에 이르기까지 신분제가 국가적 신분규범인 양천제에서 사회 통념적 신
분구조인 반상제로 전환했음에도, 18세기 이후 편찬된 법전에서는 이러한 변화에 주목
하지 않았다. 18~19세기 지식인들의 신분에 대한 기준과 정의가 각기 달랐던 것은 이
때문이다. 그중에서도 조선왕조의 지배신분층이라 할 수 있는 양반에 대한 다양한 정의
는 신분제를 연구하는 역사학자들에게 당혹감을 준다. 그래서 조선시대의 신분구조는
농업 경제의 모든 현상과 더불어 가장 중요한 주제임에도 뚜렷한 연구 업적이 나오기
어려웠다. 조선 초기(15세기) '4계층설' 과 '양천제설' 사이의 공박, 조선 중기(16~17세
기) 사족층에 대한 해석 문제, 조선 후기(18세기 이후) '신분제 해체론' 과 '신분제 강화
론' 사이의 팽팽한 긴장 등은 이러한 사정을 여실히 보여준다. 여기에서는 이러한 이론
들의 존재를 인정하는 바탕 위에 단일 왕조로서는 유례를 찾아보기 어려울 정도로 장기
지속한 조선왕조 신분제의 변화 양상을 개괄적으로 살펴보고, 시대순이 아닌 양반층이
뚜렷하게 형성되기 시작한 조선 중기, 특히 임진왜란 이후 시기의 변화에 초점을 맞춘
다. 조선 중기는 국가적 규정력이 매우 강고했던 조선 초기 신분구조와의 차별성이 잘
드러나며 국가의 규정력이 더 이상 미칠 수 없게 된 조선 후기 신분제의 변화상을 비교
해 설명하는 데도 유리하기 때문이다.

혈통의 굴레,
신분의 구속

조선시대 양반층의 등장과 신분구조의 변화

흔히 전前 자본주의 사회 혹은 전근대 사회의 특성으로, 인간은 태어나면서부터 숙명적으로 토지에 얽매였으며 차별적 인간관계에 의해 인신적으로 구별되었다는 점을 들곤 한다. 이러한 특성은 인적 이동과 물적 교류가 매우 제한된 '폐쇄적 체제'에 갇혀 지내던 농촌 사회의 전형적 인간 유형이기도 하다. 어느 나라, 어느 지역에서나 폐쇄적인 농촌공동체가 작동하는 곳에서는 토지에 긴박된 인간들, 지배-예속관계에 놓인 인간관계가 그 힘을 강하게 발휘한다. 차별적 인간관계를 규정하는 전근대 사회 구조로서의 신분제 혹은 구조는 이러한 조건 아래 제도화되면서 더욱더 인간관계를 옥죄어 들어간다.

농촌 사회의 이러한 특성은 상업의 발달, 도시의 성장, 그리고 경쟁이 일상을 지배하는 상황, 곧 자본주의 사회가 도래하면서 빠르게 극복되어간다. 자본주의적 시장 원리가 작동하기 시작하면서 마을공동체는 개방형 체제 속에 빨려들게 되고, 그동안 절대적 자산 가치로 기능을 해왔던 토지, 그리고 당연시되었던 차별적 인간 유대는 그 힘을 급속하게 잃어버린다. 자본주의의 발달이 가속화될수록, 그리고 자본주의체제로의 편입이 강해질수록 이러한 경향의 속도는 한층 빨라진다. 그러나 지역과 국가에 따라 자본주의체제로의 전환 시점이 각기 달랐던 것처럼, 전근대적 특성들의 해체, 소멸 시기도 지역이나 나라마다 각기 달랐다. 잘 알려진 바와 같이 개방형 경제사회로 일찌감치 변모했던 서구에서는 18, 19세기 이래 신분제도가 급속하게 소멸하는 양상을 보였다.

반면 농촌공동체가 강하게 존속되고 있는 제3세계 국가들에서는 21세기 초입에 접어든 오늘날에 이르기까지도 여전히 신분제가 사회 구조의 핵심적 특징으로 기능하고 있다. '친디아CHINDIA 성공'의 양대 축이라 할 수 있는 인도가 그러한 상황을 압축적으로 보여준다. 인도는 카스트 제도가 삶의 형태를 구속하는 농촌지역과 세계경제체제에 편입된 대도시로 구분된다. 대도시 거주 인도인들은 카스트가 해체되어가는 것을 몸으로 실감하면서 그들이 '혁명적 변화'의 시대에 살고 있음을 절감하고 있다. 인도가 지금과 같은 속도로 세계경제체제에 빨려들 경우 농촌 거주 인도인들의 전통적인 생활 방식이나 의식구조도 크게 변화할 것이다. 그리하여 5000여 년 가까이 강고하게 유지되어온 인도의 카스트 제도도 바야흐로 마지막 숨을 가쁘게 쉴 날이 머지않았다. 이처럼 세계화를 향해 질주하는 21세기의 세계사적 변화 과정에서, 낡은 인간적 유대관계를 상징하는 역사적 잔류물인 신분제는 인류의 기억으로만 남게 될 것이다.

조선왕조는 농업경제를 기반으로 하는 사회인 동시에 농민 중심의 사회였다는 점에서 전근대 농촌 사회의 특징들을 두루 갖고 있는 농민국가였다. 조선왕조가 시작된 14세기 후반의 세계는 어디에서나 그 상황이 유사했다. 농촌경제를 기반으로 한 사회에서는 마을, 지역, 국가 등 각기 다른 차원과 단계를 규정하는 다양한 형태의 인신적 구속 혹은 신분적 차별이 존재했다. 이러한 신분적 차별 양상은 경제의 발달 정도와 사회의 성숙 정도에 따라 달라지기 마련이다. 잘 알려진 바와 같이 통일신라시대 이전의 고대 사회에서는 혈연공동체를 기반으로 한 매우 폐쇄적인 동류의식·연대의식만이 존재했던 반면, 고려시대를 거쳐 조선시대로 오면서 그러한 의식은 지역 혹은 국가로까지 확대되는 양상을 보였다. 조선왕조의 신분제도는 이러한 역사적 발전 상황에 조응해 국가, 지역, 그리고 농민들의 이해관계와 충돌하고 용해되면서 만들어졌다고 할 수 있다.

그런데 조선왕조가 국가 차원에서 확립하려 했던 신분제도는 중국의 수·당 왕조 시대에 확립된 양천제良賤制였다는 점에서 한국 역사의 또 다른 특수성이 있다. 중국의 역사 발전 경로가 한국과 달랐던 것처럼 양천제의 운명 또한 양국이 서로 달랐다. 7세기 중·후반 한국과 거의 같은 시기에 양천제를 도입했던 일본도 양천제의 역사적 경로는 한국과 크게 달랐다. 이런 점에서 조선왕조의 신분제는 통일신라, 고려시대, 그리고 고대 중국과 일본의 신분제와 강한 동질성과 연속성을 보이는 동시에 뚜렷한 차별성을 보인다. 따라서 조선왕조의 신분제 연구는 한국 역사의 발전 과정에 대한 이해와 동아시아 삼국의 다른 역사 발전 경로에 대한 인식, 나아가 전 자본주의 사회와 자본주의 사회 속성들 사이의 비교와 같은 중요한 주제들과 맞닥뜨린다는 점에서 매우 실천적인 과제라고 할 수 있다.

신분제가 갖고 있는 이와 같은 중요성 때문에 지금까지 한국 역사학계의 수많은 연구가 이 부분의 해명에 많은 시간과 정력을 투자했다. 이 과정에서 15세기 신분구조의 성격을 둘러싼 '4계층설'과 '양천제설'의 대립, 18세기 이후 조선 사회 신분제의 향방을 둘러싼 '신분제 해체설'과 '신분제 강화설'의 대립, 그리고 최근 사족층의 성장과 관련한 '구래의 지배층설'과 '새로운 사회세력설'의 대립 등 수많은 논쟁이 제기되었다. 이 글은 조선왕조의 신분구조의 특성 및 변화 과정, 해체의 전망에 이르는 다양한 논점들을 정리하고, 시점마다 그것들의 역사성을 좀 더 구체적으로 드러내는 데 초점을 맞추고자 한다.

임진왜란 직후의 경상도 함양 사회: 조선 중기의 한 단면

귀향과 처벌

1599년(선조 37) 3월 7일 정경운鄭慶雲은 친구 노지부 형제와 전유옥, 그리고 조카 가족들과 더불어 함양으로 돌아왔다. 노량해전이 1598년 11월 중순에 있었으니 전쟁 종료 100여 일 만이었다. 정유재란丁酉再亂 발발로 피난길에 나선 때가 1597년 8월 8월이었음을 헤아려보면 그의 피난 생활은 1년 7개월이나 지속된 셈이었다. 그동안 그의 일행은 소백산맥 일대의 친구 집을 전전하는가 하면, 익산군수의 도움으로 마위전馬位田*을 부쳐 먹었으며, 아사에 직면해서는 구차함을 무릅쓰고 전라도 일대에서 행상으로 밥을 벌어먹기도 했다. 그러나 모진 목숨을 수습해 그리던 고향 옛집에 도착한 정경운의 눈앞에는 아름드

마위전
고려·조선 시대 역마 관리 경비를 충당하기 위해 역리驛吏, 역노驛奴, 평민 입마자立馬者에게 지급한 토지. 《경국대전》에 의하면 대마 7결, 중마 5결 50부, 소마 4결씩을 지급했다.

리나무늘이 모두 베여 없어지고 쑥대만이 무성해, 지난날 아름다웠던 풍경들은 온데간데없이 사라진 상태였다.

전쟁을 원망하면서 가만히 앉아 있을 수는 없는 노릇이었다. 귀향 11일째인 3월 18일 정경운은 가족들의 거처를 위한 작은 움막 하나를 지었다. 워낙에 급조한 움막인지라 일어서기조차 불편한 아주 작은 공간으로 비바람을 피하는 데 만족해야 했다. 다리를 뻗고 잘 수 있는 집을 장만한 것은 1603년 8월 초가삼간을 지으면서였다. 그렇지만 이 집도 벽이 제대로 갖춰지지 않아 북풍한설을 막아내기가 어려웠다. 그가 종신토록 살 새집은 그로부터 3년이 지난 1606년 3월에 이르러서야 가까스로 마련할 수 있었다. 귀향 7년 만에 제대로 된 기와집을 장만한 것이다.

농사도 이만저만 어려운 것이 아니었다. 귀향 당시 농사철이 가까웠지만 보리와 벼 종자를 구하는 일이 쉽지 않았고, 농우農牛를 구하는 일은 더욱 어려웠다. 가까스로 구한 올벼(철보다 빨리 수확되는 벼)는 4월 15일이 되어서야 파종할 수 있었다. 한 달 보름가량 늦었으니 그해 농사는 보지 않아도 알 만했다. 5월에 들어서는 콩이나 녹두와 같은 작물들을 닥치는 대로 심었지만, 농기를 놓치기는 마찬가지였다. 종자 난에 농우 부족, 노비들의 도망에 따른 일손 부족으로 계속 농기를 놓쳤기 때문이다. 그나마 성글게 익어가던 곡식도 이웃 무뢰배들이 모두 훔쳐가 남은 것이라곤 하나도 없을 정도였다. 이런 악조건 속에서도 귀향 1년 만인 1600년에는 30여 섬의 곡식을 수확할 수 있었다. 생존을 위한 필사적인 노력 덕택이었다. 조금씩 안정을 되찾게 되면서 1602년 이후부터는 귀향 직후의 악착같던 생존 본능들이 점차 누그러져갔다. 1604년부터는 황무지 개간에 눈을 돌리는 등 그의 생산 기반은 한층 안정을 되찾아갔다.

전쟁 직후 간간이 진행되던 노비 추쇄 작업도 1602년(선조 35)에 접어들면서 큰 성과를 거두었다. 그해 하양·영천·밀양 등지의 외방 노비들을 추적한 끝에 솔하노비로 데려올 수 있었기 때문이다. 1604년에는 전라도 부안 일대 노비 16명의 소재를 파악해 그들에게서 신공을 바치겠다는 서약을 받아냈다. 이로써 노동력 부족으로 파종 시기가 자주 늦춰지고 그 때문에 수확이 부실했던 악순환 고리를 끊을 수 있을 만큼의 노비를 확보했다. 이처럼 정유재란으로 극심한 피해를 보았던 경남 우도의 함양지역도 전쟁이 종료된 지 8~9년이 지난 1606~1607년이 되면서 차츰 정상을 되찾게 되었다. 생활 또한 지난날의 안정된 상태로 복귀하고 있었다.

생존을 위해 처절하게 노력 중이던 귀향 초기 함양에서는 전쟁 동안 왜군 측에 부역하거나 만행을 저지른 자들에 대한 처벌이 함께 진행되고 있었다. 처벌은 1600년에 이르러 활기를 띠었다. 주로 귀향 양반들을 주축으로 향회가 개최되어 전쟁 동안 문제를 일으킨 향리나 서원書員, 상민 들을 성토하고 죄질에 따라 경중을 분류하는 한편, 관에 보고해 처벌하는 방식이었다. 전쟁 중 양반들은 의병이나 납속納粟(곡물 헌납으로 역을 면하거나 신분, 벼슬을 얻음) 활동을 통해 왜군에 맞섰지만 향리 이하 상민들이나 노비들은 양반들에 맞서 왜군에게 부역했던 전례에 비춰볼 때, 부역자 처벌이 양반들에 의해 주도된 것은 당연했다. 왜군 부역자 처벌은 전쟁 이전 양반들이 지배하던 사회를 복원하고, 향리 이하의 피지배층을 한층 더 강하게 예속시키는 이중의 효과를 거두었다. 국가의 복구 정책 또한 양반들에게 유리하게 작용했다. 국가의 정책이 주로 양반들의 자발적인 참여를 이끌어내는 것에 초점을 맞췄기 때문이다.

복구와 분열

양반층의 지역 사회 장악력이 복원되면서 지난날 양반들이 회합하고 의견을 모았던 향소, 향교, 서원과 같은 공공장소의 재건이 절실해졌다. 함양에서도 전쟁 직후인 1600년부터 재건 사업이 시작되었다. 흥미로운 점은 이 과정에서 지역 사회의 주도권 향방을 두고 양반들이 대립하는 양상을 보였다는 것이다. 특히 정여창鄭汝昌 배향 서원인 남계서원藍溪書院의 중건 과정에서 양반들의 분열상이 두드러졌다. 분열은 주로 정여창의 후손인 하동 정씨들이 중립을 지키는 가운데, 노진盧禛의 후손인 풍주 노씨와 강익姜翼의 후손인 진주 강씨 사이에서 벌어지고 있었다. 분쟁의 핵심은 추향追享 대상인 노진과 강익의 위차를 어떻게 설정할 것인가였다.

분쟁은 임진왜란 이전까지 함양 사회를 주도했던 풍주 노씨 측(이하 구파)에서 스승인 노진의 위차가 앞서야 한다고 주장한 반면, 종전 이후 새로운 세력으로 부상한 진주 강씨 측(이하 신파)에서는 강익을 노진과 병향竝享해야 한다고 주장한 데에서 촉발되었다. 그런데 신파의 입장을 대변한 강극수 등은 당대 경남우도의 실력자로 급부상하던 정인홍鄭仁弘의 전폭적인 지지를 받았다. 신파의 핵심 인물인 강극수·정경운·강위서 등이 모두 그의 제자들이었기 때문이다. 구파 측에서는 남계서원이 어디까지나 함양에 설립된 지역 서원이라는 점을 강조하

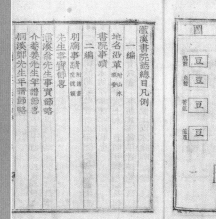
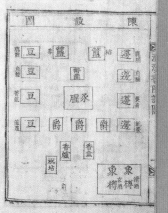

남계서원 남계서원의 내력을 기록한 《남계서원지》
(1885)다. 남계서원은 1552년(명조 7) 정여창을 모시기 위
해 세워진 서원이다. 1566년 '남계藍溪'라는 이름을 받아
사액서원으로 승격되었다. 1597년(선조 30) 정유재란으로
소실되었다가 1612년 중건했다.

면서, 정여창-노진 학통을 정통으로 인정하는 것이 당연하다는 입장을 고수했다. 반면 신파 측에서는 김굉필·정여창-조식-정인홍으로 이어지는 학통을 경남우도의 정통으로 간주했다. 그리고 이 여세를 몰아 남계서원의 위차 문제도 정인홍의 지시를 받는 것이 당연하다고 주장했다. 방계에 있는 노진이나 강익은 고만고만하다는 것이 신파 측의 논리였던 것이다.

남계서원의 위차 배정은 정인홍의 학문적·정치적 위상과 관련된 문제이기도 했다. 이 때문에 신파 측에서는 이 문제에 집요하게 매달렸다. 이러한 상황에서 양측의 공방은 격화되었고 분쟁은 중앙정계의 유력 인물들의 측면 지원을 받은 신파 측의 승리로 끝났다. 지역 사회의 주도권 또한 자연스럽게 신파 측으로 넘어갔다. 분쟁에서 패한 구파는 남계서원에서 철수, 신계서원新溪書院을 따로 세워 노진을 배향했다. 그러나 한 번 패배한 이상 그들이 주도권을 되찾기는 쉬운 일이 아니었다.

함양 지역에서 나타난 이와 같은 전후의 분열상은 종전의 권위를 부정하면서 학문적·정치적 영향력을 확대시켜나간 새로운 정치세력의 등장이라는 역사적 사실을 반영한다. 임진왜란 이전까지만 해도 양반층의 사회적 위상은 조선왕조의 오랜 대민 정책인 제민齊民 지배●의 기조 아래 일반 양인들과 별반 차이가 없었다. 양반층은 지역 사회에서 그들의 독점적 자치질서를 구축하기가 어려웠으며, 그들의 활동 공간도 서원이나 향약과 같은 일부 기구나 조직에 한정되었다. 따라서 국가의 강력한 감시망에 갇혀 있던 양반들은 분열을 생각조차 하기 어려웠다. 국가와 양인, 양측으로부터 제기되는 감시와 공세에 직

제민 지배

조선왕조는 양천제적 인민 지배 방식에 기초해, 양인들의 사회적·경제적 지위를 가능한 한 균등하게 유지하려는 정책을 펼쳤다. 말하자면 양인인 이상 의무와 권리가 동등하다는 것이었다. 이러한 정부의 정책을 제민 정책이라고 한다.

면해 양반들은 단결해야만 했다. 그런 이유에서 16세기 양반들은 지역 사회에서 공동의 사회적·정치적 기반을 확보하는 데 관심을 집중시켰다. 이 과정에서 공동의 의사를 결집하고 집행하기 위한 절차로 공론이 매우 중시되었다.

그러나 임진왜란 이후에는 상황이 많이 달라졌다. 양반층은 국가로부터 전쟁 극복의 주도세력으로 공식 인정받게 되었다. 양반들에 대한 국가의 태도도 이전과는 현저히 달라졌다. 지역 사회에서 양반층의 자치 공간은 확대되었고 그들의 활동 폭도 한층 넓어졌다. 군현 단위의 수령뿐만 아니라 도 단위의 관찰사도 양반층의 기세를 제압하기 어려울 정도였다. 1601년(선조 34) 경상도 관찰사를 역임한 바 있던 윤승훈尹承勳은 국왕 선조에게 지역 사회의 분위기가 날로 험악해지고 있으며, 관찰사조차도 양반들에 대한 적절한 제재가 불가능하다는 비관적인 전망을 보고할 정도였다.

종전과 크게 달라진 양반들의 위세를 중앙에서는 험악하다고 볼 수도 있었을 것이다. 그러나 지역 사회의 관점에서 본다면, 전쟁 직후 이전에 억눌렸던 기세가 한꺼번에 폭발하면서 양반들의 활동 공간과 폭이 한층 넓어진 것으로 해석할 수 있을 것이다. 이러한 지역 사회의 에너지가 집약된 결과, 광해군대(1608~1623)에는 지역적으로는 경남 우도를, 학문적으로는 조식·정인홍을 공통분모로 하는 북인北人 정권의 탄생이 가능했다.

양반 지배구조의 확립

임진왜란 이후 양반층의 활동 공간과 범위가 관官의 통제로부터 벗어나게 되면서, 양반층은 자신들의 사회적 지위를 영속적으로 보장받을 수 있는 새로운 질서를 모색하기 시작했다. 이와 관련해 군역의 합법적 면제자로서의 지위 획득 문제가 초미의 관심사로 대두했다. 조선왕조의 개창 이래 국가는 국방의 주요 임무를 '양인 상층'에게 맡겼다. 이들은 일정한 경제력과 노동력을 보유한 중소지주층으로서, 유학 공부를 통해 관직자로 진출할 수 있는 자질을 함양하던 계층인 동시에 훗날 지배신분으로 성장하게 될 양반의 전신前身이기도 했다. 국가는 이들을 대상으로 군역 복무자를 보충하는 충군充軍 정책을 지속적으로 추진하고 있었다. 이 때문에 군적軍籍이 작성될 때마다 양인 상층 혹은 양반 자제들은 여기에서 벗어나고자 몹시 애를 썼다. 충군이 되더라도 부담이 적은 병종에 편입되거나 대리인을 물색해 빠져나가는 등 다양한 피역 방법을 모색하기도 했다.

임진왜란 이후에는 양상이 크게 달라졌다. 양반 자제들이 국가의 충군 정책을 공공연하게 거부하고 나섰기 때문이다. 임진왜란 직후인 1599년(선조 32)에 실시한 기해군적己亥軍籍에서는 양반 자제들을 주요 대상자로 해 2600여 명에 이르는 신량新良을 확보했다. 그렇지만 신량으로 충원된 양반 자제들은 비변사와 훈련도감으로 몰려가 그들에 대한 충군 행위를 집중 성토해 국가의 신량 확보 계획 자체를 저지시키는 성과를 이끌어냈다. 충군 정책에 대한 양반층의 공공연한 저항은 1610년(광해군 2)과 1626년(인조 4)에 각각 실시된 호패법을 무산시키는 결과도 낳았다. 이와 같은 양반층의 노골적인 공세에 직면한 국가는 정묘호란丁卯胡亂을 목전에 둔 1627년에 이르러 마침내 사족 충군 정책을 공식적으로 폐기하는 중대 결정을 내렸다. 이 조처는 양반층

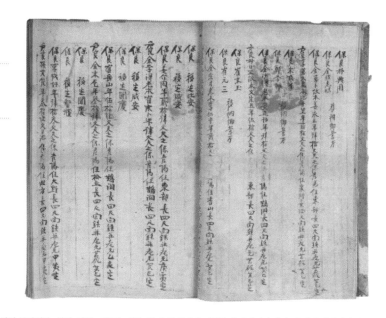

군적대장 19세기 후반 경상도 지역의 군적대장. 성명 · 나이 · 거주지 · 신장 · 흉터 · 주특기가 간략하게 기재되어 있다. 호적이 작성되면 부과 대상자를 추려내 군적에 올렸는데, 호적은 3년에 한 번, 군적은 6년에 한 번 수정하는 것이 원칙이었다.

이 국가의 의무를 가장 우선으로 담당하는 핵심 세력으로부터 그 의무를 면제받는 특권층으로 공인받게 된 역사적 사건이기도 했다. 양반이라면 당연히 군역에서 면제된다는 신분상의 특혜가 이때부터 발효되기 시작한 것이다.

이뿐만이 아니었다. 양반들은 양반과 상민으로 대별되는 강상綱常●의 명분을 강조하면서 자신들과 상민들을 사회적으로나 법적으로 분리시키는 전략을 구사하고 있었다. 그 핵심은 양반층을 제외한 비양반층 모두를 상민으로 간주해 그들과 차별되는 존재들로 분리시킨 다

강상
삼강과 오상, 유교에서 기본이 되는 세 가지 도리와 다섯 가지 덕목.

음 이를 국가의 정책에 최대한 반영될 수 있도록 노력을 기울이는 것이었다. 임진왜란 직후 최초로 작성된 1606년의 《병오호적丙午戶籍》에서 그러한 노력의 성과가 구체적으로 드러났다. 국가는 호적 작성을 위한 지침으로 양반 부녀만 '씨氏'라고 호칭하고 도서圖書를 사용할 수 있다는 점, 그리고 상민 부녀들은 '조이(소이召史)'라 칭하고 손도장만을 찍는다는 점을 분명히 제시했다.

의원·역관·율관 따위의 잡직雜職에 종사하는 잡류층雜流層의 반발 또한 만만찮았다. 임진왜란 이전까지만 해도 관직자의 부녀라면 신분에 상관없이 호적에 '씨'를 호칭할 수 있었기 때문이다. 그렇지만 국가는 《병오호적》의 지침을 문제 삼고 나선 항의자 전원을 구속 처리하는 등 이 조처를 강경하게 밀어붙였다. 호패법 실시 과정에서도 이러한 차별 기조는 지속되었다. 양반 출신의 관직자들은 관직 고하와는 상관없이 모두 각패角牌를 착용할 수 있었던 데 비해, 잡류층 이하는 관직이 비록 당상관에 이르더라도 모두 목패木牌를 착용하고 인상 착의를 기재하도록 규정했던 것이다.

이제 모든 부분에서 인물을 평가하는 가장 중요한 기준으로 신분이 작용했다. 그에 따라 개인의 능력에 기초한 사회를 지향했던 조선 초기의 대민 지배 정책은 소멸 국면에 접어들었다. 이런 상황에서 양반과 상민을 구별하는 것이 바로 법률이라는 주장까지 제기되었다. 바야흐로 양반층에 의해 사회가 주도되는, 이른바 '양반 지배구조'가 열리기 시작한 것이다.

1413(태종 13)

《호패사목》 작성, 호패법 시행(1416년 폐지).

1624(인조 2)

이괄의 난 발생.

1626(인조 4)

호패법 실시(1627년 폐지).

조선시대 신분증　김치종金致鐘의 호패다. 호패를 통해 그가 갑신년甲申年에 태어났고, 을유년乙酉年에 가선대부嘉善大夫(종2품 하위 직)에 올랐음을 알 수 있다. 이처럼 호패는 착용자의 신분이나 지위를 비롯해 거주지 등 기본적 인적 사항을 담고 있었는데, 16세 이 상 남자에게 발급한 일종의 신분증이었다. 1413년 처음 실시돼 여러 차례 존폐를 거듭하면서 고종 때까지 시행되었다. 양인들은 호 패를 받으면 과중한 국역을 부담해야 한다는 생각에 각종 방법으로 호패 받기를 기피했다. 심지어 세력가에 위탁해 양인 수가 오히 려 감소되는 현상을 보였는데 이런 이유로 호패제가 중단되기도 했다.

국가적 평등을 지향한 사회:
조선 초기

국가의 작동 원리

15세기 초반 이후 본격적으로 전개된 조선의 사회상은 17세기 초반과는 크게 달랐다. 우선 국가는 지배층의 존재를 인정하지 않았으며, 신민에 대한 의무와 권리를 균등하게 부여하기 위해 노력을 아끼지 않았다. 이를테면 국가적 평등을 지향하고 있었던 셈이다. 따라서 15세기 조선 사회의 구조는 17세기에 구체적인 모습을 드러낸 양반 지배구조와는 그 양상이 사뭇 달랐다.

이 시기 국가는 크게 세 가지 핵심 장치를 중심으로 운영되고 있었다. 첫째는 제민齊民 정책이었다. 제민 정책은 국가의 지배를 받는 백성은 모두 동등하다는 입장에서 국가가 주기적으로 실시하는 호적에 인민을 편제시키는, 이른바 편호編戶 제민을 이상으로 했다. 그러나 백성들이 모두 동등하다는 생각은 실제 사회에서는 실현 불가능한 관념에 지나지 않았다. 따라서 국가는 동등의 최소 기준으로 국가에 대한 납세 의무인 조용조租庸調* 3세의 담당 여부를 제시했다. 두 번째 국가의 운영 원리는 국역체제였다. 국역체제란 조용조 3세를 부담하는 납세자에 대해 국가 운영에 직접 참여가 가능한 기회와 권리를 제공하는 장치였다. 따라서 제민 정책은 국역체제를 통해서만 원활하게 작동될 수 있었다. 세 번째의 원리는 양천제였다. 국가는 국역체제에 참여 가능한 사람들을 양인으로 그리고 불가능한 사람들을

> 조용조
> 조租는 토지에서 수확한 곡식에 대한 세금, 용庸은 인정을 대상으로 요역에 동원하는 것, 조調는 호를 대상으로 지방 토산물에 대한 세금을 말한다.

천인으로 분류하고, 양인에 대해서는 군역이나 교육, 그리고 관직에 나아갈 수 있는 제반 권리를 부여해주었다. 양천제는 국가의 포괄적인 인민 편제 방식이었던 셈이다.

조선왕조를 자동차에 비유하면, 위의 세 가지 주요 장치들은 각각 지시등, 엔진, 프레임에 해당한다고 볼 수 있다. 양천제는 전체 구조의 모습을 보여주는 프레임에 해당하고, 국역체제는 에너지를 끌어들여 작동을 가능하게 하는 엔진에, 그리고 제민 정책은 전체적 방향을 제시하는 지시등에 해당된다. 그리고 국가 방어 시스템으로서의 부병제府兵制와 봉공자奉公者에 대한 급료체계인 과전법科田法이 이 장치들에 연결되어 실제 작동을 가능케 하는 구동장치로 기능했다. 이렇게 다양한 장치들로 연결된 조선이라는 자동차는 부국강병이라는 목표를 향해 나아갔다.

국가는 양인층을 대상으로 국역체제를 운영하고 이들을 중심으로 제민 정책을 실현해 나갔다. 국가 정책은 어디까지나 납세 의무를 충실히 이행할 수 있는 양인층에게 초점을 맞췄다. 따라서 여기에서 제외된 천인층은 국가 기관이나 양인층에게 예속되어 물건과 마찬가지로 매매, 증여, 상속되는 일종의 '말하는 동물'에 지나지 않았다. 이들 천인층이 전체 인구에서 최소 30퍼센트 이상을 차지하고 있었다는 점에서, 조선왕조가 지향했던 사회는 '만민의 평등'을 추구하는 근대 사회와는 거리가 멀었다. 제한적인 합리성이 허용되고 통용되는 사회, 그것이 15세기 조선왕조의 참모습이었다.

양반들의 노비 선물   1579년(선조 12)
에 오익창吳益昌이 진사시에 합격하자
그의 어머니 이씨가 이를 축하하기 위
해 노비 2명과 논 23마지기를 선물하며
작성한 별급문기別給文記다. '별급문기'
란 재주財主가 어떤 특별한 사유, 예컨
대 며느리를 맞이하거나, 아들이나 손
자가 태어났거나, 아들이나 손자가 과
거에 급제했을 때 이를 축하하는 뜻으
로 특별히 노비나 토지를 증여하면서
작성한 문기다.

개인의 능력에 기초한 개방형 사회

다수의 천인층의 존재라는 한계에도 불구하고 조선 초기 사회는 개인의 능력을 중시하는 개방형 사회였다. 국역체제에 포섭된 인물이라면 그의 사회적·경제적 지위나 처지에 상관없이 의무에 대한 반대급부로 지급되는 권리를 균등하게 누릴 수 있었다. 모든 양인들에게는 교육받을 기회, 과거에 응시할 기회, 관직에 나아갈 기회, 군역에 복무할 기회가 제공되었다. 이러한 다양한 권리들의 향유를 통해 양인들은 그들의 지위를 향상시킬 수도 있었다.

게다가 국가는 지배신분층의 존재를 용납하지 않았다. 따라서 고위 관료라 할지라도 자신의 지위를 후손들에게 세습시킬 수 없었으며 특혜를 부여할 수도 없었다. 아버지의 경력이 아들의 지위에 큰 영향력을 미칠 수 없었던 것이다. 1553년(명종 8) 계축군적癸丑軍籍 당시 성균관 대사성에 재임 중이던 이황이 아들 이준이 충군될까 전전긍긍하던 모습이 바로 당시의 정황을 웅변한다. 자식은 자신의 지위를 스스로 만들어가야만 했다. 16세기 중반의 조선 사회가 이러했다면, 제민 정책의 강도가 훨씬 강력했던 조선 초기의 상황은 말할 나위가 없다. 조선 초기는 국가가 양인들에게 기회균등을 보장해주는 개방형 사회였던 것이다.

이러한 사회였기 때문에 조선 초기에는 혈통에 의해 지위가 세습되는 '신분'을 의미하는 용어가 그다지 발달하지 않았다. 지배층을 의미하는 용어로는 '사족士族'이 흔히 사용되었다. 이것은 고려 후기 이래 현관顯官 출신자와 그의 3대에 이르는 후손들을 뜻하는 용어로 흔히 사용되었다. 사족에 대한 법전상의 용어는 '대소원인大小員人'이었다. 조선왕조 개창 이래 모든 법전을 망라한 최초의 성문법인《경국대전》에는 대소원인에 대한 특례 규정이 종종 발견된다. 대소원인, 곧 사족이야말로 국가가 지배층에게 배려할 수 있는 최소의 특혜 집단이었던 셈이다. 그렇지만 사족 자제라 해서 국역 부담에서 면제되거나, 아버지의 후광을 매개로 곧장 관직에 진출할 수 있었던 것은 아니다. 국역의 의무가 닥쳐오면 그들도 응해야만 하는 존재에 지나지 않았다. 아들의 충군을 걱정하는 아버지 이황의 모습은 바로 그러한 사례의 한 단면이었다.

반면 훗날 지배신분의 동의어로 곧잘 사용된 '양반'은 이 시기 좀 다른 의미의 용어로 사용되었다. 양반兩班은 그 어원이 뜻하는 '동·서반에 참여하는 관직자'를 지칭하는 용어였다. 따라서 관직자라면 누구나 양반이라고 불릴 수 있었다. 그리하여 지방 각 관·역에서 천역의 일종인 '일수日守'직을 수행한 양인으로 관직에 오른 자도 '일수양반'이라 불렸다. 이처럼 양반이 되는 경로가 다양하고 참여하는 계층이 다기多岐했기 때문에, 1430년(세종 12)에는 정직(혹은 유품직流品職) 출신 양반과 비정직(혹은 잡류직雜流職) 출신 양반을 서로 분리해 대우하자는 논의가 제기되기도 했다.

정직 출신들은 비정직 양반들을 '본래 상인으로 관직을 가진 자[本系常人有職者]'라 부르면서 그들과 거리를 두고자 했다. 그렇지만 국왕 세종과 일부 고위 관료들은 양반이라면 모두가 동일하다는 점을 전제로 양자를 구별해서는 안 된다는 입장을 개진했다. 경로에 상관없이 양반은 문·무반 관직자 일체를 의미하는 용어라는 점을 국가가 재확인한 것이다. 따라서 당시 '양반'은 개인의 능력 여하에 따라 언제든지 획득 가능한 관직자 '계층'을 의미하는 용어였다.

양반과 사족을 이와 같이 이해할 경우, 관직자 전체를 의미하는 '계층적 용어'인 양반이 더욱 넓은 범주를 갖고 있었다. 반면 사족은 현관으로 진출해 3대에 이르는 후손들에게 일정 범위 내에서나마 특혜를 베풀 가능성이 있는 계층이라는 점에서 '신분적인 냄새'가 물씬 풍기는 용어였다. 그런 점에서 사족의 범주는 양반보다 훨씬 좁았다. 이들 양자는 각기 서로 다른 범주를 가진 채 포개지기도 분리되기도 하면서 다른 용어로 존재했던 것이다.

폐쇄형 사회로의 이동

그렇다면 양천제는 국가의 인민 편제 방식으로 완벽한 성공을 거두었을까? 고려 후기 이래 농장으로 대표되는 지주제가 발달하고, 사회적 지위를 세습해 그것을 바탕으로 권력을 강화시켜가는 사족층이 엄연히 존재했다는 사실은 잘 알려져 있다. 이러한 상황에서 모든 백성을 양천제의 틀 속에 집어넣어 국가적 평등의 길로 매진한다는 생각은 실제 현실과는 거리가 멀었다. 따라서 양천제가 강화되어가던 15세기 초반 상황에서도 지배 엘리트 사이에서는 귀천 의식이 강력하게 존재했으며, 정직·비정직 관직자를 당당히 구별해야 한다는 차별 의식 또한 여전히 남아 있었다.

정직 출신 관직자와 가족들은 자신을 사족이라 부르고 그렇지 않은 계통의 인물들을 상인常人이라 불렀다. 앞서 소개된 1430년 '상인' 출신의 관직자를 유품직과 분리해 조반朝班 참여를 제한하고 형刑 집행 방식을 달리하자는 유품직 관직자들의 주장은 이러한 차별 의식의 대표적인 사례라고 할 수 있다. 당시에는 국가적 평등 의지가 워낙 강했던 조선 초기의 분위기를 반영해, 상인 관직자들도 유품직과 동등하게 대우해주어야 한다는 견해가 우세했다. 그러나 시간이 지나고 그에 따라 국가의 의지가 약화되는 추세에 비례해 이러한 의식 또한 점차 엷어져갔다. 사족의 법률적 용어인 대소원인의 적용 범위가 점차 좁아지는 것을 통해 그러한 분위기를 읽을 수 있다.

세종대(1418~1450) 대소원인의 적용 범위는 유품·잡직을 포함한 관직자 전체였다. 그러나 문종대(1450~1452)에는 유품직 관직자와 유음자손有蔭子孫으로 그 범위가 좁혀졌고, 성종대(1469~1494) 반포된 《경국대전》에는 '문·무관, 생원과 진사, 녹사錄事, 그리고 유음자손'으로 범위가 더욱 좁아졌다. 이러한 현실을 반영해 사족의 대칭 개념인 상인의 범주도 한층 또렷해졌다. 사족·상인을 구분하는 의식은 사회적·관습적 영역을 넘어 국가의 각종 규제 내용에도 적용되는 등, 점차 폭을 넓혀갔다. 다음은 대소원인 범주의 시대별 변화상을 그림으로 나타낸 것이다.

대소원인의 범주 변화

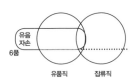 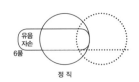 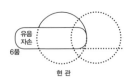

15세기 초 : 관직자 전체+유음자손   15세기 중반 : 유품직 관직자+유음자손   15세기 후반 : 현관+유음자손

여기에서 양천제가 사회 전반에 미치는 규정력에 대해 달리 생각해 보아야 한다. 양천제는 조선왕조의 시작과 함께 야심 차게 추진한 국가 운영체제였다. 그런 점에서 인민이 국가와 마주치는 영역에서는 양천제의 규정을 받을 수밖에 없었다. 그것이 바로 국역체제의 영역이었다. 그러나 국가는 이 영역을 넘어서는 부분까지도 양천제로 얽어매고 집행하려는 의지가 없었다. 고려 후기 이래 내려오던 사회 구조와 관습 자체까지 송두리째 부정할 필요는 없었기 때문이다. 그 때문에 관습과 의식 차원에서는 귀천 의식이나 양반·상인 간의 구별 의식이 엄연히 존재했다.

양천제는 어디까지나 국가가 인민을 동원하는 영역과 범위에서만 작동하던 국가적 인민 편제원리에 지나지 않았다. 국가와 직접 접촉하지 않는 훨씬 넓고 깊은 사회적·관습적 영역이 그 아래 존재했으며, 그 영역에서는 양반·상인 관계가 더 큰 위력을 발휘하고 있었다. 이러한 양반·상인 관념은 한 걸음 더 나아가 양천제의 시행 과정을 왜곡시키기도 하고 제도로 정착되는 것을 방해하기도 했다. 따라서

양천제의 적용범위 및 변화

국왕		국왕		국왕
현관 문관 / 무관		현 관		사족
국역체제 문관 / 무관	→	상층양인 (관직자·군인)	→	
양천제 양인 / 천민		양 천 제		반 상 제
지주제 & 양반·상인관계(반상제)		반 상 제		(양 천 제)
15세기 전반		16세기 전반		17세기 전반

――――― 공적 영역
············· 사적 영역

조선 초기의 사회 구조는 종래의 양반·상인 관계를 대표하는 사회 통념적 신분구조가 아래에 있었고, 그 위에 국역체제의 작동에 필요한 영역에서 양천제가 자리하는 다층적 구조였다. 국가의 규정력이 강력했던 조선 초기에는 양천제의 영향력이 사회 전반에 걸쳐 매우 강력했다. 그러나 국가의 강도가 약화되는 추세에 따라 15세기 후반 이후에는 영향력이 점차 축소되다가 마침내 그 존재가 위협받기에 이른다.

'사족층'의 성장

양천제에 입각한 국가적 인민 편제 방식은 연산군대(1494~1506)에 이르러 엄청난 변화를 겪게 되었다. 이 무렵 100여 년 이상 장기간에 걸쳐 안정적으로 운영되던 국가의 운영체제에 근본적 문제가 발생했기 때문이다. 그것은 흔히 '연산군의 폭정'으로 널리 알려진 국가의 난맥상과 관련되어 있었다. 국왕과 왕실의 재정적 필요성에 의해 시작된 이러한 난맥상은 조용조 3세의 세액 증대와 징수 방식의 변화를 초래했다. 이에 따라 국역체제의 하부를 받쳐주던 하층 양인들의 납세 부담이 크게 증대하면서 이들의 경제 기반이 흔들리게 되었다. 하층 양인들의 몰락이 점차 현실화되자 국역체제의 근간인 양천제도 동요하기 시작했다. 하층 양인들을 중심으로 대규모의 거주지 이탈과 노비로의 신분 전환 현상이 일어남에 따라, 양천제의 근본이 흔들리게 되었기 때문이다.

국역체제가 본격적으로 해체되기 시작한 16세기 전반 이후, 몰락하는 하층 양인들과 그들의 경제력을 흡수한 상층 양인들은 중소지주로,

그리고 노비 소유주로 성공적으로 전환하는 경우가 많았다. 따라서 이 시기는 쏟아져 나오는 토지와 노비 자원을 이용해 경제적 기반을 확충하고 그것을 발판으로 사회적 지위를 높여나가는 새로운 계층이 형성되는 시점이기도 했다. 이 시기의 주역으로 떠오른 세력이 바로 상층 양인이었다. 이들은 달라진 사회적 위상에 따라 국가 정책에 대한 반대 목소리를 내기 시작했고, 상승하는 그들의 지위에 상응하는 대우를 국가에 요구하기 시작했다.

이들의 요구는 1525년(중종 20) 전가사변全家徙邊정책*의 시행 과정에서 마침내 수용되었다. 사족을 재규정하는 작업이 시작된 것이었다. 이때 확정을 본 사족의 범주는 '친변·외변 가운데 한쪽이라도 4조祖 내에 과거 혹은 음서로 문·무반 정직 6품 이상에 진출한 관료를 배출한 가문의 후손 및 생원·진사'였다. 그런데 이 범주는 사회적 통념으로 용인된 양반의 범주와 크게 다르지 않았다. 계층적 용어인 '양반'과 신분적 어감의 '사족' 사이에 존재하던 차이가 이 무렵에 이르러 소멸된다. 이후 양반과 사족은 동의어로 사용되었다.

그런데 전가사변 정책 시행 과정에서 주목해야 하는 또 다른 결정은 사족층에 대해서는 전가사변형이나 여타 체형體刑의 적용 범위에서 제외한다는 국가의 양보였다. 이 조처 이후 사족층은 사회 통념상의 지배신분으로 그 범위를 넓혀나갔을 뿐만 아니라, 국가로부터 일정한 특혜를 누리는 계층으로 공인되었다. 사족층이 이처럼 특권 신분으로 공인되자, 이들의 사회적 지위를 더욱 강고하게 하기 위한 후속 조처들이 뒤를 이었다. 이와 관련해 가장 중요한 점은 잡류층의 문·무반 정직 참여 배제 조처였다.

전가사변
죄인을 그 가족과 함께 변방 (평안도나 함경도)으로 강제 이주시키는 형벌을 말한다. 조선 세종 때부터 북변 개척이 시작되어 남쪽의 백성을 이주시키는데, 이에 응하는 자가 없자 전가사변을 실시해 이주시켰다. 이 법의 적용 범위는 문서 위조자·좀도둑·우마 도살자· 백성을 억압하는 관리 등 비교적 경범자들을 대상으로 했다.

앞서 살펴본 바와 같이 조선 초기까지만 해도 국가는 일정 기간 국역에 복무한 양인들에게 문·무반 관직자로 진출하는 길을 허용해주었다. 15세기 중반 이후 그 범위가 좁아져간 것은 사실이지만 국역체제 운영의 기초로서 양천제가 작용하는 한 이 원칙은 지켜졌다. 그렇지만 양천제가 근본적으로 흔들리게 된 16세기 이후부터 모든 국역 담당자에게 관직을 균등하게 개방하는 조처는 부당하다는 주장이 사족들을 중심으로 제기되기 시작했다. 이 가운데 가장 논란이 된 것은 이직吏職 종사자의 역승직驛丞職 진출 문제였다. 잡류층의 정직 진출로로 마지막까지 남아 있던 것이 역승직이었기 때문이다.

그리하여 사족층은 16세기 벽두부터 역승직 폐지와 찰방직察訪職 신설 문제에 집요하게 매달렸다. 마침내 이 주장은 1535년(중종 30)에 이르러 관철되었다. 이 조처는 국역 복무자에게 관직을 개방한다는 양천제의 원래 취지를 국가가 스스로 훼손한 것이라는 점에서 주목된다. 문·무반 정직은 사족층의 독점적 점유물임을 국가가 용인한 것이기 때문이다. 이처럼 양인층 일반에게 열려 있던 관직이 사족층에게 집중되면서 사회는 사족층 위주로 재편되기 시작했고 그에 따라 사회구조도 점차 경색되었다.

제약과 한계

여기서 주목할 사실은, 사족층이 16세기 초반에 이르러서야 그 존재를 역사의 전면에 드러낸 새로운 계층이라는 점이다. 사회적 지위가 급성장한 것은 사실이지만 이들은 여전히 국가의 공권력에 의해 규정받는 존재에 불과했다. 사족과 토호土豪의 경계는 여전히 불분명

하종악 후처의 실행 사건
진주의 고故진사 하종악의 후처가 홀로 살았는데, 음행淫行이 있다는 소문이 마을에 자자했다. 처사 조식曺植이 우연히 그 일을 자기 문인 정인홍鄭仁弘·하항河沆과 말하게 되었는데, 인홍 등이 감사에게 통보해 옥을 일으켜 다스리는 과정에서 몇 명이 죽었고, 조식은 또 자기 친구인 이정李楨이 하의 후처와 인척으로 그 일을 몰래 비호했다 하여 서신을 보내 절교를 하면서 그의 죄상을 낱낱이 거론했다. 그리고 하항 등은 그 옥사가 성립되지 않은 것을 분하게 여긴 친구들을 데리고 하의 집을 헐어버렸는데 감사는 하항 등을 잡아 가두었다. 그러자 홍문관이 차자를 올려 그들을 신구했고 또 옥사를 성립시키지 못했다는 이유로 추관들이 대관의 탄핵을 받아 파직당한 자가 많았다. 선조가 경연에 나아가 입시한 신하들에게 그 일에 대하여 물으니, 대사헌 박응 등이 아뢰기를, "집을 헐어버린 유생들은 바로 무뢰배들이지 유생이 아닙니다. 만약 그 죄를 다스리지 않으면 후일에 또 다시 그러할까 염려됩니다"라고 했고, 대신 홍섬洪暹도 그 논의를 옳게 여겼으나 그 일이 끝내 실행되지 않았다. 영남 선비들이 집을 부수고 고을에서 몰아내는 풍습이 이때부터 생긴 것이다.《선조실록》 선조 2년)

했다. 이 때문에 1525년에 전가사변 정책으로 결론이 내려졌음에도 불구하고 사변 정책이 추진될 때마다 사족층은 주요 대상자로 종종 거론되곤 했다.

사족층이 유향소나 향약, 서원을 매개로 지역 사회에서 활동 공간을 넓혀나간 것은 사실이다. 그렇지만 이들의 활동 공간과 범위는 그다지 넓지도 크지도 않았다. 이들의 자치 활동은 국가로부터 언제든지 제재받을 수도, 처벌의 대상이 될 수도 있었다. 1569년(선조 2) 진주에서 발생한 하종악河宗岳 후처의 실행失行 사건●에 대한 이 지역 사족들의 대응 방식을 두고 국가가 무단武斷 토호의 활동으로 단정, 처벌하려 했던 사례에서 그러한 분위기를 읽을 수 있다. 당시 사림파가 정권을 장악한 시기였다는 점을 상기한다면, 사족들의 활동 공간은 16세기 후반까지도 아주 좁은 범위 내에서만 허용되고 있었을 뿐이다.

이 시기 사족들의 사회적 지위를 극명하게 보여주는 것이 충군 정책이었다. 조선 초기 이래 국가는 양인 상층을 대상으로 국방체계를 확립해 운영하고 있었다. 군역의 주요 대상층은 15세기의 상층 양인 혹은 16세기의 사족층이었다. 따라서 군적이 작성될 때마다 사족 자제들을 충군시키려는 국가와 벗어나고자 발버둥치는 사족들 사이에는 실랑이가 한바탕 오가곤 했다. 16세기 중반 이후 두 차례에 걸쳐 실시된 계축군적과 갑술군적甲戌軍籍(1574)에서 그러한 양상을 확인할 수 있다.

사족층을 중심으로 한 군역 운영이라는 조선 초기 이래의 국방 정책은 임진왜란 당시에도 변함이 없었다. 이 때문에 전쟁의 주도권을

1592(4월)
일본군 부산진 침공(임진왜란 시작).

1592(6월)
전국 의병 발생.

1593(4월)
한양 수복.

사족의 의병 활동 임진왜란 당시 의병장 정문부鄭文孚가 함경북도 일대에서 왜장 가토 기요마사 휘하의 왜군을 격파한 전투를 담은 기록화 〈창의토왜도倡義討倭圖〉(17세기 후반). 정문부는 이봉수, 최배원, 지달원, 강문우 등과 함께 의병 300명을 이끌고 함경도 일대까지 올라온 왜군과 싸워 이를 물리쳤다. 임진왜란 때 의병이 일어나게 된 동기는, 관군이 무력해 일본군이 수십일 사이에 우리의 국토와 죄 없는 백성들을 짓밟자, 동족을 구하고 스스로 자기 고장을 지키기 위함이었다. 특히 사족들은 그들의 상호 유대관계, 서당이나 향교를 통한 교우관계 등을 바탕으로 백성을 동원할 수 있어 의병을 주도할 수 있었다.

둘러싸고 관군을 차출하려는 수령들과 의병 활동을 통해 지역을 사수하려는 사족층 사이에 험악한 분위기가 조성되었다. 전국 최초로 의병을 일으킨 곽재우郭再祐가 관곡과 무기를 탈취해 반역을 꾀했다는 혐의로 체포, 혹독한 형을 받고 의병을 해산시킨 사례가 그러한 예에 해당한다. 국가의 명운이 걸린 전쟁 초기 상황에서도 사족층은 관권으로부터 견제, 감시받는 존재에 지나지 않았던 것이다.

그러나 사족층은 의병을 주도하면서, 혹은 군공이나 납속을 통해 전과를 올리면서 그들의 지위에 걸맞은 구실을 충실히 수행해나갔다. 국가의 공권력 와해 상황에도 불구하고 이들은 그 틈을 훌륭히 메웠을 뿐만 아니라 전쟁을 승리로 이끄는 견인차 역할을 톡톡히 해냈다. 양반층은 이후 전후 복구사업을 주도하면서 한층 격상된 그들의 위상을 다시 한 번 과시했다. 그리하여 국가로부터 그들의 사회적 지위를 공식적으로 인정받는 일대 성과를 얻어냈다. 그것이 바로 17세기 이후 새로운 사회 구조로 정착하게 된 '양반 지배구조'의 출발이었다.

신분 변화의 이중주: 조선 후기

'17세기 위기'와 부세 총액제로의 전환

임진왜란을 겪은 이후 조선 사회는 한동안 안정을 구가하고 있었다. 사회의 주도권이 양반들에게 넘어가고 양반 지배구조가 정착됨에 따라 이들이 평소 꿈꾸어왔던 성리학을 토대로 한 지배질서가 실현되었다. 국가의 간섭이 최대한 억제된 상황에서 농업생산성이 향상되고 인구가 증가하는가 하면 사회적 안정 또한 한층 강화되었다. 사회적 여건이 모든 지표에서 호전되면서 국가는 종전 이후 50여 년 동안 늦추었던 고삐를 새로이 조이는 작업을 시도했다. 그 때문에 국가의 인적 자원 파악능력이 한층 강화되었다. 1657년(효종 5)의 호적상 가호 수 66여만 호, 인구 230여만 명이 1669년(현종 10)에는 130여만 호, 500여만 명으로 급증한 데에서 그러한 사실을 확인할 수 있다. 10여 년이라는 짧은 기간에 가호 수 200퍼센트, 인구 220퍼센트가 급증한 사실은 국가의 강력한 개입 의지와 노력 이외에는 다른 설명이 불가능하다.

그러나 바로 이 무렵 또 다른 변수가 발생했다. 이른바 '17세기 위기' 상황이 도래한 것이었다. 기온 저하는 17세기 내내 지속된 세기적 현상으로 자리 잡아 세계 각지에서 냉해, 수재, 흉년, 전염병 출현, 그리고 다수의 사망자 발생과 같은 자연적·사회적 문제들을 양산했다. 조선 사회도 예외가 아니었다. 인조--효종대부터 본격화된 기온 저하 현상은 현종—숙종대를 거치면서 최고조에 달했다. 특히 경신대기근(1670~1671)과 을병대기근(1695~1699)으로 널리 알려진 17세기 후반의 기온 저하는 2~3년 이상 지속되면서 대규모의 흉년, 전염병의 발발, 사망자 속출과 같은 많은 사회적 문제를 일으켰다. 경신대기근과 을병대기근 당시의 사망자 수는 각각 140여만 명, 400여만 명으로 추산되는데 이는 전체 인구의 11~14퍼센트, 혹은 25~33퍼센트에 해당하는 엄청난 피해였다. 현종—숙종대에는 미증유의 대재난을 혹독하게 경험하고 있었던 셈이다.

국가의 적극적인 민간개입 의지와 '17세기 위기' 상황이 서로 겹쳐지면서 조선 사회의 위기는 증폭되었다. 갑작스럽게 닥친 재난으로 수백만 명이 죽어가는 상황에서 국가의 적극적인 민간개입 의지가 작용하게 될 경우, 농민 가호들의 경제 상태를 한층 더 강하게 압박할 것이 뻔했기 때문이다. 결국 대재난 상황에 직면해 무기력 상태에 빠진 국가는 민간에 대한 직접 통치 방식에서 간접통치로 후퇴하지 않을 수 없었다. 1711년(숙종 37)에 실시한 이정법里定法은 바로 이러한 상황에서 나온 국가의 궁여지책이었다. 이정법은 종래 국가가 개별 가호의 노동력을 파악해 양역을 부과하던 방식으로부터 면리面里별로 일정 세액을 할당한 다음 그 수치에 맞춰 양역세를 징수하는 새로운 부세 징수 방식이었다. 이러한 징수 방식은 전세, 환곡과 같은 다른 부세에도 곧 영향을 미치게 되었다. 그리하여 18세기 중반 이후에는 면리 단위를 기초로 한 총액제가 부세 운영의 새로운 방식으로 확고하게 자리 잡기에 이르렀다.

그런데 이정법과 총액제에 기초한 양역세 징수 방식이 또 다른 중대한 변화를 가져왔다는 사실에 특히 주목할 필요가 있다. 바로 호적상의 직역職役 기재 방식에 변화가 생긴 것이었다. 이 시기를 전후해 양반층의 직역이 유학幼學으로 단일하게 고정되기 시작하는가 하면 양반 직역호가 급증하고 있었던 것이다. 〈표 1〉은 호적상의 전체 호수戶數 가운데 유학호의 비중을 지역별·시기별로 추적해 본 것이다.

<표 1> 지역별·시기별 유학호의 변화 추이

(단위: 퍼센트)

연도 지역	1670	1690	1710	1730	1750	1770	1790	1810	1830	1850
대구		3.8~4.3		11.5		28.0				63.1
단성	4.8		12.0		22.4	26.2			35.4	30.4
언양			9.3				49.8	58.4		

〈표 1〉에 따르면 1700년 이전까지만 해도 유학호는 각 지역에서 3.8~4.8퍼센트의 안정적인 비율을 보이고 있었다. 그러나 이정법이 실시된 1710년대 이후 9.3~12퍼센트로 증가해 균역법이 실시된 1750년 이후에는 유학호가 20퍼센트 이상으로 급증했다. 이러한 추세는 이후 가속을 받아 지역에 따라서는 60~70퍼센트에 달하는 폭등세를 보였다. 유학호가 이처럼 급증하는 추세에 정확히 반비례해 노비호 또한 급감했다. 반면 상민호는 완만한 감소세를 보이기는 했지만 대체로 현상을 유지하고 있었다.

호적상의 이러한 변화는 양역 정책의 변화와 밀접한 관련이 있다. 합법적인 양역 면제층인 양반층과 노비층이 각각 급증·급감하는 양상을 보인 반면, 주요 양역 대상층인 상인층은 큰 변화를 보이지 않았기 때문이다. 사실 국가는 이정법과 군총제軍摠制 실시 이후 상인층의 일정한 호수 유지에만 관심이 있었을 뿐, 면역층의 증감 현상은 크게 문제 삼지 않았다. 이런 상황에서 상민호의 변동은 국가로부터 일정하게 제약을 받아 고정되는 추세를 보인 반면, 양반호와 노비호는 총액제가 허락하는 범위 내에서 가감이 자유롭게 이뤄질 수 있었다. 호적상의 직역 변화 추이는 이처럼 양역 정책의 변화와 긴밀한 관련을 맺고 있었다. 따라서 호적상의 직역 변화만을 가지고 신분제의 변화와 해체 양상을 독해하기란 불가능에 가까운 일이다.

양천제 기능의 정지

그렇다고 신분제 변화를 부정하는 것은 결코 아니다. 국가의 대민 지배방식이 개별 가호 지배로부터 면리를 매개로 한 간접지배방식으로 바뀌어나간 것에 비례해, 국가의 대민 장악력은 그만큼 약화되어 갔다. 따라서 면리에 할당된 양역의 총액에 손상이 가지 않는 한 직역 변경은 얼마든지 일어날 수 있는 문제였다. 게다가 납속과 같은 합법적인 면역방법이 곳곳에 깔려 있는 상황에서, 군역 면제를 공통분모로 삼아 양반도 아니고 그렇다고 상민도 아닌 계층이 광범위하게 형성되기 시작했다. 유수원柳壽垣은 18세기 중반의 활발한 계층 이동 상황을 다음과 같이 관찰하고 있다.

사노로 말하면 언제나 바라는 것이 속신贖身해 양민이 되는 것이다. 그런데 양민은 초관哨官이나 영군관營軍官이 되고자 하고, 군관은 또 좌수나 별감이 되고자 한다. 별감은 또 향교의 유사나 장의가 되고자 하고, 장의는 또 벼슬을 하고자[初入仕] 하며, 초입사자는 소문평족素門平族이 되고자 한다. 소문평족은 또 고관대족이 되고자 하며 고관대족은 그 부귀를 길이 보존하고자 하니, 모두가 분수에 넘치는 소망을 갖고 있다. 모든 사람이 정도에 지나치는 소원을 갖고 있어서 등급을 뛰어넘어 출세하고자 하니 마음 편히 분수에 맞는 생활을 영위하지 못한다.

출처: 유수원,《우서迂書》2,〈문벌의 폐단을 논함〉.

우서

유수원이 지방관으로 근무할 때(영조 5~13)에 편찬한 책이다. 저작 당시 국왕에게까지 소개될 정도로 지식인들의 관심을 끌며 널리 유포되었다. 그러나 1755년(영조 31) 5월 소론에 속했던 저자가 대역부도의 죄목으로 사형되자 책도 사장되어 소수의 필사본만이 남아 있다. 유수원은 이 책에서 18세기 조선 사회의 국허민빈國虛民貧의 현실이 사민불분四民不分, 즉 국민 모두가 각자의 생업에 전업적으로 충실하지 못하고 있는 데서 말미암았다고 보았다. 그는 이를 극복하기 위해 사민일치四民一致, 즉 신분제 질서의 파기를 통한 국민의 평등·일원화, 다시 말하면 각자의 능력과 취향에 따르는 하나의 직업인으로서의 국민의 평등적 개편을 우선의 과제로 하고 있다.

광범위한 신분 층위에서 다양한 형태로 계층의 등급을 뛰어넘으려는 현상은 18세기 중반 이후 사회 곳곳에서 활발하게 전개되고 있었다. 그러나 이러한 변화는 직역 변경에 따른 계층 이동이었을 뿐, 실제 신분상의 변동까지 동반하는 계층 이동은 아니었다. 이러한 현상은 양천제가 더는 기능을 하지 못하는 상황과 깊은 관련이 있다. 반상제적 요소가 임진왜란 직후 작성된 《병오호적》 단계에 이르러 더해지면서 양천제가 본래의 모습을 크게 훼손당했지만, 양천제 자체를 부정할 정도는 아니었다. 군역 대상자가 양반에서 상민으로 바뀌고, 양반·상민에 의한 신분 구분이 한층 엄격해졌을 뿐이었다. 양천제는 반상제적 요소를 끌어안으면서 새로운 변화를 모색하고 있었던 것이다.

　그러나 이정법과 총액제 실시 이후 국가의 직접적인 인민지배가 불가능해지는 상황에서 양천제는 존재 이유를 심각하게 고민해야 할 단계에 봉착했다. 양천제는 기능을 정지한 채 표류하고 있었고 그 자리를 반상제가 대신 메웠다. 반상제는 16세기 전반을 거치면서 모습을 드러냈고 17세기 초반 '양반 지배구조'의 확립과 더불어 한층 강화되었다. 그렇지만 양천제가 국가의 인민 편제 방식으로 존재하는 한 성격을 서로 달리하는 양자는 충돌을 일으킬 수밖에 없었다. 따라서 반상제는 양천제의 기능이 급격히 떨어지는 상황에 도달한 18세기 중반에 이르러서야 마침내 양천제를 밀어내고 지배적인 신분구조로 자리 잡을 수 있었다. 호적상의 직역 변동에 따른 신분제 해체 양상은 바로 양천제의 기능 정지에서 오는 착시 현상이었다. 양천제의 해체 국면에서도 반상제는 건재했을 뿐만 아니라 더욱더 강화되고 있었기 때문이다.

양반층의 존재

반상제적 단일신분구조의 정점에 있는 양반들은 18세기 중반 이후에도 건재했다. 상민층에 대한 양반층의 차별 의식은 이전보다도 한층 더 경직되는 양상을 보였다. 16세기 중반 중인층에 대한 차별이 본격화되었다면 17세기 초반 이후에는 서얼층에 대한 차별 의지를 노골적으로 드러내는 형태로 확장되고 있었다. 이러한 경직된 양반층의 신분 의식이 서얼층의 대대적인 저항을 불러일으키게 된 것은 어쩌면 당연한 일이었다.

서얼층은 대대적인 저항을 통해 17세기 후반에 이르러 과거 응시 자격을 획득하는가 하면(1696), 당대가 아니라면 유학이라는 직역을 사용해도 좋다는 국가의 양보를 얻어냈다(1708). 이후 과거 합격자의 청요직 진출(1772), 그리고 지역 사회의 향권과 불가분의 관계에 있던 향소와 향교, 서원의 직임職任 허용 조처들(1777)을 국가로부터 차례로 획득했다. 그리하여 서얼 후손 가운데 과거 합격자가 배출되었고, 이들 중 일부가 사헌부 장령을 비롯한 청요직에 진출하는 사례가 실제 나타나기도 했다. 그리고 서얼들은 향소와 향교의 운영권에 참여하기도 하고, 이를 저지하는 양반층과 향전을 불사하면서까지 자신들의 권리를 신장시켜나갔다.

그럼에도 서얼층의 성장에는 분명한 한계가 있었다. 경상도의 경우 19세기 후반까지도 서얼들은 중요 서원의 직임을 획득할 수 없었다. 관권의 비호 아래 직임을 차지하는 예도 있었지만 그리 오래가지는 않았다. 과거 합격자 또한 계속 배출되고 있었지만 청요직 진출은 예외적인 시기에만 가능했을 뿐이었다. 서얼층의 본격적인 청요직·고위 관료로의 진출은 개항 이후인 19세기 후반에 이르러서야 가능했다. 그러나 양반들이 이들에게 교제를 허락해준 것은 갑오개혁 이후인 19세기 최후반에서 20세기 초반 무렵부터였다. 이 시기에는 양반층에게 신분적 특권을 보증해준 권력기관인 조선왕조가 사실상 소멸하고 있었다. 따라서 서얼층의 정치사회적 성장이 용납된 시기는 조선왕조의 전체 역사에서 아주 예외적인 시기에 지나지 않았다.

이처럼 양반층은 서얼층의 거센 도전을 받았음에도 불구하고 조선왕조가 생명을 다하는 그 시점까지 건재했다. 18세기 후반에서 19세기 초반 무렵 경상도 진주와 단성의 경우 실제 반촌班村에 거주하면서 지배양반으로 인정받는 양반층의 비율은 전체 인구의 5퍼센트에 불과했다. 이들 소수의 지배양반들은 문중과 사우·서원으로 연결된 사적인 연망과 향교, 관청을 비롯한 공적인 연망을 최대로 활용하면서 전체 인구의 10~15퍼센트에 차지하는 중서층中庶層, 그리고 평민과 노비로 구성된 80~85퍼센트의 상민층을 지배하고 있었다. 18~19세기 조선 사회는 소수의 지배양반들이 절대다수의 상민층을 다수의 중서층을 매개로 지배하는, 전형적인 피라미드형 '신분제적 계서제'를 형성하고 있었던 것이다.

계서제의 정점에 위치한 양반들은 국가의 간섭과 피지배신분층의 도전에 직면해서는 공통의 이해관계를 가지고 단결하는 모습을 보였다. 그러나 양반층 내부로 눈길을 돌리면 종족 상호 간에는 가격家格의 우열을 둘러싸고 치열한 경쟁을 벌이고 있었다. 이 때문에 지역 사회에서는 주도권을 둘러싼 지배양반들 사이의 각종 향전이 치열하게 전개되었다. 이러한 향전은 18세기 중반 이후 간간이 나타나다가 19세기

반촌　　월성 손씨와 여강 이씨의 양대 문벌로 이루어진 경주 양동의 마을이다. 반촌의 본격적인 형성 시기는 중국 친족제도의 도입에 따라, 사족을 중심으로 한 동족 마을이 발전하는 17세기 이후로 본다. 경주 지역의 대표적인 양동 지배양반인 월성 손씨와 여강 이씨는 18세기 이래 가격의 우열을 둘러싸고 치열한 향전을 치렀다.

이후 고질적인 세기적 현상으로 자리 잡았다. 경상도 양반 사회 전체를 들쑤셔놓았던 병호시비屛虎是非와 한려시비寒旅是非*는 이러한 향전 가운데 가장 잘 알려진 사례의 일부에 지나지 않는다.

위계의 조정

이처럼 조선 후기 사회는 여러 가지 사회적 현상들이 중첩되어 한 가지 방식으로 설명하기 어려운 점들이 있다. 그러나 상·하위 신분에 따라 서로 다른 변화상을 보인 것만은 분명해 보인다. 우선 지적할 수 있는 것은 신분제적 계서제의 하단부에 있는 하위 신분들의 해체 양상이었다. 노비제는 1731년(영조 7) 노비종모법奴婢從母法* 실시 이후, 특히 1750년대를 경과하면서 사실상 소멸 단계에 접어들었다. 이 과정에서 노비들은 성姓을 취득하면서 양인 신분으로 성공적으로 변신하기도 했다. 상민층도 면리 단위로 할당된 일정한 양역세 부담을 수행하기만 한다면 다양한 직역의 취득이 가능했다. 유학과 같은 양반 직역이나 중서층의 직역을 획득해 합법적인 면역자로 변신할 수도 있었다.

다음으로 지적할 수 있는 것은 신분제적 계서제의 최상층에 위치한 양반층의 경색 양상이었다. 지배양반들은 모두가 권력과 명예, 그리고 재력을 획득하고자 사회의 최정점을 향해 질주했다. 이 과정에서 양반들은 문중 단위로 재조직되었으며 혈연, 지연, 학연으로 복잡하게 얽힌 사회적 연망을 이용해 서로의 가격을 저울질했다. 그리고 정점을 향한 도정에 방해가 된다고 판단되면 싸움 또한 주저하지 않았다. 지배양반들은 군현과 도 단위의 지역 사회에서는 향전 형태로, 전국 단위에서는 당쟁 형태로 순위 다툼을 위한 전쟁을 거세게 치렀다.

병호시비와 한려시비
서애 류성룡과 학봉 김성일의 선후 문제로 풍산 류씨와 의성 김씨 두 가문이 벌인 다툼을 병호시비라 하고, 한강 정구와 여헌 장현광의 선후 문제로 청주 정씨와 인동 장씨 두 가문이 벌인 다툼을 한려시비라 한다.

노비종모법
조선시대 노비 소생의 신분과 역, 주인을 결정하는 데 모계를 따르게 한 법. 이 법은 16~17세기의 노비법, 곧 부모 가운데 한쪽이라도 노비이면 자식도 노비가 된다는 일천즉천법—賤則賤法을 통한 노비의 확대증식을 차단하는 획기적인 노비법이었다.

이러한 분열과 대립 속에서 지배양반 내부에서도 상층으로부터 하층에 이르는 계서제가 형성되었다.

요컨대 조선 후기 사회는 하위 신분구조의 해체 양상과 상위 신분구조의 경색 양상으로 크게 나뉜다. 이러한 사회의 최정점에 중앙권력을 장악한 벌열세도閥閱勢道 가문이 있었다. 지역 단위에도 그에 걸맞은 최고 종족들이 존재했고 하위로 내려갈수록 하급 종족들이 포진되어 있었다. 그러나 지배양반들은 어디까지나 소수였다. 그 아래 층위에는 이들보다 수적으로 훨씬 많은 중서층이 존재했고, 절대다수의 상민층이 최하단부를 형성하고 있었다. 그리고 이 층위에서는 급박하게 요동치는 사회적 현실을 반영해 계층 이동이라는 거센 물결이 흐르고 있었다.

조선 후기에 이르러 최종 완성을 본 반상제에 기초한 계서제는 신분제의 법적 철폐를 겨냥한 갑오개혁에서 직격탄을 맞았다. 이때를 즈음해 중앙이나 지역 사회를 막론하고 서얼층의 관직 진출, 혹은 향임직 참여 사례가 빈번해졌다. 조선왕조의 멸망이 가시화된 20세기 초반에 이르러 이러한 현상은 가속되었다. 그리고 1920년대에 접어들면서 이러한 변화는 사회적 대세가 되었다. 이후 시민 사회의 형성이라는 변화가 신분제적 계서제라는 낡아빠진 전근대적인 사회구조를 밀어내면서 새로운 근대적 양상으로 사회 전면에 자리 잡기에 이르렀다.

— 김성우

전근대 조선 사회에서의 교환 형태는 호혜互惠, 국가적 재분배, 시장경제의 세 가지로
구성된다. 전기에는 호혜와 국가적 재분배가 지배적 교환의 형태였지만, 임진왜란 이후
농업생산력이 향상되고, 농촌의 잉여가 시장에 반입되면서 농촌 시장이 성장하기 시작
했다. 농촌 시장의 성장을 토대로 포구 시장과 도시 시장이 함께 성장했고, 청나라와 일
본과의 국제교역도 활성화되었다. 조선 후기 농업에서의 상품생산의 진전, 전국적인 시
장의 성장으로 교환의 형태도 이윤을 전제로 하는 시장교환이 지배적인 형태로 자리 잡
아갔다. 도시 시장에서는 시장의 성장에 따라 독점권을 보유한 시전상인과 그렇지 못한
사상인들 사이에 대립이 격화되었으며, 농촌에서는 대형 장시와 소규모 장시 사이에 위
계관계 형성을 통해 유기적인 오일장 체제가 성립했다. 도시 시장과 농촌 장시망을 연
결하는 시장으로서 17세기 후반 이후 포구 시장이 성장했다. 농촌 장시-포구 시장-도
시 시장이 유기적으로 연결됨으로써 18세기 후반 전국적인 시장권이 형성될 수 있었다.
상업의 발달은 도시화를 촉진해, 중세 왕도였던 서울이 상업 도시로 변모했다. 인구도
조선 전기 10만에서 30만 명으로 증가했을 뿐만 아니라 도시민인 여항인閭巷人을 중심
으로 독자적인 도시 문화도 형성되어갔다.

교환과 시장 그리고 도시

조선 시장의 탄생과 발달

조선 전기
교환의 형태

호혜

경제는 생산과 소비, 그리고 이 두 요소를 연계하는 교환·유통이라는 3요소로 구성된다. 자본주의적 시장경제원리가 지배하는 오늘날의 교환은 이윤 추구를 목적으로 행해진다. 그러나 자본주의적 시장경제가 보편화되기 이전인 조선시대에는 이윤을 목적으로 하는 교환 외에도 단지 생존을 위한 목적으로, 또는 사회적 연대를 유지하거나 쌍무적 의무 때문에 행해지는 교환이 적지 않았다. 전근대 사회에서 이윤 동기가 결여되어 있으면서도 생산과 소비를 연계하는 교환으로 꼽을 수 있는 것이 바로 호혜互惠와 국가적 재분배의 원리이다. 호혜가 가정 살림이나 소규모 공동체를 유지하기 위한 교환이라고 한다면, 국가적 재분배는 국가 차원의 현물경제를 유지하기 위해 국가 주도하에 이루어지는 교환이었다.

조선시대 마을공동체나 친족 내부의 교환은 대체로 이윤 관념이 부정되었으며 흥정은 비난의 대상이었고, 무상제공만이 미덕으로 존중되었다. 이러한 호혜는 오늘날에도 경조사의 부조금이나 명절, 생일과 같은 특별한 날의 선물 관행 등으로 남아 있지만, 조선시대에는 호혜가 매우 일상적인 현상이었다. 예컨대 미암眉巖 유희춘柳希春의 일기●에 기록(1567년 10월~1577년 5월)된 총 3000여 회의 교환 사례 중에 친인척이나 관료로부터 대가를 치르지

않고 사치품이나 일상용품을 기증받은 경우는 총 2855회에 달한다. 일용물품을 시장에서 구매한 사례는 65회였고, 수공료를 주고 물품을 제작한 사례는 375회였다. 이윤을 전제하지 않은 호혜가 전체 교환의 95퍼센트 이상을 차지했던 것이다.

각종 물품에 대한 교환 외에도 노동력의 교환 형태로서 품앗이나 두레 등도 호혜적 교환이었다. 품앗이는 노동의 단순교환으로서 제공되는 노동력이 원칙적으로 모두 대등하다는 가정하에 교환되었다. 즉 사람과 농우農牛, 남성과 여성, 장년과 소년의 노동력이 동등한 가치로 교환되었다. 반면 두레는 상대방의 노동 능력 평가에 기초해 타산적으로 교환이 이루어졌다. 품앗이는 농업 외에도 모든 노동력이 투입되는 과정에 광범하게 적용되었지만, 두레는 동네 전체의 이앙·관개·제초·수확 등 농업의 주요 과정에만 한정되는 경우가 많았다.

국가적 재분배

조선왕조의 경제체제는 농업을 중심으로 한 자급자족적 현물경제를 기반으로 하고 있었다. 이러한 경제체제의 운영 방식은 개별 농가

미암일기

《미암일기》는 1567년(명종 22) 10월부터 세상을 뜨기 직전인 1577년(선조 10) 5월까지 약 11년에 걸쳐 거의 매일같이 기록한 유희춘(1513~1577)의 일기다. 원래 14책이었으나 일부가 유실되어 현재 11책만 남아 있으며, 이것이 1567년부터 1577년까지의 기록에 해당한다. 일기는 11년간에 걸쳐서 조정의 공사에서부터 자신의 개인사에 이르기까지 하루도 빼지 않고 상세히 기록했다. 선비의 생활문화사를 소상하게 기록해 민속학 연구에 귀중한 자료가 되는데, 선조 초년의 조정에서 벌어진 크고 작은 사건은 물론이고 중앙과 지방의 각 관아의 기능과 관리들의 내면 생활상과 사회의 경제 상태·풍속·습관·문화·물산 등 광범위한 사실들을 담고 있다. 예를 들어 왕실의 소식, 사신 접대, 홍문관에 근무할 당시의 경연 기록, 그리고 가계·녹봉·집의 건축과 수리·이사·혼례와 같은 집안 대소사를 꼼꼼히 기록했다.

와 국가 차원으로 나누어 살펴볼 수 있다. 개별 농가경제는 농업과 수공업의 강고한 결합을 기초로 운영되었다. 농기구나 솥 등 소수의 수공업제품은 시장을 통해 구매했지만, 의류나 곡물 등 대부분의 생활필수품은 자체 생산으로 조달했다. 농가에서는 농업경영을 통해 식품을 직접 조달했고, 부녀자들이 가내수공업의 형태로 베틀에서 의류를 직조해 자급자족적 경제체제를 유지했다. 국가 경제의 측면에서는 왕실이나 정부에서 필요한 물자는 조용조租庸調라는 현물부세 수취를 통해 해결했으며, 수공업제품 등도 시장을 통해 구매하지 않고 장인匠人들을 사역시켜 직접 조달했다. 궁궐이나 산성山城, 또는 산릉山陵 건설 등 토목사업에도 농민의 노동력을 직접 징발하는 부역제를 통해 해결했다. 이와 같이 자급자족적 경제체제를 근간으로 경제가 운영되었으므로 조선 전기 국가 경제에서 시장이 차지하는 비중은 미약했다. 시장은 조세와 부역제로 조달되지 않은 외국산 물품 등을 공급받고자 수도인 한양에 시전市廛을 두어 제한적으로 운영되었다.

조선왕조는 농업을 국가의 근본으로 삼았기 때문에 농본질서를 동요시킬 수 있는 시장의 발흥은 철저히 억제되었다. 이른바 억말抑末 정책이었다. 조선왕조는 이러한 억말 정책 외에도 농업을 진흥시키기 위해 권농관勸農官을 두거나 국가적 차원의 선진농법을 정리한 농서農書를 보급함으로써 농업생산력 증진에 적극적으로 개입했다. 또한 각종 자연재해 등으로 농가경영이 위기에 처해 있을 때는 진휼이나 환곡 등을 통해 농가경제의 재생산기반을 직접 보조해주는 역할을 담당했다. 이와 같이 중앙집권적 국가체제하에서 농민들로부터 현물 형태로 조세를 징수하고, 징수된 현물조세를 농본적 국가체제의 유지, 운영을

길쌈하는 여인들　　(전)유운홍의 〈길쌈〉(1797)
이다. 삼, 누에, 모시, 면화 등의 섬유 원료에서
삼베, 명주, 모시, 면포 등의 피륙을 짜내는 전
과정을 길쌈이라 한다. 이러한 길쌈은 여자들
이 전담했는데 오랜 시간 복잡한 과정을 거쳐
야 하는 힘든 일이었다. 이렇게 얻은 옷감으로
의복을 만들어 입었다.

위해 적절하게 분배하는 교환을 국가적 재분배라고 규정할 수 있다.

시장경제

조선시대의 교환은, 전기에는 기본적으로 비이윤동기가 지배하는 국가적 재분배가 주류를 이루는 가운데 호혜와 시장경제를 통해 이루어졌다. 조선왕조 개창 이후 15세기에는 고려시대의 지방 정기시定期市가 소멸했고, 정부의 강력한 억말 정책에 따라 사무역이 금지되면서 상업이 후퇴했다. 그러나 생산 방면에서는 연작상경농법의 확립, 인구증가, 소농경영의 성장으로 교환을 위한 잠재적인 잉여가 증대해 15세기 후반 장시가 다시 출현했다. 그리고 17세기 이후 농업생산력의 증대에 힘입어 상업적 농업이 진전되고, 포구 상업과 도시 시장이 성장해 새로운 발전을 추동함으로써 점차 이윤을 전제로 하는 시장교환이 지배적 교환으로 자리 잡는 계기가 되었다. 그러므로 17세기 후반 이후에는 양반층의 경제도 16세기 유희춘 집안보다 시장 의존도가 높아졌으며, 국가에 의한 잉여의 흡수와 재분배 과정에서도 시장 의존도를 뚜렷이 높여갈 수 있었다. 특히 17세기 초에서 18세기 초까지 약 100여 년에 걸쳐 점진적으로 시행된 대동법은 이와 같은 추세를 강화시켰다. 대동법은 왕실과 정부에서 필요한 물자를 공물로 징수하던 체제를 시장을 통해 조달하는 방식으로 변모시켰다. 또한 대동법은 무상으로 노동력을 징발하는 요역체제를 유상의 노동력 고용체제인 고립체제雇立體制로 전환시켜 노동력의 상품화를 진전시켰다. 정부에서 필요한 각종 물자의 조달뿐만 아니라 노동력 수급에서도 시장 의존도가 훨씬 높아졌던 것이다. 그러므로 조선 후기, 특히 17세기 후반 이후에는 시장경제가 점차 보편화되었고 나아가 화폐 경제도 농촌까지 파급됨으로써 이윤동기가 지배하는 시장경제가 경제 운영의 기조로 자리 잡았다.

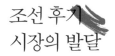

조선 후기 시장의 발달

도시 시장, 시전과 난전

조선시대의 시장은 크게 도시 시장인 시전과 농촌의 장시, 그리고 포구 시장으로 대별된다. 도시 시장인 시전은 고려왕조의 수도인 개경의 시전을 계승한 형태로 한양 천도 이후 새로운 수도 건설과 함께 창설되었다. 시전행랑은 종로를 중심으로 한 지역에 1412년(태종 12)에서 1472년(성종 3)까지 60여 년에 걸쳐 세 차례 대규모 공사 끝에 총 2027간間 규모로 완성되었다. 시전은 주로 왕실과 관청, 지배층의 사치품 수요에 충당하기 위한 물종을 중심으로 형성되었다. 중국산 비단을 수입해 판매했던 입전立廛,[*] 중국산 은과 국내산 무명을 판매했던 백목전白木廛, 중국산 면포를 수입 판매했던 청포전靑布廛, 종이류를 판매하던 지전紙廛, 모시판매의 저포전苧布廛, 삼베를 판매했던 포전布廛, 어물전 등은 17세기 말 육의전六矣廛을 구성하게 된다.

지배층의 사치품 수요를 충족시켰던 서울 시전이 일반 시민을 대상으로 한 시장 기능을 수행하게 된 것은 임진왜란을 거치면서부터였

입전

입전의 원래 명칭은 선전縇廛이지만 '선'의 음이 '립立'의 뜻인 '서다'와 같아서 입전으로 변화했다.

다. 임진왜란은 인구의 사회적 이동을 활성화시켰으며, 부족한 물자를 최대한으로 활용해야만 하는 사회적 조건 때문에 민간 차원의 유통경제가 활성화되는 계기가 되었다. 전쟁 때문에 많은 사람이 생계를 위해 상품유통에 종사함으로써 상인층이 대폭 늘었다. 또한 농업 생산력의 향상에 따른 잉여생산물의 증가는 농업에서 시장을 향한 생산을 진전시켰다. 그 결과 농촌의 상품유통기구인 장시도 임진왜란 이후 큰 폭으로 증가했다. 임진왜란 이전까지 장시 설립이 금지되었던 경기 지역에서도 장시가 많이 늘어났으므로 서울의 시전 상업도 경기 지역 장시와 관련되면서 성장했다. 전쟁과 더불어 시전 상업의 성격을 변모시킨 것은 17세기 후반 이후 활성화된 국제교역이었다. 중국과 일본의 직교역로가 봉쇄된 상황에서, 중국의 비단원사를 수입해 이를 왜관에서 일본 상인들에게 은화를 받고 수출하는 중개무역을 조선 상인이 주도한 것이다. 중개무역은 18세기 전반기까지 지속되었으며, 중개무역을 통해 얻은 막대한 부는 대부분 서울의 역관층과 권세가문, 사상층私商層에게 집적되었다. 이러한 부는 서울의 상품화폐경제를 민간 부분이 중심이 되는 상업체제로 변화시킨 중요한 요소였다.

이처럼 민간 부분이 시장경제의 중심이 되면서 서울에서는 종전의 시전상인 외에 새로운 상업세력인 사상층이 등장했다. 사상세력은 세력가나 궁방 등과 결탁해 외부에서 물품이 반입되는 요로를 장악해 전廛을 벌이거나 시전행랑을 차지하는 등 다양한 난전상업을 전개했다. 이러한 난전 활동은 시전상인들의 이익을 심각하게 침해하는 것이었으므로, 시전상인들은 난전상인에 대한 금압禁壓을 거세게 요구했다. 이 과정에서 난전상인을 체포하고 판매상품을 압수하는 제재를 주요 내용으로 하는 금난전권禁亂廛權도 법제적으로 확립되었다.

또한 시전상인들은 조선 전기에는 행랑에 대한 사용료를 정부에 지출하고 영업했지만, 조선 후기에는 궁궐과 왕실에 국역을 부담하는 대가로 시전상인으로서의 권리를 획득했다. 조선 후기 시전을 대표했던 육의전도 이와 같이 17세기 후반 이후 국역체제가 확립되면서 성립되었다. 17세기 말에서 18세기 초에 걸쳐 국역체제와 육의전체제가 확립됨에 따라 모든 시전을 유분각전有分各廛과 무분각전無分各廛*으로 구별하는 제도도 만들어졌다.

17세기 말 금난전권의 확립과 국역체제의 확립, 그리고 육의전체제의 성립으로 서울 상업체제가 재편되면서 시전도 대폭 증가하기 시작했다. 시전은 17세기 후반과 18세기 전반 두 차례에 걸쳐 대대적으로 증설되었다. 17세기 후반 창설된 시전은 대부분 미전米廛이나 어물전, 생선전 등 도성민들의 일용소비품을 판매하는 시전들로서, 이미 있었던 도성 안의 본전本廛 외에 대부분 도성 밖에 설치된 것이 특징이었다. 시전이 증가하고 시전상인의 금난전권도 좀 더 명확한 권리로 성립하면서 유통의 독점권을 보유한 시전상인의 이익은 그전에 비해 더욱 커졌다. 그러므로 사상들도 이러한 특권을 확보하기 위해 신전新廛 창설을 시도했다. 그 결과 18세기 전반기에는 소소한 물종에도 대부분 시전이 창설되었다. 18세기 전반에 창설된 시전은 17세기 후반과 달리 대부분 사상세력이 평시서平市署나 권세가와 결탁해 설립한 것이었다. 이때 시전을 창설한 목적은 상품 거래를 통해 이익을 얻는 것보다 오히려 비시전계 상인에 대한 금난전권의 행사를 통해 이익을

유분각전 · 무분각전
유분각전은 국역을 부담하는 시전을 말하고 무분각전은 국역을 부담하지 않는 시전을 말한다.

얻기 위한 데 있었다. 그 결과 18세기 내내 서울의 시전 수는 꾸준히 증가해, 17세기 전반 30여 개에 불과했던 시전이 18세기 말에 이르면 120여 개로 늘어났다.

17세기 말 이후 동전유통과 대외교역의 활성화로 서울의 상품유통경제는 크게 성장했다. 유통 상품의 양이 늘었을 뿐만 아니라, 종전에 유통되지 않았던 채소 등의 물품이 새로운 상품으로 등장하기 시작했다. 이에 따라 서울의 유통경제는 시전체제만으로는 감당하기 어려워졌고, 그 결과 사상에 의한 난전상업도 활성화되었다. 난전의 형태는 수지물手持物 판매가 합법적으로 허용된 군병들의 난전, 외방 향상鄕商과 선상船商에 의해 전개된 난전, 수공업자들이 직접 제조 판매하는 난전, 부상대고富商大賈와 세력가의 하인들이 생산지나 서울로 상품이 반입되는 중간에서 물건을 매집해 전개하는 난전, 시전체계 하부에 종속되었던 여객주인, 중간도매상인 중도아中都兒층에 의해 시전상인을 배제하고 상품을 유통시키는 난전, 그리고 시안에 등록되지 않은 물종을 판매하면서 나타난 시전상호 간의 난전 등 매우 다양하게 전개되었다. 이와 같은 난전상업의 활성화는 서울의 상권이 확대되고 시장 규모가 커지면서 비시전계 상인들이 성장했기 때문에 나타난 것이었다.

시전의 구조와 영업 방식

시전상인은 사상과 달리 독점적 구매권과 판매권을 지닌 특권 상인으로 존재했다. 이들은 국가와 왕실에 대한 일정한 의무를 지는 대신에, 자신이 취급하는 물종에 대한 독점적 유통권인 금난전권을

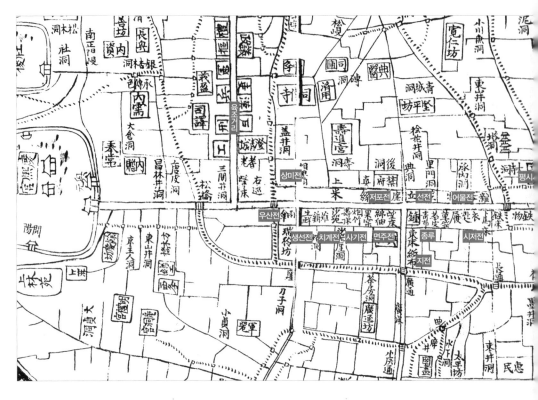

1412(태종 12)	1678(숙종 4)	1791(정조 15)
한양 종로에 시전 건설 착공.	상평통보의 전국 유통.	신해통공으로 육의전을 제외한 모든 시전의 금난전권 폐지.

시전들이 늘어선 거리 〈조선경성도〉(19세기) 중 종각을 중심으로 늘어선 시전들이 표시된 부분이다. 여기에 육주비전(육의전)이 있었는데 입전(선전), 백목전, 청포전, 지전, 저포전, 포전이 그것이다. 육의전은 정부의 필요에 의해 그 수효가 늘어나 7의전, 8의전이 되기도 했다. 국가는 이들에게 국역을 부담시키면서 상업상의 특권인 금난전권을 부여했다. 1791년 신해통공으로 다른 시전들의 특권은 폐지되는 상황에서도 육의전의 금난전권은 그대로 유지되어 조선 후기 자본을 크게 모을 수 있었다.

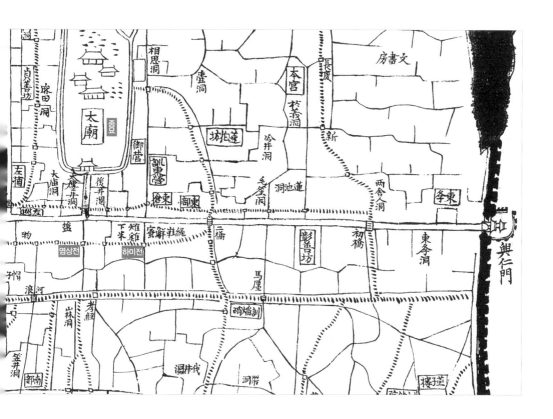

보유해 시전에 가입하지 않고 자유롭게 행해지는 매매행위를 규제했다.

시전상인은 생산자가 아니라 유통을 매개하는 상인이었기 때문에 지방이나 외국에서 물품을 반입하는 중간상인들의 서울 내 매매 활동을 규제하는 것이 가장 중요한 독점의 내용이었다. 즉 외방의 향상이나 선상, 또는 중국이나 일본과 무역하는 의주상인이나 동래상인, 개성상인들이 상품을 서울에 반입할 경우, 모든 상품은 반드시 시전상인의 손을 거쳐서 소비자에게 판매하도록 규정한 것이다. 이 과정에서 시전상인의 독점권은 엄청난 위력을 발휘했다. 다음과 같은 18세기 중엽 어물유통의 사례는 이러한 독점권의 위력을 잘 알려준다.

서해안 어장에서 포획된 어물을 실은 어물선상魚物船商이 마포나 용산, 서강 등 경강(현재의 한강 일대)의 포구에 도달하면, 선상들에게 음식과 숙소를 제공하고 상품의 창고시설이나 위탁판매 등을 담당했던 경강의 객주층(여객주인층)이 어물전 상인에게 어물선상이 도착했음을 통보한다. 통지를 받은 어물전 상인이 경강에 도착해 어물선상과 매매가격을 흥정한다. 이때 어물선상은 손해를 감수하면서도 어물전에 어물을 넘길 수밖에 없었다. 기간이 지나면 쉽게 부패하는 어물의 특성상 흥정을 무한정 끌 수 없었기 때문이다. 손해를 감수하기 싫어서 어물선상이 직접 소비자에게 판매했을 때에는 난전율亂廛律에 의해 판매하던 어물은 압수되고 어물선상은 체포되었다. 이와 같은 시전상인의 독점적 유통권 때문에 시전상인들은 막대한 이익을 볼 수 있었다. 어물전인의 횡포가 극성을 부리자 정부에서는 억울한 어물선상의 처지를 배려해 1754년(영조 30) 마른 생선이나 소금에 절인 생선인 경우는 3일 안에, 생선인 경우는 하루 안에 거래가 성사되지 않으면 어물선상이 임의대로 처분해도 난전율로 처벌하지 않는다는 규정을 제정했다.

한편 시전은 도중都中이라는 동업조합을 기초로 시전행랑과 도가都家 등의 물적 설비를 기반으로 운영되었다. 도가는 시전도중의 사무실 겸 창고로 이용되었고 상점인 행랑은 간間으로 구분되었으며, 시전상인들은 다시 7~10개로 구분된 방房에 소속되어 영업 활동을 전개했다. 시전상인들의 기본 영업 단위는 바로 방으로, 각 방에 소속된 상인수는 2명에서 20여 명에 이를 정도로 매우 다양했다.

시전도중은 개인의 출자액수에 따른 의무와 권리에 차등이 주어지는 근대적인 회사조직이라기보다는 혈연적 유대를 바탕으로 나이를 기준으로 도중 내의 위계와 서열이 정해지는 길드 조직이었다. 가입 자격에는 혈연적 차별이 존재했지만, 일단 가입하고 나서는 모든 구성원 사이의 권리에는 차별이 없었으며, 도중은 투표로 선출되어 2개월에서 6개월이라는 짧은 임기의 임원들에 의해 민주적으로 운영되었다. 시전도중은 각종 요역을 비롯한 국역 부담을 책임지고 수행해야 했으며, 나아가 시전도중의 재정과 질서를 유지하는 역할을 담당했다. 그러므로 모든 시전은 스스로 준수해야 할 규칙을 제정하고, 엄격한 상벌제도를 통해 시전조직을 유지했다. 도중은 특정 상품을 서울 내에서 판매할 수 있는 면허권을 관리하고, 이의 대가로 일종의 면허료라고 할 수 있는 가입비와 도원들이 영업에서 발생하는 이익 중 일부를 분세分稅의 형식으로 징수했고, 행랑 사용료로 방세房稅도 받았다. 도중에서는 이러한 재원을 기초로 정부에서 부과한 국역을 담당했다. 그뿐만 아니라 시전도중은 도중의 재산을 도원들에게 대출해주고 이자를 징수하는 금융기관으로서의 기능도 담당했다.

시전상인들의 상품 판매 방식은 취급하는 상품의 유통경로에 따라 매우 다른 모습을 보였다. 가장 영향력이 큰 상인조합이었던 입전상인들은 한 평 남짓한 공간에 앉아 손님을 기다리는 것이 일반적이었다. 이렇게 좁은 공간이기 때문에 상품의 진열은 최소한에 그칠 수밖에 없었다. 입전과 같이 중국산 비단을 취급하는 시전은 주로 종로의 시전행랑에 앉아서 손님을 기다렸다. 그러나 쌀을 판매하는 미전의 영업 방식은 입전과는 크게 달랐다. 쌀은 공급원이 매우 다양하고 수요가 광범했기 때문에 판매 점포가 여러 곳에 존재했으며, 영업방식도 일반적인 사상과 다름 없이 쌀을 판매했다. 그리고 서해나 동해 소산인 어물을 주로 취급하는 어물전도 입전과는 판매 방식이 상당히 달랐다. 여기서는 조선 후기 시전상인들이 어떻게 장사했는지를 알기 위해서, 중국산 비단을 판매했던 입전의 영업 방식을 살펴보도록 하자.

입전은 주로 개성상인과 의주상인, 그리고 역관을 통해 상품을 구입했다. 구입한 상품은 종로의 시전행랑에서 판매되었다. 종로의 시전전방 문 바로 앞에는 퇴청退廳이라고 하는 작은 방이 붙어 있었는데, 시전상인은 이 퇴청에 방석을 깔고 앉아 손님을 기다렸다. 그런데 어떤 사람이든 종로에 물건을 사러 와도 자신이 원하는 물건을 파는 곳을 금방 알 수 없어 종로를 배회하게 마련이다. 이때 이 손님에게 큰 소리로 무슨 물건을 사러왔는지 묻는 사람들이 있었다. 이들은 시전상인이 아니라 아직 점포를 가지지 못한 가난한 사람들로서, 손님을 시전점포에 이끌고 간 뒤에는 흥정을 붙여 거래가 성사되도록

여리꾼
문자 그대로 남은 이익을 먹는 사람이라는 뜻이다. 이러한 명칭 외에도 상점으로 손님을 불러들이는 사람이라는 의미에서 열입꾼閱入軍이라고도 불렀다. 오늘날로 치면 '삐끼'에 해당한다.

도와주는 중매인이었다. 이 사람들을 '여리꾼餘利軍'●이라고 불렀다. 여리꾼은 시전상인이 작정한 값보다 더 높은 가격으로 물건을 팔아주고 그 차액을 챙겼는데, 이 차액을 여리라고 했다. 여리꾼은 특정 가게에 전속되지는 않았다. 따라서 여리꾼이 자기 몫을 챙기려면 주인이 작정한 가격을 먼저 알아내서 그보다 비싼 값에 팔아야 했다. 그러므로 손님이 알아듣지 못하도록 암호를 사용해 가격을 알아냈는데, 이 암호를 변어弁語라고 했다. 변어는 주로 파자破字의 원리를 이용하는 경우가 많았다. 예를 들어 1은 천부대天不大, 2는 인불인仁不人과 같이 사용했다. 이와 같은 방식의 암호를 사용해 손님 몰래 가격을 알아내어 그보다 높은 가격으로 흥정을 붙였던 것이다.

농촌 장시

고려왕조 때 주현州縣의 관아 부근에서 열렸던 장시는 조선왕조 개창 이후 잠시 사라졌다가 1470년경 전라도 무안 지역에서 장문場門이라는 이름으로 다시 출현했다. 매달 두 차례씩 열렸던 장문은 15세기 말에 이르러 전라도 전 지역으로 확대되었다. 해상 무역의 오랜 전통과 풍부한 물산, 교통로의 발달, 그리고 정부의 상업 통제가 다른 지역에 비해 상대적으로 약했다는 점이 이 지역에서 장시가 제일 먼저 출현한 요인이었다. 장시는 16세기 전반에는 충청도로, 16세기 중엽에는 경상도 지역으로 확대되어 삼남 지역 농촌에서는 장시가 일반화되었다. 15, 16세기 농촌 장시가 등장한 근본적 원인은 14세기 이래 농업기술의 일대 혁신으로 농업경제력이 크게 향상되고, 이를 토대로 발생한 경제적 잉여를 처분할 수 있는 농민적 교환시장이 필요했기 때문이다. 삼남 지역을 중심으로 개시되었던 장시는 임진왜란을 계기로 경기 지역에까지 확대되었고, 17세기 이후에는 중부 이북의 황해도, 평안도 지역까지 확산되어 18세기 중엽에 이르러 우리나라 전 지역은 1000개 이상의 장시가 존재해 전국의 시장은 장시 간의 연계에 의해 조밀하게 연결되었다.

장시의 발전은 양적 측면에서뿐만 아니라 질적 측면에서도 두드러졌다. 초기 장시의 개시 횟수는 한 달에 세 차례 열리는 열흘장이 일반적이었지만, 점차 한 달에 여섯 차례 열리는 5일장이 보편적인 형식으로 자리 잡았고, 일부 장시는 한 달에 12회가 열리기도 했다. 또한 이들 장시시장권을 연계하는 중심 역할을 하는 대장大場도 형성되었다. 19세기 초에 편찬된 《만기요람萬機要覽》에는 경기도 광주의 사평장·송파장, 안성의 읍내장, 교하의 공릉장, 충청도 은진의 강경장, 직산의 덕평장, 전라도 전주 읍내장, 남원 읍내장, 경상도 창원 마산포장, 강원도 평창의 대화장, 황해도 토산 비천장, 황주 읍내장, 봉산 은파장, 평안도 박천 진두장, 함경도 덕원 원산장 등을 대장으로 꼽고 있다. 대장은 소장小場의 이출품을 집하해 권외로 이출하고 권외의 이입품을 소장에 배급하는 기능을 담당했다. 그러므로 소장은 대장과는 장날을 달리해 연계되고 있었다. 예컨대 전주는, 전주부의 읍내장인 남문외장과 서문외장은 2, 7일에, 소장인 북문외장과 동문외장은 4, 9일에, 전주 부근의 삼례장은 3, 8일, 봉상장은 5, 10일, 석불장은 1, 6일에 각각 열렸다. 여기서 보듯이 전주부 내의 장시와 전주 부근의 장시들은 서로 간에 개시일을 달리했기 때문에 각 장시간에 질서정연한 위계가 형성되어 모든 장시는 단일한 네트워크에 의해 연계될 수 있었다. 통상 한 군현 내에서 개시일을 달리하는 장시들은 서로 하루 안에 오갈 수 있는 거리에 있었다. 다시 말하면 비록 개별 장시는 닷새에 한 번 장이 서지만, 한 군현 전체에서는 하루도 장이 열리지 않는 날이 없게 되는 것이다. 18세기 후반 확립된 이와 같은 5일장 체제는 한 군현 단위에서는 상설시장의 기능을 어느 정도 수행하고 있었던 것이다.

18세기 이후 5일장 상호 간의 경제적 유대 범위가 종전과 비교하면 확대 강화되면서 군현을 단위로 한 시장권을 넘어 몇 개 고을을 묶는 시장권이 형성되었고, 일부는 지역적인 범위를 벗어나 전국적으로 시장권을 확대해갔다. 예컨대 모시 산지인 충청도 한산, 서천, 비인, 남포, 부여, 홍산, 정산, 임천의 장시는 보부상들이 각기 하나의 시장권을 형성해 교역했던 장시 유통망이었다.

장시 간의 연계망이 확대되어 지역적 시장권이 형성됨에 따라 장시 간에는 흡수, 통합, 신설, 폐지라는 장시시장권의 변동이 나타났다. 18세기 말에서 19세기 초 경상도 지역의 장시망 변동을 살펴보면, 대읍大邑에서는 장시 수가 감소했고, 중소읍中小邑에서는 장시가 증가했으며, 잔읍殘邑에서는 별다른 증감이 없었다. 대읍의 장시가 감소한 것은 대장이 형성되어 주변장을 흡수했기 때문이고, 중소읍에서 장시가 증가한 것은 신설 장시가 시장권 형성이라는 형태로 나타났기 때문이었다.

장시를 무대로 활동했던 상인층은 대부분 보부상과 같은 행상들이었다. 이들은 조선 초기에는 국가의 억말 정책에 따라 관청에서 발급하는 6개월 유효기간의 영업허가증인 노인路引을 발급받아 전국을 돌

강경 장시 풍경   금강 하류에 위치한 강경은 18세기 중엽 이후 국내에서 가장 큰 신흥 상업 도시로 성장했다. 16세기까지만 하더라도 작은 포구였던 강경은 17세기 후반 포구가 설치되면서 상업 도시로 성장할 수 있었고 금강을 통해 육지의 상품을 선박으로 먼 거리까지 운송할 수 있는 이점이 있었다. 4, 9일에 열리던 강경장에서 유통되던 상품들은 쌀, 콩, 면포, 마포, 유기, 토기, 철물, 북어, 해채, 연어, 준치, 조기, 청어, 숭어, 송아지, 담배 등이었다.

행상 낡은 벙거지를 쓰고 지게를 멘 채 지팡이를 든 사
내와 아이를 업고 광주리를 받친 아낙네가 행상을 떠나
는 모습을 묘사한 김홍도의 〈행상〉(18세기 후반). 이들처
럼 봇짐이나 등짐을 지고 방문 판매를 하던 행상들을 보
부상이라 했다. 보부상이란 단어는 19세기 중반에야 등
장한다.

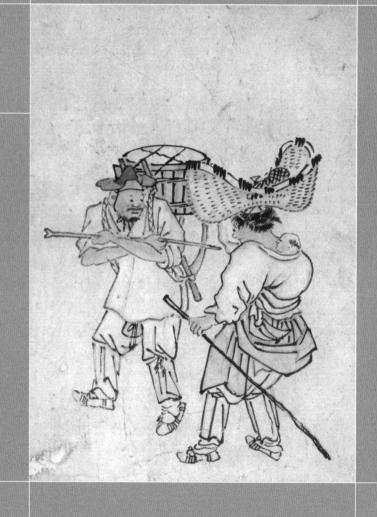

아다니면서 상업에 종사했다. 이들에게 부가된 행상세는 1인당 6개월에 저화楮貨 세 장씩이었다. 저화 한 장의 값어치는 쌀 두 말이기 때문에 행상세는 쌀 여섯 말에 해당했다. 그러나 임진왜란 이후 정부의 행상에 대한 통제 정책은 사라졌다. 농촌 장시가 활성화되면서 일부 농민층들도 장시를 대상으로 상업행위를 영위하는 것이 가능해졌다. 이들 농촌 장시를 대상으로 영업했던 행상층은 아주 보잘것없는 상품을 등에 지고 운반했다. 자본력은 매우 영세했지만 이들은 장시교환의 상당 부분을 담당하는 중요한 상인이었다. 이들의 활약으로 아직 화폐 경제가 완전하게 침투하지 않은 농가경제에까지 상품분배가 가능해졌다. 행상층은 정기시 체제가 상설시장으로 대체되기 전까지 끈질긴 생명력을 지니고 존속했다.

한편 농촌 장시는 단순히 농민적 잉여를 판매하는 기능만을 담당한 것은 아니었다. 장이 서는 날이면 상인만이 아니라 모든 농민이 모였기 때문에 장시는 시장기구로서의 역할뿐만 아니라 각종 정보의 유통공간인 동시에, 유흥과 오락, 나아가 공동체적 축제의 장이기도 했다. 각종 구경거리와 오락거리가 당시 농촌에서는 유일하게 장날을 통해 제공되었기 때문이다. 유흥의 상업화도 바로 이러한 장시공간을 통해 비로소 가능한 것이었다.

지방 포구와 선상船商

우리나라의 육상운송은 산지가 70퍼센트를 차지하는 지형 때문에 도로 조건이 열악해 수레보다는 주로 소나 말이 아니면 지게를 이용하는 것이 일반적이었다. 그러나 해상교통의 사정은 달랐다. 삼면이 바다로 둘러싸여 있을 뿐만 아니라 강이 발달해 웬만한 해안에는 배가 정박할 수 있는 포구가 존재했으며, 강가에도 배를 댈 수 있는 접안 시설을 갖춘 하안포구들이 많았다. 이 때문에 우리나라에서는 육상보다는 해상운송이 훨씬 효율적이었다. 이와 같은 해상교통의 우월성을 반영해 포구가 시장으로 발전했다. 농촌 시장인 장시가 농민이 생산한 잉여생산물을 처분하는 소규모 시장기구라고 한다면, 포구 시장은 이러한 농촌 장시를 전국적 시장망으로 연계하는 원격지 유통의 결절점 기능을 수행했다. 원래 포구는 17세기 전반까지도 주로 조세나 지대로 받은 곡물을 운송하거나 또는 해산물 생산과 유통을 중심 기능으로 하고 있었는데, 17세기 후반 이후 상품 화폐 경제가 발달하면서부터 점차 상업중심지로 변하게 되었다.

18세기 이후 해상교통은 주로 남해안과 서해안 그리고 경강京江, 낙동강, 금강, 영산강, 대동강 등을 중심으로 발전했다. 상업중심지로 발전했던 포구들은 주로 강과 바다가 만나는 지점으로, 바닷물이 올라올 수 있었던 곳에 위치했다. 대포구는 서울의 경강포구 외에도 낙동강 하구의 김해 칠성포, 금강 하류에 위치한 은진의 강경포, 그리고 커다란 강은 없었지만 북어 생산의 집산지로 발달한 동해안의 원산포, 그리고 남해안의 창원 마산포가 대표적이었다. 이들은 원산장, 마산포 주위의 창원장, 강경포 주위의 논산장을 끼고 발전했다. 이외에도 섬진강 유역의 화개장, 하동의 두치장이 포구와 연계되면서 크게 발전했으며, 평안도 대청무역의 통로 구실을 한 박천의 진두장도 대정강 연안에 있는 포구였다. 또한 영산강 하구의 영산포, 사진포 등이 포구로서 상업중심지로 성장한 지역이었다.

포구 상업의 발전으로 대포구와 그 주변의 소포구, 그리고 장시를 연결하는 유기적 유통권이 형성되었다. 은진의 강경포는 전라도, 충청도의 평야와 바다를 연결하는 대포구였으며, 그 주위에 논산포, 임피의 서포, 나포, 함열의 웅포, 용안의 황산포와 여산의 나암포 등이 강경포구 시장권에 종속되어 성장했다. 강경포의 영향력 아래에 있었던 소포구들은 19세기 중엽 이후부터 점차 성장해 강경포로 가는 선박을 자신의 포구로 유치함으로써 강경포의 상대적인 쇠퇴를 초래했다. 이제 대포구와 소포구 사이에 상선을 유치하기 위한 경쟁이 벌어지게 된 것이다.

이와 같이 19세기 포구 상업은 포구와 포구 사이의 시장권 대립이라는 형태를 취하면서 포구 간의 경쟁으로 발전했다. 대포구가 지역 간 상품유통의 중심이라고 한다면 소포구는 지역 내 상품유통의 중심이라 볼 수 있다. 소포구의 발전은 당시 5일장으로 체계화되고 있었던 장시와의 유기적 연계망을 형성해 지역 내 시장권의 토대를 구축했고, 이러한 지역 내 시장은 대포구를 통해 원격지 시장으로 연결되어 전국적 시장이 형성될 수 있었다. 이처럼 포구 상업의 발달은 농촌 장시와 도시의 상업을 자극함으로써 조선 사회의 상업 발달을 견인했다.

조선 후기 바다를 운항한 선박은 바닥이 평평한 전통 한선韓船으로 돛을 달고 노를 저어 운항하는 범선이었다. 대형 선박은 쌀 2000석을 실을 수 있는 규모였으나, 중소형 선박의 적재량은 대체로 300석 이하였다. 이러한 배에는 선장격인 사공과 노를 젓는 격군이 기본 승무원으로 탑승했으며, 간혹 사공이 물길을 잘 모르거나 암초가 있는 지형일 경우 항해사격인 지로사공指路沙工이 탑승하기도 했다. 경강이 아닌 외방 포구를 무대로 활약했던 선상들은 주로 중형 선박에 10인 내외의 격군과 사공을 태우고 자신의 고향을 근거지로 삼아 상업목적지까지 갔다가 다시 고향으로 돌아오는 일회 회귀성 상업 활동을 하는 것이 일반적이었다. 선상들의 활동도 17세기 이전에는 주로 도내道內를 무대로 하는 영세 소상인으로서 짧은 기간 항해하는 선상이 주류를 이루었으나, 18세기에 이르면 선상 대부분은 전국적인 시장을 무대로 활동하고 있었다. 이 중에는 개성상인이 물주物主로 자본을 출자하고, 사공이 선상단의 우두머리인 대규모 선상단도 존재했다. 이들은 개성의 예성강–은진 강경포–창원 마산포–강원도 삼척을 연결하는 전국 포구 시장을 무대로 활약했다. 이들처럼 전국을 무대로 활동하는 선상들의 1회 항해 시 소요되는 기간은 대체로 6개월 이상이었다.

경강포구와 경강상인

17세기 후반 이후 포구 상업의 발전은 포구 시장권의 중심이었던 경강을 전국 제일의 상업중심지로 변화시켰다. 경강은 서울 시장과 관련되는 미곡, 목재, 어물, 소금과 같은 상품의 도매시장으로서 기능했다. 소매상이나 행상 들은 경강에 와서 어염이나 젓갈, 목재, 주류 등을 구입한 뒤, 도성 안에 들어가서 일반 소비자에게 판매했던 것이다. 또한 경강은 전국 시장의 상품가격을 조절하는 역할을 했다. 미곡을 예로 들면, 1785년(정조 9) 좌승지左承旨 유의양柳義養은 서울 인구 20만 명의 1년 미곡 소비량을 100만 석으로 추산한 다음, 이 중에서 20여만 석은 조세로 거둬들이고, 20여만 석은 서울 사대부들이 거둬들이는 소작료로 충당되며, 나머지 60여만 석은 미곡상인에 의해 조

1702(숙종 28)

200~1000여 석의 쌀을 실을 수 있는 경강 사선 300여 척 보유.

1789(정조 13)

노량진 주교 건설을 위한 주교사舟橋司 설치.

1833(순조 33)

경강상인들의 미곡 매점에 반발해 쌀폭동 발생.

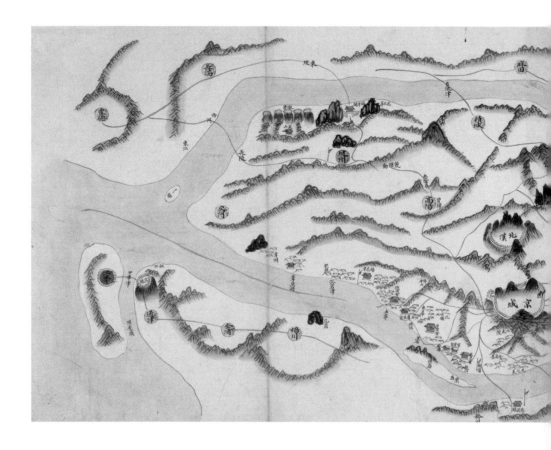

상업의 중심 포구 시장　한강변의 나루터를 중심으로 상업이 번창했던 당시의 모습이 잘 나타나 있는 〈경강부임진도京江附臨津圖〉(19세기 초반). 남쪽으로 경강과 북쪽으로 임진강에 이르는 지역을 한눈에 볼 수 있는 지도다. 조선시대에는 뱃길을 통한 물자 교류가 활발히 이루어졌는데, 지도에는 한강변의 나루터를 중심으로 상업이 번창했던 당시의 모습이 잘 표현되어 있다. 조선에서는 세금으로 징수된 곡식들이 바닷길을 따라 서울로 운송되었는데, 대부분 한강 주요 나루터에 본거지를 둔 경강선박을 통해서였다. 배의 주인들은 서울 지주들이 지방의 소작인들에게서 받은 소작미를 운반하면서 부를 축적했고, 점차 선상 활동에도 진출해 전국 포구시장을 장악하게 된다. 이들이 바로 경강상인이다.

달된다고 추정했다. 사대부의 소작료 20여만 석과 미곡상인에 의해 공급된 60여만 석의 미곡은 모두 경강을 통해 반입, 유통되었다. 당시 경강에 집하되는 미곡을 일컫는 '강상미江上米'는 전국 미곡가격의 동향에 매우 민감했다. 예를 들어 다른 지역에 큰 흉년이 들어 서울 지역보다 미가가 높게 형성되면 경강의 미곡을 취급하는 무곡상貿穀商들은 경강에 올라온 미곡을 다시 내려보내 많은 이익을 남겼는데, 그 양은 심할 경우 강상미의 3분의 1에 달했다.

경강에는 외부에서 들어오는 선상들에게 각종 편의를 제공하는 여객주인층이 존재했다. 객주라고 불렸던 여객주인층은 선상들이 싣고 온 상품을 보관하는 창고와 음식과 잠자리를 제공하는 숙소 등의 시설을 갖추고 있었다. 이들은 현지 사정에 익숙하지 않은 선상들을 대신해 상품매매를 중개한 다음 수수료를 받거나, 떠나야 할 때까지 팔리지 않은 상품을 위탁판매하고, 나아가 상품을 담보로 일정 금액을 대부하는 금융업까지도 겸했다. 이들 객주는 처음에는 선상 측의 상품유통을 보조하는 처지에 있었지만, 점차 객주와 선상 간에 독점적 계약관계가 성립되면서 선상이 객주에 종속되는 처지로 관계가 역전되었다. 만약 선상이 자신이 계약을 맺은 객주를 통하지 않고 다른 객주를 통해 물건을 거래할 경우, 객주가 관청에 고발하면 선상은 노비가 주인을 배반한 것과 같은 죄로 처벌받았다. 경강객주들은 선상에 대한 강력한 지배권을 기초로 막대한 상업 이윤을 축적할 수 있었다.

경강에는 객주업을 하는 여객주인 외에 조세곡을 주로 운송했던 운송업자인 경강선인京江船人과 미곡이나 소금, 어물 등의 상품을 배를 통해 거래했던 경강선상京江船商 등 다양한 상인층이 있었는데, 이 세력들은 각각의 영업 분야에서 일정 정도 자본을 축적하게 되면서 점차 세 가지 영업을 모두 겸하게 된다. 그 결과 경강객주의 상품유통에 대한 지배력이 그 이전에 비해 훨씬 강력해졌다. 이와 같이 객주의 상품유통 장악력이 제고되면서 여객주인 영업권의 가격은 18세기 말 200냥에서 19세기 전반에는 2000~3000냥으로 급등했다. 경강의 포구 상업이 상당한 이익을 낳았기 때문에 유력가문들은 이 부문에 자본을 투자하고, 자신의 노비 등을 차인差人으로 파견해 경강 상업을 지배했다. 권세가와 상업자본의 결탁이 이루어진 것이다.

막대한 자본력과 봉건 권력의 비호하에 경강상인들은 생산지부터 상품을 독점하고, 서울에서 출하 시기를 조절해 막대한 이익을 얻을 수 있었다. 이는 경강상인이 서울의 상권을 계통적으로 장악할 수 있었기 때문이다. 이를 보여주는 대표적인 사례가 바로 1833년(순조 33) 서울의 '쌀폭동'이었다. 경강의 객주인 김재순金在純이 경강의 여러 여객주인을 지휘해 미곡의 판매를 통제했고, 나아가 미전상인들까지도 미곡매매를 중지하도록 영향력을 발휘해 서울의 미곡시장을 완전히 붕괴시켰던 것이다. 서울의 쌀가격이 급등하자 서울의 빈민층이 쌀값 폭등에 항의해 대규모 폭동을 일으켰다. 이 사건은 19세기 경강의 여객주인이 서울의 미곡시장을 완전히 장악하고 있음을 보여주는 대표적 사례다.

이러한 성장을 바탕으로 경강객주들은 시전상인을 배제하고 자신만의 독자적인 유통체계를 확립한다. 이들은 시전상인을 배제하고 바로 소비자와 접촉하거나 중간 유통업자인 중도아에게 물건을 넘겨 시전 상업체제를 위협했던 것이다. 이러한 경강객주들의 시전체제를 위협하는 행위는 시전상인들이 유통상에서 이익을 독점했던 금난전권을 유명무실하게 하는 것임과 동시에 그동안 시전상인들의 독점적 유통이익으로 인해 서울의 물가가 상승하는 폐단을 제거하는 것이기도 했다. 1791년(정조 15) 육의전을 제외한 모든 시전의 금난전권을 폐지한 신해통공 조치도 서울 물가안 정책의 하나로 추진되어 이와 같은 시전도고의 폐해를 부정한 조치였다. 그리고 이러한 신해통공 조치가 내려질 수 있었던 배경에는 그동안 시전상인에 종속되어 있었던 경강객주들의 시전상인을 배제하고 상품을 유통시켰던 노력이 존재했다.

도시의 성장

서울, 왕도에서 상업 도시로

하늘이 다진 터전 금탕보다 장하도다	天作之固 壯于金湯
우리 임금 명을 받아 한양에 도읍 정하였네	我興受命 來定于陽
……	
하늘이 만든 지역 평탄하고 광활하이	天作之區 平衍以闊
사방 거리 균등해 배와 수레 모두 닿네	道里攸均 舟車畢達
여기에 도읍 세워 원근이 다 기뻐하네	建都于玆 遠邇胥悅

출처: 권근, 《양촌집陽村集》 권1, 〈응제시應製詩〉, 제진천감화산신묘시製進天監華山神廟詩.

이 노래는 권근權近이 한양의 성스러움을 노래한 〈응제시應製詩〉 중의 하나인 〈화산華山〉의 일부이다. 권근이 노래하고 있듯이 서울은 10만 명의 주민이 거주할 수 있도록 건설된 계획도시였다. 한양의 건설에는 왕조의 정통성을 상징하는 종묘와 사직이 가장 먼저 건설되었으며, 그 뒤를 이어 궁궐과 각종 관청, 그리고 방어와 치안을 목적으로 도성이 건설되었고, 마지막으로 시전행랑이 건설됨으로써 신도시의 도시 시설이 대부분 완공되었다. 도시 건설 과정에서 알 수 있듯이 조선 전기의 서울은 왕과 종친, 그리고 고위관료들이 거주하는 도성으로 둘러싸인 왕도王都로서의 위상을 지닌 군사, 행정, 정치의 중심 도시였다.

왕도로서의 서울은 임진왜란과 병자호란의 충격을 서서히 회복해 가는 17세기 후반 이후 상업 도시로 그 성격이 변모된다. 서울이 상업 도시로 전환하게 된 가장 중요한 요인은 인구의 급증이었다. 한성부의 공식 통계를 보면 1648년(인조 26), 1657년의 서울 인구 수가 각각 9만 5569인, 8만 572인이었는 데 비해, 1669년(현종 10)의 인구는 19만 4030인으로 급증했다. 이는 조선 정부가 인구 파악을 철저히 한 결과였지만, 유민들의 계속적인 서울 집주로 인한 실제 인구의 증가를 반영한 측면도 무시할 수 없다. 통계상의 서울 인구는 1669년 이후 19세기 말까지 호수는 2만 호에서 4만 호 수준으로 점증漸增했지만, 인구는 20만 수준에서 정체되고 있다. 당시 한성부가 호구 파악을 인구보다 더 우선시했다는 점을 생각한다면, 실제 서울 인구 수는 꾸준히 증가했을 것이다. 18세기 후반 서울 인구는 적어도 30만 명 이상으로 추정된다.

외부에서 이주한 유민流民들은 경강변인 만리현萬里峴, 서빙고西氷庫 등지를 개간해 집단거주했다. 초기 유민들은 양반가의 노비나 거지로 살아갔지만, 18세기 이후에는 대규모 토목공사나 각종 방역에 고립되거나 또는 상업 활동에 부수되는 일거리, 예컨대 지게나 말을 이용해 상품을 운송하는 등의 일을 통해 먹고 살 수 있었다. 이러한 일거리가 많았던 지역이 바로 경강이었기 때문에 외부의 유민들이 경강 주변에 몰려들었던 것이다. 상업의 성장으로 수만 명의 특정 직업이 없는 무리도 먹여 살릴 수 있을 만큼 서울의 경제력도 커졌다. 외부 유민들은 대부분 도성 밖에 거주했으므로 1789년 서울 인구 통계에 따르면 도성 밖 인구가 전체 인구의 49.7퍼센트를 차지했다. 도성 밖 인구가 10퍼센트에 불과했던 15세기 전반의 인구 통계에 견주어 볼 때 17세기 이후 증가된 서울 인구 대부분이 도성 밖에 거주했음을 알 수 있다.

17세기 후반 이후 서울은 상업 도시화 과정에서 상가가 확대되고 그 기능도 분화되었다. 조선 초기 서울의 상가는 2000칸이 넘는 규모로 종루鐘樓를 중심으로 동서쪽과 숭례문 방향의 남쪽으로 건설된 T자형의 시전행랑이 유일했다. 그러나 도성 외부에 인구가 밀집하면서 17세기 후반 이후 남대문 밖과 서소문 밖을 중심으로 상가가 조성되기 시작했다. 후에 칠패七牌시장으로 불리게 된 이 지역에는 1660년에서 1670년 사이에 문외미전門外米廛, 문외상전門外床廛, 외어물전外魚物廛, 생선전生鮮廛 등이 계속 설치되어 종로시전과 함께 서울의 중요한 상가로 번성했다. 한편 1760년(영조 36)에는 경모궁 근처에 여러 시전이 설치되었다. 이때 조성된 상가가 바로 이현梨峴(배오개)시장이었다. 18세기 후반에 이르면 종로 시전상가와 이현, 칠패상가는 삼대시三大市

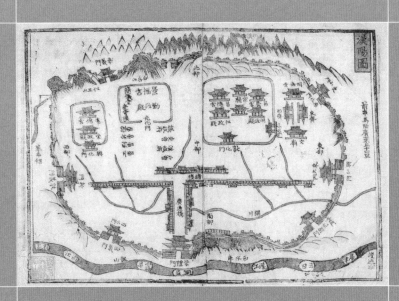

시전행랑   종루를 중심으로 한 시전행랑의 모습을 볼 수 있는 〈한양도〉(1822). 이 시전은 관에 의해 공적으로 설치된 공랑으로 일종의 상업 기관이다. 이 시전은 도성에 사는 주민들의 생필품과 정부가 필요로 하는 관수품을 조달하고 재정 잔여물을 불하받아 판매하는 기능을 수행했다. 행랑 건설은 적절한 상업공간을 확보한다는 일차적 목적과 함께 건물이 도로를 침범하지 못하게 하는 역할도 했다. 각 시전마다 행랑의 규모가 달랐는데 1771년(영조 47) 화재로 소실된 의전의 규모는 23칸, 면주전, 면포전, 망문상전 등 세 개의 시전에 소속된 건물이 수백여 칸에 달했다고 한다.

로 불리면서 서울의 중심상가로 성장했다.

서울의 대표적 상가인 삼대시는 각각 그 기능이 달랐다. 종로 시전상가는 주로 궁궐이나 관아, 그리고 양반 사대부가에서 필요한 사치품이나 생활용품을 판매하는 시장이었다. 그러므로 종로의 시전상가에서는 주로 대낮에 거래가 이루어졌다. 종로 시전상가와 달리 이현과 칠패시장은 주로 새벽녘에 거래가 활발했다. 이용자들도 서민들이 많았다. 남대문 밖에서 번성한 칠패시장은 어물유통의 중심지였으며, 이현시장은 도시 근교에 상업적 농업으로 재배된 채소들이 주로 팔리는 시장이었다. 18세기 후반 이현, 칠패시장의 어물 판매 유통물량은 내·외어물전의 10배에 달할 정도였다. 이현, 칠패시장은 어물과 채소 거래에서 종로 시전을 능가하는 시장으로 성장했던 것이다.

한편 17세기 후반 이래 급속한 인구의 증가와 상업 발달은 서울의 인구 구성을 변화시켰다. 대동법이 전국적으로 시행되기 전인 1638년(인조 16) 서울 주민들은 종실宗室, 부마駙馬, 사대부, 의관醫官, 역관, 서리와 시전상인 들로 구성되어 있다고 알려졌다. 즉 이 시기 서울 주민 대부분은 왕실과 관련된 인구거나 관료, 또는 중인층과 상인층으로서 왕도의 특성에 맞는 주민 구성을 갖춘 것으로 인식되었다. 그러나 19세기 초반 서울 주민의 구성을 나타내는 자료를 보면 서울 거주자를 '직임자職任者, 서리胥吏, 공인貢人, 시전상인, 군병, 상인, 수공업자, 한잡지류閑雜之類' 등으로 구분하고 있으며, 이 중에서 농사도 짓지 않고 베를 짜지 않아도 먹고 사는 한잡지류가 수십만 명에 달한다고 나와 있다. 인구 비중에서 압도적 비중을 차지하는 한잡지류는 장사하거나 날품을 팔아 생계를 유지하는 사람들이었다. 예컨대 주로 쇠고기를 판매해 생계를 이어갔던 성균관 전복典僕들의 숫자도 1724년(영조 원년) 5000명에서 점차 증가해, 1736년에는 거의 1만 명에 달했고, 17세기 후반 예닐곱에 불과했던 돼지고기 판매점인 저육전猪肉廛의 경우도 18세기 전반에는 70~80여 곳으로 늘어났다.

17세기 후반 이후 서울의 변화는 상가 확대와 도시 공간의 기능분화라는 외관만이 아니라 서울 거주민의 성격에 질적 변화를 초래했다. 특히 대동법 시행 이후에는 도시 구성원의 계층과 직업을 다양하게 분화시켰고, 그 결과 봉건적 권력의 구속을 벗어난 상인, 수공업자와 임노동자층이 출현했으며, 이들이 18세기 이후 서울 주민의 대부분을 차지하게 되었다.

18세기 이후 서울이 상업 도시화되면서 서울의 경제 활동은 화폐경제가 주도하게 되었다. 남공철南公徹은 이러한 사정을 "서울은 돈으로 생업을 삼으며, 팔도는 곡식으로 생업을 삼는다[生民之業京師以錢八路以穀]"라고 표현했으며, 1842년(헌종 8) 가짜 암행어사 행세를 하다가 붙잡혀 포도청에 끌려온 한 죄수도 "서울은 지방과 달라서 돈이 있으면 안 되는 일이 없는 곳[京中異於鄕中有錢則無事不成]"이라고 하여 서울의 분위기를 생생하게 표현하고 있었다. 이처럼 상업 도시로서 서울에서는 경제적 이해관계가 모든 부분을 지배하고 있었다.

이러한 사회 분위기 속에서 서울을 지배했던 도시 문화도 일변하게 된다. 유교적 강상명분은 점차 퇴조하고, 서울의 일각에서는 경제 활동과 인간 본성을 긍정하는 새로운 도시 문화가 형성되고 있었다. 이러한 도시 문화를 형성시킨 주된 사회세력은 이른바 '여항인閭巷人'이라 불렸던 서울 사회의 중간계층이었다. 이들 중간계층에 속하는 사

출처: 남공철, 《금릉집金陵集》 권10, 〈擬上宰上書〉.

출처: 《우포청등록右捕廳謄錄》 권2, 壬寅(1842) 三月二十九日 罪人 崔東旭 年三十三 供草.

회부류는 역관이나 의관 등 기술직 중인의 일부와 서울 관청의 아전층, 그리고 대전별감, 무예별감 등의 액예집단掖隸集團과 군교집단軍校集團, 시전상인 등이었다. 18세기 상업 도시 서울이 배출해낸 새로운 인간 유형인 이들 여항인들은 양반사대부층과 기질이 달랐다. 그러므로 여항인들이 추구하는 가치도 전통적인 성리학적 가치체계와 질적으로 달랐다. 이들의 세계관은 18세기 중엽에 성립된 새로운 문학 장르인 한문 단편소설이나 또는 새로운 대상을 읊고 있었던 한시류漢詩類에서 잘 나타나고 있다. 이들 작품에는 영세상인층이나 수공업자, 연희패, 서리, 별감, 도둑, 그리고 경강 일대의 하역노동자 등 서울의 중하층 인간을 다양한 방식으로 치밀하게 형상화하고 있었다. 그동안 한시를 비롯한 문학작품들이 대부분 산수와 자연을 소재로 삼았던 반면 18세기 이후에는 도시 발달이 낳은 중하층민의 삶을 형상화하기 시작한 것이다.

새로운 세계를 추구했던 이들 여항인의 향유 문화도 독특한 것이었다. 이들이 형성한 도시 문화적 양상은 문화예술적 욕구의 증대와 유흥문화의 발달로 대변된다. 서울 도시민에게 거의 일상화되어버린 행락은 도시 특유의 문화현상이었다. 절대다수의 농민이 토지에 긴박되어 있던 것과 대조적으로 도시민은 애초 상당한 시간적 여유를 누릴 수 있었고, 수공업과 상업의 발달로 생활에 필요한 소비재를 시장에서 공급받음으로써 가혹한 노동에서 벗어날 수 있었다. 여기서 창출된 여가와 부가 결합해 행락문화가 조성되었던 것이다. 이와 같이 유흥문화가 번성하면서 점차 유흥의 상업화 경향이 강화되었다. 서울 여항·시정의 도시민적 취미 또는 향락 소비생활이 발전하면서

1724(영조 원년)
영조 즉위 후 탕평책의 의지 밝힘.

1786(정조 10)
천수경을 중심으로 한 여항문인(중인
계층)들이 옥계시사 최초 결성.

1851(철종 2)
서얼의 청직 진출 권리를 요구하는 통
청운동 전개.

여항인들의 시사회 옥계시사 동인들의 시모음집 《옥계십이승첩玉溪十二勝帖》(1786). 천수경千壽慶이 서울의 인왕산 아래에 있는 옥
류동玉流洞의 송석원에서 여항문인들을 중심으로 결성한 시사로 일명 '송석원시사'라고도 한다. 사대부 문학이 중심을 이루던 조선
사회에 중인문학을 중심으로 하는 여항문학이 등장하게 되는 것은 숙종조 무렵이다. 그 뒤에 계속적인 발전 과정을 거쳐서 여항인들
의 문학 활동 및 그들 활동의 집결체 구실을 한 것이 바로 옥계시사이다. 주요 인물은 맹주인 천수경을 비롯해 장혼張混·김낙서金洛
書·왕태王太·조수삼趙秀三·차좌일車佐一·박윤묵朴允默 등이다. 1797년에 《풍요속선風謠續選》을 간행해 《소대풍요昭代風謠》에 이어 여
항인들이 정사丁巳년마다 시선집을 간행하는 전통을 수립하는 데 큰 구실을 했다. 여항문학은 송석원시사의 융성과 그 구성원의 활
발한 작품 활동으로 전성기를 맞이했다.

제 나름의 기예를 파는 일을 업으로 하는 예능인들과 판소리 광대 등의 이야기꾼들도 출현했다. 이러한 시정에서 상설적 공연 형태의 출현은 유동 인구가 밀집하는 가로의 형성을 필수적인 요건으로 한다. 인구의 증가와 도시민의 경제력이 관람 오락을 발전시킨 동력이었던 것이다.

지방 도시의 성장

조선시대 지방에서 도시로 성장하는 곳은 서울의 배후 도시로서 성장한 개성과 전통적 행정중심지인 수원·평양·대구·전주 등 각 도 감영소재지, 국제교역의 관문 도시로서 성장한 의주와 동래, 대포구로서 전국적 시장권의 중요 거점이었던 덕원 원산포·창원 마산포·은진 강경포 등지였다. 이처럼 지방 도시가 도시로 발달하는 조건은 달랐지만, 시장 발달의 산물로서 도시가 출현한 것이기 때문에 도시를 이해할 때에는 시장 기능을 우선적으로 살펴보아야만 한다.

개성은 서울과 평양을 잇는 조선에서 가장 중요한 상품유통경로의 중간에 위치했기 때문에 상품유통의 거점으로 성장했다. 경강상인이 선운을 통한 상품유통을 장악했다면, 육로를 통한 상품유통은 개성상인이 주도했다. 개성상인들은 전국의 주요 지역에 지점 형태의 송방松房을 설치하고, 상품의 원료 생산지에 차인差人을 파견해 생산 과정을 독점하는 등 전국을 무대로 상업 활동을 펼쳤다. 이러한 활동을 통해 개성상인들은 막대한 상업이윤을 축적했다. 개성에는 유기수공업, 초립제조공업, 특히 인삼의 상업적 재배와 가공업이 발달했을 뿐만 아니라 상업거래의 편의를 위한 신용행표가 광범위하게 유통되었으며, 사개문서라는 독특한 부기와 차인, 서사書士, 수사환首使喚, 사환使喚으로 이루어진 독특한 상업사용인의 체계도 갖추어져 있었다. 이와 같이 상업 도시로 성장함에 따라 개성에는 19세기 말까지 4개의 큰 시전과 16개의 중소 시전이 존재했다.

한편 정조대(1776~1800)에 계획도시로 건설된 수원도 18세기 말 이후 상업유통의 중심지로 성장했다. 계획 초기부터 가장 역점을 둔 것은 수원의 상공업 발전 문제였다. 이에 따라 서울의 부호나 안성의 지장紙匠에게 금융을 지원해 수원 이주를 종용하고, 모자와 인삼에 대한 무역권을 부여하기도 했다. 특히 정조연간 노량진과 수원 사이에 신작로가 개설되자 수원의 상업 도시화는 더욱 촉진되었다. 수원의 상업 도시로서의 성장은 전국적 시장권의 중심지인 서울을 배경으로 한 것이었다.

의주와 동래도 일찍부터 중국과 일본을 매개하는 중개무역의 중심지인 상업 도시로 발전했다. 또한 17세기 이후 평양이 상업 도시로 발전하게 된 데에는 평안감영 소재지로서 평안도 지역의 시장권 중심이라는 점만이 아니라 청과 무역통로로서 중국과 동래 지방을 연결하는 무역로의 핵심이었다는 점이 주요하게 작용했다. 그러므로《택리지》에서도 상업적인 측면에서 서울과 개성 다음으로 가장 번성한 지역으로 평양을 들었다. 유상柳商으로 불리기도 한 평양상인들은 다른 지방에까지 진출해 상업에 종사했고, 선상 활동을 활발히 하는 자들도 있었다. 전라도의 행정중심지인 전주도 주변의 사탄沙灘이라는 수로교통로와 주변 장시들을 포괄하면서 전라도의 가장 중요한 상품유통거점으로 성장했으며, 경상감영 소재지였던 대구도 상업 도시로 변해갔

1405(태종 5)
고려의 수도였던 개경(개성)에서 한양으로 수도를 옮기는 한양 천도 단행.

1593(선조 26)
중강개시를 시작으로 개성상인의 국제무역 참여 시작.

1794(정조 18)
갑인통공으로 경상(서울상인)과 송상(개성상인), 만상(의주상인) 등의 거상 출현.

개성 시전 거리   조선 후기 개성 시가를 묘사한 강세황의 그림(《송도기행첩》, 18세기 중반). 개성 시전은 조선왕조가 도읍을 한양으로 옮긴 후에도 꾸준히 발전을 거듭했다. 특히 개성상인(송도상인, 송상)은 서양보다 2세기나 앞서서 사개송도치부법四介松都置簿法이라는 독특한 복식부기를 고안해 사용했다. 조선시대와 일제강점기를 통해 개성상인들이 경영한 상점은 흔히 송방이라고 일컬어질 만큼 독특한 상술과 상업 경영으로 유명했다. 조선 후기에는 의주상인·동래상인과 함께 청과 일본 간의 무역을 주도했으며, 국내 상업에서도 주도권을 확보해 자본 규모나 활동 면에서 서울상인과 쌍벽을 이루었다.
개성이 상업 도시로 발달한 원인은 고려왕조가 멸망한 후 고려의 유신遺臣이었던 개성인들이 생계를 위해 상업에 적극 나선 것과 고려시대에 개성이 수도로서 상업이 번창했다는 사실과 연관이 있을 것으로 생각된다. 개성상인은 특히 조선 후기 이후 상품화폐경제의 발달에 편승해 우리나라의 상업 발달과 상업자본의 축적에 크게 기여했다. 지방의 각 포구와 장시에 적극 진출, 점포와 객주가나 여각을 개설했으며, 도고와 같이 독점을 통해 자본을 축적했다. 그들은 축적한 자본을 인삼 재배에 투자함으로써 개성을 중심으로 한 우리나라 삼포농업과 인삼업의 발전에 결정적인 기여를 했다. 19세기에 이르러 개성을 중심으로 인삼 재배가 확대될 수 있었던 가장 큰 이유는 그곳의 토양 조건이라기보다는 개성상인들의 재력이었다.

다. 특히 전국적으로 유통되기 시작했던 약재시장이 대구에서 열릴 정도로 대구는 전국적 시장권의 중심 도시로서 성장했다.

한편 18세기 이후 포구 상업의 발달을 반영해 은진의 강경포와 창원의 마산포, 덕원의 원산포와 같은 대포구들이 상업 도시로 성장했다. 금강 하류에 위치한 은진 강경포는 호남평야지대를 배후지로 끼고 있으면서 전라도와 충청도 지역에서 산출되는 상품을 서울의 경강으로 반출하는 유통기지였다. 원산포는 함경도 지역의 모든 상품의 집하처로서, 이 지역 소포구 선박이 원산포를 근거로 활동했다. 또한 창원의 마산포는 강경포처럼 큰 강을 끼고 있지 않으면서도 매우 번성한 포구로 발전했는데, 동해안과 서해안을 연결하는 전국적 해운로가 완성되면서 원거리 해상유통의 중개항구로 발전했기 때문이다. 이들 상업 도시는 교통상 요지에 있으면서 주변 장시 시장권과 포구 시장권을 통합하면서 도시로 성장할 수 있었다.

중앙집권적 통치구조를 유지했던 조선은 경제 잉여의 대부분이 수도에 집중되었기 때문에 지방 도시가 성장할 여지가 다른 나라에 비해 적었다. 시전상인들도 권력과 유착되었기 때문에 서구처럼 상공업자들의 자치 도시도 발생할 수 없었다. 조선의 도시는 서울을 일극一極으로 하여 편재되었다.

— 고동환

조선은 건국 직후 안으로는 수성守成을 위해 정치체제를 정비하고 사회경제적 기반을 다져야 했고 밖으로는 명과 일본으로부터의 외압에 대응하면서 왕조의 안정을 확보하는 것이 절실했다. 내정과 외교가 동전의 양면처럼 서로 분리되어 전개될 수 없다는 점, 조선이 중국과 일본 사이에 끼여 있는 지정학적 특성을 지닌 점 등을 고려할 때 두 가지 과제를 해결하는 것은 결코 쉬운 일이 아니었다. 특히 후자의 조건 때문에 조선은 명·일본·여진 가운데 특정 국가와 외교 교섭을 벌이고 정책을 펼쳐나가는 과정에서 그 교섭의 방향과 정책이 여타 국가에 미칠지도 모르는 영향이나 파장도 동시에 고려해야 했다. 조선은 이 어려운 과제에 어떻게 대처해나갔을까? 14세기 후반 원명교체부터 17세기 중반 명청교체에 이르기까지 '끼여 있는 나라' 조선이 주변 국가들과 맺었던 관계의 실상과 그 관계가 파탄남으로써 맞이했던 전쟁의 양상과 여파 등을 동아시아 삼국 전체의 관점을 염두에 두면서 개관한다.

국제 관계와
전쟁

'끼인 나라' 조선의 험난한 외교사

15~16세기 조명관계와 대명 인식

조선 건국 직후의 조명 갈등

조선과 명의 관계는 '조공朝貢-책봉冊封체제'를 바탕으로 전개되었다. 최근 전통시대 동아시아의 국제관계를 설명하는 틀로서 '책봉체제론'이 지니는 유효성과 적실성에 대한 비판과 재검토를 요구하는 목소리가 높아지고 있다. 하지만 조선이 건국 직후부터 명에 충순하게 조공하고 명 또한 조선의 '충순'을 인정해 많은 조공국 가운데 조선을 우대했던 것은 사실이다. 제후국의 사절이 공물을 들고 정기적으로 중국 황제를 찾아가 알현하는 것이 조공이고, 중국 황제가 제후국의 지배자에게 왕호와 관작을 내려주어 승인하는 것이 책봉이다. 15~16세기 조선은 명을 대국으로 섬겨 조공하며 제후국으로서의 예와 명분에 합당한 불평등한 지위를 감수했다. 명 황제의 책봉을 받고, 명의 역曆과 연호를 사용하며, 정기적인 사행使行 이외에도 수시로 명에 사신을 보내 조공의 의무를 다했다.

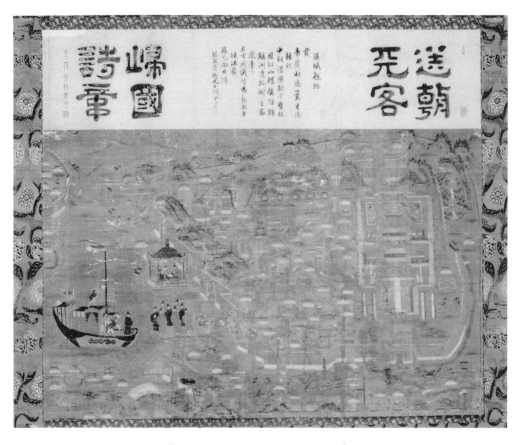

1369(고려 공민왕 18)	1392(태조 원년)	1401(태종 1)
명에서 개국을 알리는 사신 부보랑符寶郎 설사偰斯를 보냄.	조선 건국과 함께 명에 사신을 보내 왕조의 개창을 보고하고 승인을 받음.	정난의 역이 발생한 명으로부터 조선은 고명과 인신을 받아냄.

명 관리의 조선 사신 전송　　시행을 마치고 고국으로 돌아가는 사신을 중국 관리 김유심金唯深이 전송하는 장면을 묘사한 〈송조천객귀국시장도送朝天客歸國詩章圖〉(15세기 초). 조선 초 바닷길을 이용한 사행을 보여주는 기록화로 배경은 남경이다.

14세기 말에서 15세기 초 조선과 명은 우여곡절 속에서 사절을 교환했다. 명은 특별한 일이 있을 때 수시로 사절을 보내왔으나 조선에서는 원단元旦에 보내는 정조사正朝使, 황제 부자의 생일에 보내는 성절사聖節使와 천추사千秋使, 동지에 보내는 동지사冬至使 등 정례적 사행만 네 차례 보냈고, 사은사謝恩使, 주청사奏請使, 진하사進賀使, 진위사進慰使, 변무사辨誣使 등은 수시로 보냈다.

조명관계가 처음부터 순탄했던 것은 아니었다. 조선 건국 직후 양국관계는 상당한 우여곡절을 겪었다. 명 태조 주원장朱元璋은 황제권을 강화해 강력한 중앙집권체제를 추구했다. 그는 또 해금령海禁令을 내려 중국인의 해외 도항을 금지하고, 주변 제국에 조공을 채근했다. 그것은 왜구의 횡행을 막고 무역을 독점해 재정을 충실하게 하고, 명 중심의 국제질서를 정립해 제국의 위의威儀를 과시하려는 조치였다. 조선은 건국 직후부터 명의 존재를 각별히 의식했다. 애초 1388년(고려 우왕 14) 요동 정벌에 나섰던 이성계 일파가 위화도에서 회군하면서 "작은 나라가 큰 나라에 반역하는 것은 불가하다[以小逆大 不可]"는 명분을 내세웠던 것은 대국 명을 의식하고, 향후 명에 '복속하겠다'는 외교적 메시지였다. 또 즉위 직후 명에 사신을 보내 역성혁명을 승인해달라고 요청하고, 국호를 의뢰한 것도 명과의 마찰을 피해 체제의 안정을 도모하려는 행보였다.

명은 조선의 건국을 인정하면서도 이성계에게 고명誥命(즉위를 인정한다는 일종의 임명장)과 인신印信(왕권을 상징하는 옥새)의 제공을 회피하는 등 견제의 고삐를 늦추지 않았다. 당시까지 명이 장악하지 못했던 요동에 대해 조선이 영토적 야심을 가지는 것을 우려했기 때문이었다. 실제 1393년(태조 2) 조선이 여진족들을 초무招撫하려 하자 명 태조는 과거 한漢과 당唐이 고조선과 고구려를 정벌했던 사실을 상기시키며 조선을 공격하겠다고 협박하기도 했다. 명의 조선에 대한 이 같은 의심과 불신은 결국 '생흔모만生釁侮慢 문제', '표전表箋 문제' 등 양국 사이의 갈등으로 이어졌다. 실제로 명은 조선의 해명에도 불구하고 '표전 문제'로 억류했던 정총鄭摠을 처형했고, 표전 작성자인

생흔모만 문제
조선이 요동에 야심을 가지고 여진인들을 이용한다는 내용의 생흔 3조와 명을 업신여긴다는 내용의 모만 2조를 이유로, 명이 조선 사신의 입국을 금한 데서 비롯된 갈등이다.

표전 문제
조선이 명에 보낸 국서(표전)에 명을 능멸하는 내용이 있다고 명이 힐책한 데서 비롯된 갈등이다.

정도전을 압송하지 않으면 조선을 정벌하겠다고 협박했다. 명의 협박이 계속 이어지자 이성계, 정도전, 남은南誾 등은 요동 정벌론을 제기하고 군사력 강화에 착수했다.

1398년(태조 7) '왕자의 난'이 일어나 정도전 등이 피살되고, 명에서도 주원장이 사망했던 것은 양국의 갈등이 어느 정도 수습되는 계기가 되었다. 조선은 쿠데타를 일으킨 이방원李芳遠(태종) 등을 중심으로 내정을 수습해야 했고, 명 역시 1399년 북경에 머물던 연왕燕王(주원장의 오남五男)이 남경의 건문제建文帝(주원장의 손자)에 대해 일으킨 쿠데타, 이른바 '정난靖難의 역役'으로 내란 상태에 빠져들었기 때문이었다. 조선은 이후 '정난의 역'이 전개되는 향방을 주시하면서 1401년(태종 1), 건문제 측으로부터 고명과 인신을 받아내는 데 성공했다.

15세기 이후 조명관계의 정상화와 그 실상

조선에서 '왕자의 난' 이후 태종이 즉위하고, 명에서 '정난의 역' 이후 영락제永樂帝가 즉위하면서 양국관계는 다시 변화의 계기를 맞았다. 영락제는 주변의 몽골과 여진을 초무하고 베트남을 정벌하는 한편, 환관 정화鄭和를 아프리카 연안까지 파견해 명 제국의 위력을 과시하는 등 대외 팽창론자의 면모를 보였다. 특히 그가 15세기 초 동북 지방의 여진족들을 적극적으로 초무하려 하면서 조선은 상당한 위기의식을 느꼈다. 이에 따라 1413년(태종 13) 조선은 영락제의 여진 장악이 몰고 올 여파를 우려해 최악의 경우에 대비한 방어대책을 논의했는데 일부 신료들은 명에 맞서기 위해 일본과 연합해야 한다고 주장하기도 했다.

1421년(세종 3) 영락제가 남경에서 북경으로 천도하면서 명의 몽골과 여진에 대한 장악 능력은 물론 조선에 대한 영향력도 훨씬 커질 수밖에 없었다. 1419년 즉위한 세종은 한편에서는 여진세력을 초무하면서도 다른 한편에서는 명의 위협을 의식해 외교적으로 공순한 자세를 취했다. 특히 세종은 이른바 지성사대론至誠事大論을 내세워 명의 요구에 일견 '비굴하다' 싶을 정도로 순응하는 태도를 보였다. 세종의 사대론은 태조, 태종대의 그것과는 사뭇 달랐다. 태조대에는 명에 대한 사대를 수용하면서도 사대의 본질을 '국가 사이의 명분적인 상호질서'로 파악해 대국이 소국에 대해 예를 잃으면 소국 역시 그것을 폐기할 수 있다는 입장을 내세웠다. '요동 정벌'까지 시도했던 것이 대표적 사례로 일종의 '명분적 사대론'이었다. 반면 조선의 현실적 상황을 들어 요동 정벌에 반대했던 조준趙浚 등의 입장은 '현실적 사대론'이라고 할 수 있었다. 태종대의 사대론은 '현실'과 '명분'을 절충하는 성격을 지녔다. 힘을 앞세워 대외 팽창을 시도하던 영락제와의 직접 대결을 회피해 생존을 도모하고 사안에 따라 국익을 취하되, 명의 침입과 같은 최악의 사태를 염두에 두고 군사력 배양에도 노력했다.

　세종은 신하가 임금에게 충성의 예를 다하듯이 '상국上國' 명에 대해도 지극히 사대할 것을 강조했다. 거기에는 내부적으로 신료들의 국왕에 대한 복종을 이끌어내고, 궁극에는 자신이 추구하고 있던 유교국가체제의 완성을 꾀하려는 의도가 담겨 있었다. 즉 국내 정치에서 추구하는 유교적인 군신 상하관계를 명과의 관계에도 그대로 적용시키려 했다. 세종의 명에 대한 이 같은 '충순함'이 영락제 이후 명의 인종仁宗, 선종宣宗 연간의 치세와 맞물리면서 조명관계는 아주 순탄한 상황으로 진입했다. 세종대에 이르면 '정벌 위협'과 같은 명의 물리적인 외압이 종식되었을 뿐 아니라 조선은 명의 '충순하고 특별한 번국藩國'으로 인정받게 되었다. 당시 명의 많은 조공국 가운데 오로지 조선과 류큐琉球만이 입공入貢할 때 감합부勘合符* 지참을 면제받았던 것은 조명관계의 특별함을 잘 보여준다. 나아가 '조선 최고의 성세盛世'로 평가되는 세종의 치세는 가장 안정되었던 대명관계의 바탕에서 가능했던 것이기도 하다. 요컨대 당시 조선의 사대론은 명에 대한 맹목적인 복종이나 귀속의식이 아니었다. 당시의 사대론은 강대국 명과의 국력 차이를 염두에 둔 현실적 생존 논리로서 상황의 변화에 따라 탄력성을 지니는 것이었다.

세종대 이후 16세기까지 조명관계는 순탄했다. 《대명회전大明會典》 등 명의 사서史書에 태조 이성계를 '고려 말의 권신 이인임李仁任의 아들'이라고 잘못 기록한 것을 수정하려는 이른바 종계변무宗系辨誣 문제를 제외하면 별다른 현안이 없었다. 조선은 '1년 3공貢'의 공식적인 사행 이외에도 수시로 명에 사행하고 문물을 수용하는 데 열심이었다. 명은 조선 국왕에 대한 책봉 승인 등 의례적인 권한 행사 이외에는 조선의 내정에 간섭하지 않고 자율성을 존중해주었다. 하지만 명은 때때로 조선에 각종 물자의 '진헌進獻'을 요구했고, 조선에 왔던 명사明使들은 많은 폐단을 끼쳤다. 15세기에는 소, 말, 처녀, 화자火者(내시) 등을 제공하라는 명의 요구 때문에 조선은 커다란 피해를 보았다. 특히 말의 대량 송출은 조선의 국방력을 저하시킬지도 모른다는 우려를 낳았고, 처녀의 진헌은 조혼早婚 풍조를 야기했다.

'칙사 대접'이라는 용어가 상징하듯이 조선에 온 명사들을 접대하

감합부
명이 해적과의 밀무역을 금지하기 위해 해적선과 무역선을 구별하는 표지로 사용한 표찰을 말한다. 이 표찰에 의한 무역을 감합무역이라 하며 1383년부터 사용하기 시작해 동남아 50여 개국에 적용했다.

는 과정의 사회경제적 부담 또한 막심했다. 특히 15세기에 조선에 왔던 명사들 가운데는 본래 조선의 화자 출신으로 명에 들어갔다가 명황제에 의해 사신으로 파견되어 온 자들이 많았다. 세종대의 윤봉尹鳳과 성종대의 정동鄭同이 그 대표적인 인물이었다. 이들은 조선에 왔을 때 탐학을 자행하거나 갖가지 무리한 요구로 조선 조정을 괴롭혔다.

조선은 명사가 온다는 소식을 접하면 접대 문제를 총괄하기 위해 영접도감迎接都監을 설치하고, 고위 신료를 원접사遠接使, 관반館伴 등으로 임명해 국경까지 파견해 명사를 영접케 했다. 또 입경 도중 명사가 들르는 주요 도시마다 극진히 환대했다. 서울로 들어온 이후에도 하마연下馬宴, 익일연翌日宴 등 각종 명목의 연회를 베풀고 한강 유람, 조선 신료들과 시를 지어 주고받는 모임 등 명사들의 기호를 충족시키기 위한 여러 가지 행사를 마련했다.

명사가 조선에 올 때는 별다른 제약이 없었던 반면, 조선 사신이 명에 갈 경우에는 제약이 많았다. 명은 때로 조선 사신의 입국을 저지했을 뿐 아니라 북경에 머물 때 행동을 제약하기도 했다. 조선 사신들이 압록강을 건너 요동의 주요 거점 도시들을 지날 때, 혹은 북경에 도착한 뒤에도 각 아문이나 서리들에게 '인정人情'이란 명목으로 일종의 통행세나 뇌물을 바쳐야 하는 일도 많았다. 일부에서는 조선이 입공했을 때 명의 회사回賜가 많았음을 내세워 조공을 통해 조선이 이익을 보았다고 평가하지만 명사 접대 과정이나 조선 사신들이 명에서 겪었던 수탈, 제약 등을 고려하면 그 같은 평가를 사실로 받아들이기는 어렵다.

의순관에서 명나라 사신을 맞이하다　　1572년(선조 5) 명 신종황제의 등극을 알리는 사신이 평안도 의주 압록강 근처에 있는 의순관에 도착하는 모습을 그린 〈의순관영조도義順館迎詔圖〉. 의순관은 세조 때 처음 설치되었으며 중국의 사신을 맞이하는 장소로 사용되었다. 명 사신의 방문은 조선의 국가적 대사였다. 사신이 온다는 통보가 오면 접대를 위한 임시기구인 영접도감을 설치하고, 중국 사신이 입국해 출국할 때까지 각 과정마다 극진하게 접대했다.

조선은 명으로부터 밀려오는 군사적, 외교적 압박을 부담스럽게 여겨 자세를 낮출 수밖에 없었다. 태종대 이후 조선은 명에 공순한 사대를 표방했고, 15세기 초반에 이르러 양국 관계는 안정적으로 유지된다. 그리고 조선은 명 중심의 국제질서에 순응하면서 명의 가장 충순한 번국이자 으뜸가는 조공국으로 자리한다.

조선 지식인들의 대명 인식

건국 직후의 갈등과 우여곡절에도 불구하고 조명관계가 우호적이고 '특별한 관계'로까지 나아간 배경에는 명의 건국을 긍정하고 사대를 당연시했던 15세기 조선 지식인들의 대명 인식이 자리 잡고 있었다. 조선 지식인들은 '오랑캐' 원元이 100년 가까이 중원을 지배했던 것을 '우주의 변괴變怪'라고 보았다. 따라서 원명교체를 천하의 질서가 정상화된 것으로 여겨 긍정했다. 명은 '정통성을 지닌 진주眞主'이자 '중화中華', '천자국天子國'으로 받아들여졌고, 명에 공순히 사대하는 것은 당연한 것으로 인식되었다. 서거정徐居正은 "명이 조선을 대우하는 것이나 조선이 조공의 예를 다하는 것이 워낙 지극해 조선은 명에게 내복內服과 같으니 다른 제후국들은 감히 비교할 수 없다"고 찬양했다. 당대 조선의 지식인들 또한 조선이 '기자箕子의 후예'로서 그의 교화敎化를 계승해 예교禮敎로써 나라를 다스리고 이륜彝倫을 밝혔기 때문에 명의 인정을 받는다고 인식했다. 김종직金宗直은 "귀퉁이에 있는 조선의 선비가 명에 들어가 천자국의 선비들을 만나보는 것은 남아로서 한세상을 뜻있게 사는 것"이라고 말한 바 있다. 요컨대 15세기 조선 지식인들에게 명은 '선망하는 나라'이기도 했다.

15세기 조선 지식인들은 명을 '선망'하고 사대를 당연시하면서도 조선의 자주성과 독자성에 대한 자부심도 잊지 않았다. 변계량卞季良이나 양성지梁誠之 등은 조선을 단군이 건국한 국가로 인식해 독자적인 연호를 사용하자고 주장하며 중국의 아류가 아닌 독립적인 세계로 보았다. 나아가 조선의 역사가 중국 역사만큼이나 유구하다는 것, 동방의 문장이 중국과 달리 독자성을 갖고 있다는 사실을 강조했다. 이런 인식을 바탕으로 이승소李承召 같은 인물은 "식자들이 중국사를 공부하는 데만 빠져 자국사를 제대로 알지 못한다"고 탄식하며 조선 지식인은 조선 역사를 제대로 알아야 한다고 강조하기도 했다.

16세기에 들어와 지식인들의 명에 대한 숭앙은 더 심화되고 절대화되는 수준까지 나아갔다. 주세붕朱世鵬은 명을 '조선을 인仁으로써 포용하는 낙천자樂天者'로, 조선을 '명을 성誠으로써 섬기는 외천자畏天者'라고 찬양했다. 일각에서는 명은 '조선의 부모국'이자 '조선과 명은 일가一家'라는 인식이 나타난다. 이런 인식을 바탕으로 이이李珥는 조선은 '오랑캐[夷狄]'가 아니며 조선 지식인이 명의 지식인 못지않다는 자부심을 드러내기도 했다.

16세기 조선 지식인들은 더 나아가 명의 지식인보다 더 철저한 '중화인中華人'으로 자처하기도 했다. 허봉許篈, 조헌趙憲 등은 사행을 통해 당시 명을 보면서 양명학과 같은 '이단'이 성행하고 각종 말폐가 넘쳐나는 현실에 경악했다. 그들은 '중화의 본고장'에서 주자학이 아닌 이단의 학풍이 성행하는 사실을 받아들일 수 없었다.

16세기에 들어와 조선 지식인들의 명에 대한 숭앙의식이 더 깊어진 까닭은 무엇일까? 먼저 16세기에 이르러 조선 지식인들이 성리학을 온전히 이해할 수 있게 된 것을 들 수 있다. 당시의 성리학 이해는 주로 송학宋學을 기준으로 하는 것으로 중화와 이적夷狄을 엄밀히 구분하는 화이관에 바탕을 두고 있었다. 또 이 시기 중종中宗이 반정이라는 비정상적 방식을 통해 즉위한 것도 주목된다. 그는 자신의 왕권과 정통성을 확보하기 위해 명에 대해 특히 순종적인 자세를 취했다. 중종이 중용했던 조광조趙光祖 등 사림들은 도학道學(성리학)을 중시하고 군주의 일심一心을 강조했다. 성리학을 배타적이고 유일한 이데올로기로 받아들였던 사람들은 지치至治 실현을 내세워 이단을 배척하고 대외 정책이나 용병用兵에서도 왕도王道와 인仁의 개념을 극히 강조했다. 이런 인식 아래 '중화국' 명은 인의와 왕도를 갖춘 이상적인 나라로 인식될 개연성이 높았다.

16세기 이후 숭명의식이 절대화되는 추세와 관련해 주목되는 것은 박세무朴世茂의 《동몽선습童蒙先習》*이다. 《천자문》을 갓 뗀 학동들의 필수적인 수신서였던 이 책은 일종의 '역사 교과서'이기도 하다. 흥미로운 것은 이 책에서 다룬 세계사(중국사)의 맨 마지막 내용이 명의 건국을 찬양하면서 모화慕華의 입장에서 한족 중심의 화이관을 강조한 사실이다. 구체적으로 "하늘이 오랑캐 원의 '더러운 덕穢德'을 혐오해 대명大明을 떠오르게 했고, 그 명이 영원히 존속될 것"이라는 희구希求가 절절하다. 이호민李好閔(1553~1634)은 일곱 살 무렵부터 《동몽선습》을 읽었다고 회고한 바 있거니와 16세기 후반 이래 《동몽선습》이 사대부 집안 자제들의 필독서가 되었던 사실을 고려하면 화이론에 바탕을 둔 숭명의식은 유년 시절부터 조선 지식인들에게 깊이 각인되었을 개연성이 높다.

이렇게 명을 절대적으로 존숭하고 '명과 조선은 일가一家'라는 자부심을 갖고 있던 조선 지식인들이 일본과 여진을 '오랑캐'로 여기는 것은 어쩌면 당연했다. 그리고 16세기 후반 이후 그 '오랑캐' 일본과 여진이 명에 도전하는 상황이 전개되었을 때 조선 지식인들이 느꼈던 당혹감과 충격은 클 수밖에 없었다. 정묘호란에서 병자호란 무렵 존

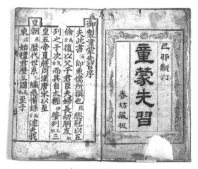

동몽선습
조선 중종 때 학자 박세무가 저술해 1670년(현종 11)에 간행됐다. 《천자문》을 익히고 난 후 학동들이 배우는 초급 교재로 그들을 이해시키는 데 편리하도록 좀 더 쉬운 글자와 간명한 문구를 사용해 편찬됐다. 우선 부자유친·군신유의·부부유별·장유유서·붕우유신의 오륜을 설명하고, 이어 중국의 삼황오제에서부터 명까지의 역대 사실과 한국의 단군에서부터 조선시대까지의 역사를 약술하고 있다.

명배청尊明排淸의 대의를 부르짖고 척화斥和에 앞장섰던 홍익한洪翼漢, 윤집尹集, 오달제吳達濟, 조경趙絅, 윤선거尹宣擧, 유계俞棨 등에게도 《동몽선습》에 담긴 숭명의식이 상당한 영향을 미쳤을 것임은 쉽게 짐작할 수 있다.

15~16세기 조일관계

왜구 금압 노력, 다원적 관계의 형성

15~16세기 조일 양국의 상호 교섭과 정책 내용, 나아가 그를 바탕으로 전개되었던 조일관계의 특징을 제대로 파악하려면 몇 가지 전제에 대한 이해가 필요하다. 먼저 양국 정치체제의 차이를 들 수 있다. 조선이 중앙집권체제를 갖춘 통일 왕조였던 데 비해 일본에는 전국을 일원적으로 장악하는 통일 정권이 존재하지 않았다. 비록 무로마치室町 막부가 존재했지만 정치적 영향력의 범위는 제한적이었고 각 지방에는 유력 세력들이 할거하면서 상황에 따라 유동하는 형세를 보이고 있었다. 다음으로 조일 양국이 교섭과 교류를 통해 서로에게 원하고 요구하는 바가 현저히 달랐다. 조선이 일본과의 관계에서 가장 중시했던 현안은 단연 왜구를 금압禁壓하는 문제였다. 그와 관련해 '분열되어 있던' 일본의 여러 세력 가운데 누구를 교섭 대상으로 삼아 '왜구 문제'를 해결할 것인지가 조선의 최대 관심사였다. 일본의 각 세력

1380(고려 우왕 6)
이성계, 전라도 지리산 근방 황산에서
왜구 격퇴(황산대첩).

1396(태조 5)
김사형, 대마도와 이키 점령.

1419(세종 1)
이종무, 대마도 정벌.

왜구   13세기 말 왜구의 모습을 볼 수 있는 그림(일본). 우리나라와 중국의 연안에 침입해 약탈을 자행하던 일본 해적을 일컬어 왜구라 했다. 이들의 근거지는 대마도, 이키, 마쓰우라 등이었고 규모는 20여 척에서 500여 척까지 다양했다. 조선은 사절을 파견해 왜구의 금지를 요청하는 한편 향화왜인과 평화적 사절의 왕래를 장려하며 곡물, 대장경 등을 주어 회유했다. 그 결과 왜구의 규모는 줄었으나, 침입은 계속되어 1393년부터 1397년까지 53회나 침략했다.

이 조선과의 관계에서 원했던 것은 서로 달랐다. 막부나 지방의 유력
호족들은 조선에서 대장경 등을 얻어내거나 무역의 이익을 획득하는
것이 긴요했다. 각 지역의 상인들 또한 무역의 이익을 도모했다. 반면
왜구로까지 변신했던 대마도, 이키壹岐, 마쓰우라松浦, 세토나이카이瀨
戶內海 출신의 하층민이나 무뢰배 들은 생계 문제 해결을 위해 미곡 등
을 조선으로부터 획득하는 것이 절실했다.

  조선이 건국한 직후에도 왜구의 발호가 이어지자 조선은 다양한 대
책을 강구했다. 먼저 외교 교섭을 시도했다. 태조 이성계는 1392년 즉
위하자마자 승려 각추覺鎚를 무로마치 막부에 보내 왜구 금압을 요청
했다. 당시 장군 아시카가 요시미츠足利義滿는 조선의 요구에 호응하

는 태도를 보였지만 막부는 조선과 교섭에 직접 나서는 데는 소극적이었다. 오히려 규슈九州의 이마가와씨今川氏나 오우치씨大內氏 등이 더 적극적인 자세를 보였다. 그것은 왜구 금압을 통해 조선으로부터 얻어낼 수 있는 반대급부 등 이익을 고려했기 때문이다. 요시미츠는 1398년 왜구를 금압하겠다고 약속하고 피로인被虜人 등을 송환하는 한편, 조선에 최초의 국왕사國王使를 파견해 대장경을 구청求請했다. 하지만 그가 죽은 뒤 조선에 대한 막부의 자세는 다시 소극적인 방향으로 바뀌었다. 조선은 자연히 '왜구 금압'과 관련해 막부의 능력이나 의지를 회의할 수밖에 없게 되었고 오히려 오우치씨 등을 중시하게 된다. 나아가 이런 배경에서 조일관계의 교섭 주체 사이에 일대다一對多의 구도가 성립되었다. 즉 하나의 조선 조정이 막부, 지방 다이묘大名·호족, 상인 등 다수의 일본 측 상대와 교섭하게 되는 다원적 관계가 형성되었던 것이다.

조선은 왜구를 막기 위해 군사적 대책도 마련했다. 왜구가 상륙하는 연해 지역에 성을 쌓고 봉수제烽燧制(봉화체제)를 정비해 방어 태세를 갖추는 한편, 병선을 건조하고 수군을 정비해 왜구를 격퇴하는 대책을 강화했다. 방어 태세가 정비되고 침략에 대한 군사적 응징이 강화되면서 왜구의 침략과 위세는 잦아드는 기미를 보였다. 하지만 일본 측의 상황과 태도가 바뀌지 않는 한 외교 교섭과 군사적 대책만으로 왜구를 금압하는 데는 한계가 있었다. 왜구 혹은 잠재적으로 왜구가 될 가능성이 있는 세력들을 회유해 그들을 평화적인 통교자로 전환하는 회유책이 필요했다.

왜구 회유책의 실시와 기해동정·계해약조

조선은 왜구들에게 경제적 반대급부를 주고 침략과 약탈을 포기하도록 유도하는 회유책을 마련했다. 태조대에서 태종대에 걸쳐 실시된 회유책의 효과는 컸다. 많은 일본인이 조선의 회유에 따라 평화적인 통교자로 변신했다. 조선은 왜구의 우두머리급인 인물들에게 귀순을 권하면서 토지와 가재도구를 지급하고 결혼까지 알선해 정착시켰다. 이런 정책에 응한 사람들을 투화왜投化倭, 향화왜向化倭라 하는데 그들 가운데는 상경해 벼슬을 받은 사람들[受職倭人]도 있었다. 또 일본 서부 지역에 있는 여러 호족의 사인使人 명목으로 조선에 와서 무역하는 사람들을 사송왜使送倭, 독립적으로 조선과 무역하는 사람들을 흥리왜興利倭라고 불렀다.

조선은 귀순하는 일본인들에게 갖가지 물자를 사여賜與하는 등 '대국'으로서의 위엄을 드러내기 위해 통교자들을 우대했다. 평화로운 통교관계가 확대되자 투화왜인은 물론 사송왜인·흥리왜인의 수가 급증했다. 또 조선에서 주는 물자의 획득을 노리고 사절을 위장[僞使]해 내조來朝하는 자도 늘어났다. 조선은 당연히 이들에 대한 통제 정책을 마련할 수밖에 없었다. 우선 흥리왜인의 교역장을 부산포富山浦와 내이포乃而浦 두 곳으로 제한했다. 뒤에 염포鹽浦를 추가해 삼포三浦가 되었거니와 자연히 삼포에는 정주하는 왜인들이 생겨났다. 1407년(태종 7)에는 조선에 오는 무역선은 일본의 거주지 수령이 발급한 도항증명서[行狀]를 휴대하도록 하고 1417년에는 사송선을 파견할 수 있는 주체를 장군·대마도주·오우치씨·쇼니씨少貳氏·규슈탄다이九州探題(규슈의 행정·군사 책임자) 등 10명으로 제한했다.

한편 1398년 무렵부터 대마도가 왜구 금압에 협조적인 자세를 보이자 조선은 도주島主 소오 사다시게宗貞茂를 우대했다. 조선은 1406년 이후 매년 수백 석의 미두米豆를 하사해 대마도의 식량 문제를 해결해주면서 왜구를 통제하려고 했다. 막부보다 대마도에게 왜구 통제를 맡기는 것이 더 효과적이라고 기대했던 것이다.

이러한 조선의 기대는 사다시게가 죽은 뒤 무너졌다. 1419년(세종 1) 대마도 출신 왜구 선단이 충청도 비인현庇仁縣에 출몰해 약탈을 자행하는 사건이 발생했다. 조선은 같은 해 6월, 이종무李從茂가 지휘하는 1만 7000여 명의 병력을 동원해 대마도를 정벌했다[己亥東征]. 조선의 정벌은 조선과 일본의 우호와 결탁을 의심하고 경계했던 명을 의식한 조처이기도 했다. 일본의 막부가 기해동정을 '조명연합군의 내침'으로 오해해 조선에 경계 태세를 취하자 1420년 조선은 송희경宋希璟을 막부로 보내 동정의 진의를 설명하고 오해를 풀었다. 기해동정 이후의 교섭을 통해 조선은 왜구를 금압할 수 있는 막부의 능력이 미약하다는 현실을 확인했고 그 뒤 대마도를 포용하는 방향으로 다시 돌아가게 된다. 도주 소오 사다모리宗貞盛 또한 신복할 것을 다짐하자 조선과 대마도의 관계는 정상화되었다.

기해동정 이후 세종은 일본과의 통교와 관련된 여러 규정을 본격적으로 정비했다. 통교자에게 구리 도장[圖書]을 주어 통제하거나 우대하는 도서제도, 대마도주를 통해 통교자를 제한하는 서계書契·문인文引제도, 무역선의 수를 제한하는 세견선 약정 등을 마련했다. 또한 일본인들의 삼포 거주와 관련된 규정, 남해 어업 관련 규정, 통교하고 상경하는 일본인들에 대한 접대 규정 등을 체계적으로 정비했다. 그

것은 1443년 이른바 계해약조로 명문화되었다.

삼포왜란, 회유책의 파탄, 유동하는 대일 인식

조선의 회유정책이 뼈대를 갖추고 정착되어가던 15세기 후반, 양국관계를 흔드는 심각한 문제들이 드러나고 있었다. 일본인들을 회유하는 데 드는 비용이 너무 많이 들어서 조선의 부담 능력이 한계에 이르고 있었던 것이다. 우선 삼포 지역을 통제하는 것이 문제였다. 삼포에는 왜관이 설치되어 접대소 겸 상관商館 역할을 했던 데다 남해의 어로도 허용해 정착하는 일본인들의 수는 날로 급증했다. 애초 조선이 거주를 허용한 일본인들의 수는 60호 정도였지만 1455년(세종 27)에 이르면, 제포에 항거하는 사람만 92호에 416명이고, 포구에 머물고 있는 사람은 2011명으로 3000명 가까운 일본인들이 삼포에 머물고 있었다.

항거왜恒居倭들의 수가 늘어나면서 삼포 주변에서는 갖가지 문제들이 나타났다. 일본인들이 거주 구역을 넘어 횡행하거나 불법 어로나 밀무역을 벌이고, 심지어 인신매매까지 자행하는 경우가 있었다. 또 이 무렵 조선 측의 회사를 기대하면서 일본 측 사절들이 진상하는 물자가 너무 많아진 것도 문제가 되었다. 나아가 사절들이 서울을 왕래할 때 지나는 연로에 있는 조선 백성이 겪는 피해와 고통도 매우 컸다. 접대와 물자 수송 등에 소요되는 부담 때문이었다.

조선은 일본인들에 대해 통제책을 쓸 수밖에 없었다. 무역을 제한하는 한편 삼포의 왜인들이 경작하는 토지에 전세를 부과하고 호구조사를 실시하는 등 통제를 시도했다. 삼포 부근에서 늘어나고 있던 수

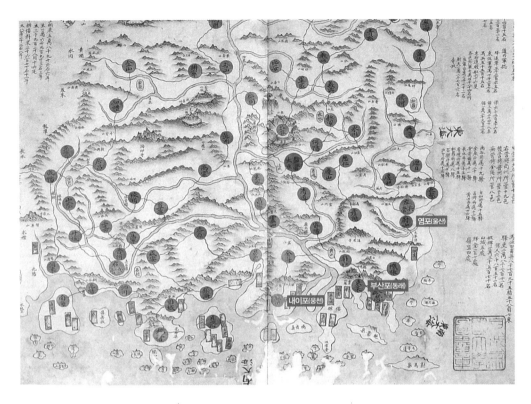

1426(세종 8)
삼포를 일본에 개항.

1510(중종 5)
삼포왜란 발생.

1544(중종 39)
사량진 왜변.

일본 거류민들의 폭동　1510년 삼포인들의 반란이 일어난 부산포, 내이포, 염포. 조선이 1407년 부산포(동래), 내이포(웅천), 1426년 염포(울산) 등 삼포를 개항하고 왜관을 설치해 교역과 접대의 장소로 삼자 이곳에 거주하는 왜인들이 점점 늘어났다. 이에 조정에서는 항거왜인 60여 명에 한해 거주를 허락하고 통제를 강화했다. 조선 측의 통제에 불만을 품은 삼포의 왜인들이 1510년 폭동을 일으키자 조선은 이를 진압하고 삼포를 폐쇄해 교역을 중단했다.

적水賊들의 활동, 밀무역 등에 대한 단속도 강화했다. 통제가 잇따르자 불만을 품은 삼포의 일본인들은 1510년(중종 5) 대마도의 지원까지 받아 폭동을 일으켰다[三浦倭亂]. 조선은 이를 진압하고 대마도와 통교를 단절했다.

삼포왜란 이후 대마도는 조선과의 교역을 재개하기 위해 필사적으로 움직였다. 그 결과 1512년 임신약조壬申約條를 체결했는데, 세견선의 수와 조선이 주는 세사미두歲賜米豆의 양이 삼포왜란 이전의 통교 때보다 반감되었다. 또 일본인의 삼포 거주를 불허하고, 왕래도 제포만으로 제한했다. 통교는 재개되었지만 모순과 갈등은 그치지 않았다. 1544년 왜선 20척이 사량진을 침략했던 '사량진왜변'이 일어나자 조선은 쇼군과 오우치씨, 쇼니씨 이외에는 접대를 하지 않기로 결정했다. 조선은 1547년(명종 2) 정미약조丁未約條를 맺어 세견선을 25척만 인정하고, 포소도 부산포만으로 제한했다. 가장 규모가 컸던 제포가 폐쇄되자 대마도의 조바심은 극에 이르렀다. 대마도는 1571년(선조 4)까지 무역 제한을 풀고 제포를 다시 열어달라고 요청하기 위해 가짜 '국왕사'를 20회나 파견했다.

16세기 초반 이후, 생산이 급증했던 일본 은銀을 바탕으로 중국의 강남 연해는 물론 조선에서도 밀무역의 수요가 높아가고 있었다. 그러나 이 같은 상황에서 1555년 고토五島를 근거로 하던 왕직汪直의 왜구가 조선에 침입하자[乙卯倭變] 대일관계는 점차 파탄 지경으로 악화되었다. 나아가 16세기 중반 이후 전국시대 통일의 기운이 높아지면서 일본의 상황은 다시 달라지고 있었다. 대마도를 주요 대상으로 무역 등을 통해 일본을 회유, 교린하려 했던 조선의 시도는 한계에 봉착하고 말았다.

　15세기 이래 조선 지식인들의 일본, 일본인에 대한 인식은 '왜구 문제'의 소장消長과 밀접히 연관되어 있었다. 그것은 조선 지식인들이 일본, 일본인을 지칭하는 용어에 그대로 드러난다. 조선은 일본에 '대국大國'으로 자처하면서 막부와는 교린을 통해 우호관계를 유지하고, 대마도에 대해서는 기미책羈縻策(요구를 수용하며 적절히 구슬려 통제함)을 통해 회유하려 했다. 나아가 조선 지식인들은 일본, 일본인들을 상대할 때 '은혜恩惠'와 '위엄威嚴'을 적절히 병용해야 한다고 강조했고, 실제 양자의 비율을 어떻게 배분할 것인지를 고민했다. 이렇게 '은혜'와 '위엄'에 바탕한 조선의 회유책에 잘 따를 경우, 일본, 일본인들의 호칭은 왜倭, 왜인倭人 등 당시 기준에서 중립적인 용어로 나타난다. 하지만 그들의 침구侵寇를 받을 경우 일본인들을 부르는 호칭은 왜노倭奴를 비롯해 왜적倭賊, 적왜賊倭, 소추小醜, 견시犬豕 등의 부정적인 용어를 사용하는 것이 일반적이었다. 상황에 따라 유동하던 대일 인식은 16세기 '왜란'이 빈발하게 되면서 부정적인 방향으로 고정되는 추세를 보인다.

15~16세기 조선과 여진의 관계

회유, 명과의 갈등, 정벌로의 전환

여진족은 이미 12세기 초에 동아시아사에 뚜렷한 족적을 남겼다. 1115년(예종 16) 완옌부完顔部 여진 출신의 아구다阿骨打는 금金을 건국했다. 금은 곧 이어 요遼를 멸망시키고, 1126년에는 송宋의 수도 개봉開封을 공격해 함락시키고 휘종徽宗과 흠종欽宗을 납치했다(정강靖康의 변). 송은 이후 금에게 밀려 양쯔강 남쪽의 항주杭州로 천도해 남송南宋이라 불리게 된다. 금이 비록 1254년 몽골에게 멸망하고 여진족들은 화북과 만주 지역으로 흩어졌지만 강성했던 금의 위력은 이후에도 한족들에게 강렬한 인상을 남겼다.

명은 "여진이 일만이 되면 천하가 그를 당할 수 없다[女眞一萬則天下不敢當]"는 교훈을 바탕으로 건국 초부터 그들을 통제하려고 노력했다. 명은 요동에서 흑룡강, 오소리강 연안에 이르는 여진의 거주 지역에 위소衛所를 설치하고 건주建州, 해서海西, 야인野人 등 각 부족의 유력자들을 우두머리로 임명해 명의 관직 체계에 포섭했다. 동시에 그들 우두머리들에게 명 황제 명의의 칙서勅書를 주고 명 상인들과의 교역을 허락함으로써 경제적으로도 그들을 통제하려 했다. 명은 여진을 통제해 내부에서 아구다와 같은 패자覇者가 출현하는 것을 막고, 동시에 여진을 활용해 몽골을 견제하려 했던 것이다.

조선도 여진과 일찍부터 깊은 관계를 맺고 있었다. 태조 이성계의 고조부인 목조穆祖가 13세기 중엽 원으로부터 다루가치達魯花赤 칭호를 하사받고 여진의 오도리吾都里 부족 지역에 거주했고, 그 아들인 익조翼祖 또한 1300년 여진인들이 많이 살던 함흥평야 지역의 다루가치로 활동했다. 이후에도 이춘李椿-이자춘李子春-이성계로 이어지는 그의 집안은 동북면 일대의 여진족들과 밀접한 관계를 유지했다. 이성계가 고려 말 홍건적과 왜구 진압 과정에서 공을 세울 수 있었던 데에는 그의 휘하에 있던 이지란李之蘭과 같은 여진 출신 인물들의 협력도 중요한 배경으로 작용했다.

이지란(1331~1402)
여진 출신으로 조선의 개국공신이다. 가업을 이어서 천호가 되고 원 말기에 그 일당을 이끌고 투항해 북청에 있다가 이성계의 휘하로 들어와 이씨 성을 받았다. 이성계가 나라를 창건하게 되자 개국공신이 되고 이어 정사좌명 공신이 되었다. 이후 태조가 영흥으로 은퇴하자 그도 풍양에 은거하면서 남정·북벌에서 살상을 많이 했던 것을 크게 뉘우쳐 불교에 귀의했다.

조선은 건국 직후부터 두만강 부근의 오도리, 오랑캐兀良哈, 우디캐兀狄哈 등의 여진 부족을 '조선의 울타리'로 여기고 있었다. 실제 15세기에는 건주建州 등지의 많은 여진족 추장들이 조선에 조공해 벼슬을 받고 하사품을 챙겼다. 그들 가운데는 명에도 조공하는 자들이 적지 않았다. 조선은 또한 여진인들에게 경성鏡城과 경원慶源에 무역소를 열어주고 교역을 허용했다. 또 1485년(성종 16)에는 만포滿浦에서도 개시해 곡물, 경우耕牛, 철제 농기구 등을 팔고 모피와 말을 구입하는 무역을 벌였다. 조선에서 모피는 상류층에게 주로 소비되어 사치 풍조를 유발하고, 소와 철을 소진시켜 지역 주민들을 병들게 한다고 우려하는 목소리가 높아졌다. 한편 조선을 통해 들여온 소와 철제 농기구는 여진 지역의 농경화를 진전시키는 데 이바지했다.

이러한 상황에서 영락 연간 명은 여진을 초무하려고 본격적으로 시도해 조선과 갈등을 빚었다. 특히 회령 부근에 살던 오도리의 추장 퉁밍거티무르童猛哥帖木兒를 둘러싼 양국의 회유 경쟁은 치열했다. 조선은 그에게 벼슬을 주고 하사품 공세를 벌였고, 명 역시 그에게 건주위도지휘사建州衛都指揮使직을 제수했거니와 그는 결국 명으로 귀순했다 (1405). 그가 명으로 귀순하자 조선은 보복 차원에서 경원의 무역소를 폐지했는데 이번에는 무역소 폐쇄로 경제적 위기에 처한 우디캐 등이 조선을 침략했다. 1423년(세종 5) 퉁밍거티무르가 일족을 이끌고 회령 으로 귀환하자 세종은 그들을 우대하면서 두만강 일대 여진족들을 회 유하려 시도했다. 그런데 1433년 우디캐가 침입해 퉁밍거티무르 부 자를 살해하는 사건이 일어나자 조선은 우디캐를 비롯한 여진을 정벌 하는 정책으로 방향을 바꾸었다. 1433년과 1437년 조선은 파저강婆猪 江 일대의 건주위 이만주李滿住를 공격해 제거했고, 사군四郡과 육진六 鎭*을 설치했다.

조선의 여진 초무에 불쾌한 반응을 보이던 명은 15세기 중반 몽골 에센也先의 세력이 강성해지면서 태도를 바꾸었다. 특히 1449년 영종 英宗이 포로가 되는 '토목土木의 변變'이 일어나 여진에 대한 통제력이 약화되자 명은 조선에 여진을 협공하자고 제의했다. 조선은 1460년 (세조 6) 오랑캐의 침입을 계기로 두만강 유역의 모련위毛憐衛를 정벌 했고, 1467년에는 명군과 함께 건주위를 협공했다. 또 1479년(성종 10)에도 명의 요청을 받아 윤필상尹弼商 등을 파견해 건주여진을 공격 했다. 여진 정책이 회유에서 정벌로 변화되어갔던 것이다.

여진의 경제적 성장과 조선의 통제력 저하

16세기 초·중반에도 압록강과 두만강 부근의 여진족들은 간헐적으 로 조선을 침략했다. 특히 이 시기 서북 변경을 침략했던 여진족 가운 데는 조선이 이만주를 살해한 것에 대한 보복을 명분으로 내세우는

사군과 육진
사군은 강계 이북에 위치한 자 성, 우예, 여연, 무창을 가리키며 육진은 길주 이북의 두만강 일 대에 위치한 종성, 온성, 회령, 경원, 경흥, 부령을 가리킨다.

자들이 있었다. 중종 연간에는 평안도 최북단인 여연과 무창 지역에 모피를 획득하려는 여진인들이 대거 입거入居하기 시작하면서 긴장이 높아졌다. 조선인들 또한 시탄柴炭(땔감) 등을 구하기 위해 강을 건너가면서 여진인들과의 조우와 갈등이 잦아졌다. 조선은 1525년(중종 20) 무창 등지에 파병해 여진인들의 가옥을 소각하고 그들을 강 건너로 퇴거시켰다. 하지만 조선의 이 같은 조처에 원한을 품은 여진인들이 보복을 위해 침입하는 악순환이 거듭되었다. 이에 조선에서는 여진족들을 다시 정벌해야 한다는 응징론과 압록강 연안에 장성長城을 쌓아 침공에 대비해야 한다는 축성론이 대두되기도 했다. 하지만 양자 모두 병력의 징발과 군량의 운송, 나아가 축성 인력 동원에 따르는 사회경제적 부담 때문에 실행되지는 못했다.

전통적으로 여진족을 '오랑캐', 혹은 '개돼지'로 여겨 하시했던 조선의 여진족에 대한 통제력은 16세기에 들어와 점차 떨어졌다. 조선은 세종 연간 확보한 사군과 육진 지역을 경영하기 위해 이 지역의 여진족들을 회유하고 통제하는 데 부심했다. 그 과정에서 연산군대에는 《서북제번기西北諸蕃記》라는 지침서를 만들기도 했다. 하지만 수시로 변경을 침략하고 접대를 요구하는 여진인들을 방어하고 물자를 지급해 회유하는 것은 여의치 않았다. 특히 16세기 중반 육진 등 함경도 변방 지역의 사회경제적 상황이 피폐해지고 거주하는 민호民戶마저 줄어드는 형편에서 여진을 계속 무력으로 징치하는 것은 여의치 않았다. 그 같은 와중에 16세기 중반 무렵 삼수三水, 만포滿浦 등지에 들어와 살고 있는 여진인들이 수천 명에 이른다는 보고가 올라오고 있었다. 이에 비해 기근이나 지방관들의 학정에 시달리다 못한 육진 등지

여진족 토벌 1588년 함경북도 병마절도사 장양공壯襄公 이일李鎰이 함경도 지역 녹둔도를 침략하던 여진족 시전時錢 부족을 정벌하고 포로들을 심문하는 광경을 그린 〈장양공정토시전부호도壯襄公征討時錢部胡圖〉. 두만강 하류에 위치한 녹둔도를 여진 부족 중의 하나인 시전부족이 몰래 습격해오자 조선과 이들 사이에 치열한 전투가 벌어졌다. 이 정벌에서 여진부락 200여 호를 불태우고 적 380명을 죽였으며, 말 9필, 소 20두를 획득하는 큰 전과를 올렸다. 특히 아군의 희생자가 단 한 사람도 없었다는 점은 특기할 만한 사실이다.

의 변민邊民들 가운데는 오히려 국경을 넘어 여진 지역으로 투탁하는 일도 빈번히 발생하고 있었다. 모피 무역 등을 통해 경제적으로 윤택해지고 있던 여진 지역을 오히려 낙토로 여기는 사람들이 나타날 정도였다. 이렇게 변방의 민생이 피폐해 지역민들이 여진 지역으로까지 유망하는 상황에서 여진인들을 제대로 통제하는 것은 곤란했다. 그 같은 와중에 조선은 1583년(선조 16) 두만강 부근의 여진 수령인 니탕개尼蕩介의 침략을 받았다.

16세기 말엽, 여진 지역의 정세는 급변하고 있었다. 건주여진의 누르하치奴兒哈赤가 등장해 주변의 여진 부족을 아우르기 시작하면서 이 지역의 정세는 이전과는 달리 '통일'의 방향으로 변화해가고 있었다. 반면 그들을 통제해왔던 명과 조선의 역량은 떨어지고 있었다. 엎친 데 덮친 격으로 1592년 임진왜란까지 발발하면서 조선과 명의 여진에 대한 통제력은 급속히 약화되고 말았다.

임진왜란과 명청교체의 서막

포르투갈과 스페인의 동아시아 진출

15세기 유럽의 이베리아 반도에서는 봉건제도가 점차 종말을 고하면서 왕권이 강화되고, 상인들도 세력을 얻으면서 국부를 쌓기 위한 기운이 높아져가고 있었다. 특히 당시까지 이슬람과 이탈리아 상인들이 중개했던 향료를 인도와 동남아에서 직접 획득하려는 열망이 높아져갔다. 육식을 즐기던 유럽인들에게 후추 등 향료는 방부제로서 대단히 중요한 물품이었다. 실제 원산지에서 구입한 후추를 포르투갈까지 가져갈 경우, 원가의 15배 이상의 이익을 얻을 수 있었다.

향료 획득에 대한 열망은 당시 지리 지식과 항해술의 발달과 맞물려 유럽인들의 인도 등지로의 도항渡航 의지를 자극했다. 1492년 대서양을 서쪽으로 계속 항해하면 인도에 도착한다고 믿고 스페인에서 출발한 콜럼버스는 산살바도르 제도에 도착했다. 1498년 포르투갈의 바스코 다 가마는 아프리카 남단의 희망봉을 돌아 인도에 도착했다. 포르투갈인들은 인도의 고아에 총독부를 두고 인도 지배와 아시아 진출의 근거지로 삼은 다음 1511년 말라카를 점령하고 '향료 제도諸島'로 불리던 몰루카 제도까지 진출했다. 1521년에는 포르투갈 사람 마젤란이 이끄는 스페인 함대가 남아메리카 대륙의 남단을 지나 태평양을 횡단해 필리핀에 도착했다.

'대항해 시대' 포르투갈과 스페인의 내항은 당시 동아시아의 국제무역에 심대한 영향을 남겼다. 명은 1567년 해금을 완화시켜 민간의 해상 무역을 허용했고, 1571년에는 몽골과 화약을 맺어 조공무역을 허용했다. 1557년 마카오를 획득한 포르투갈 상인들은 명의 생사生絲와 일본의 은을 교환하는 중개무역을 시작했다. 1571년 스페인이 장악한 마닐라를 통해 남미 대륙에서 채굴된 은이 중국으로 유입되었다. 페루의 포토시 등지에서 생산된 다량의 은은 1570년대 이후 대서양을 가로질러 유럽으로, 한편에서는 태평양을 건너 중국으로 유입되었다. 더욱이 16세기 초 조선에서 개발된 연은분리법鉛銀分離法이 전해지면서 일본의 은 생산도 획기적으로 증대되었다. 그런데 유럽과 일본의 은은 중국산 생사와 도자기 등을 구매하는 자금으로 다시 명으로 유입되어 17세기 초까지 명은 남미와 일본에서 생산된 은을 최대 3분의 1까지 흡수하는 호황을 누렸다.

한편 1543년 시암(타이)에서 출발해 중국으로 가던 배 한 척이 규슈 근처의 다네가시마種子島에 표착했다. 당시 배에 타고 있던 포르투갈 사람 핀투는 일본에 철포鐵砲(뎃포, 조총)를 전해주었다. 이 새로운 무기는 전국시대戰國時代를 맞아 패권 쟁탈에 여념이 없던 일본 각지의 무장세력들의 판도에 결정적인 영향을 미쳤다. 1575년 오다 노부나가織田信長가 나가시노長篠 전투에서 조총을 활용해 다케다 가츠요리武田勝賴에게 대승을 거두기도 했다.

중개무역과 조총의 전래를 통해 포르투갈인 등의 존재를 확실히 인식하게 된 일본인들은 그들을 '남만인南蠻人'이라고 불렀다. 이들 남만인들은 일본과 명에 천주교도 전파했다. 1549년 예수회 선교사 프란시스코 자비에르가 가고시마鹿兒島에 상륙한 이후 천주교는 규슈를 중심으로 일본 각지로 퍼져나갔다. 일본에서는 이후 천주교도들을 '기리스탄吉利支丹'이라고 불렀다.

전국시대 통일의 기반을 닦았던 오다 노부나가가 죽은 뒤 그의 후계자로 등장한 도요토미 히데요시豊臣秀吉는 1587년 마침내 일본을 통일했다. 그는 일종의 토지조사사업인 '타이고 켄지太閤檢地'와 무사 이외의 계층에게서 무기를 완전히 몰수하는 도수령刀狩令을 통해 집권 기반을 닦았다. 통일 이후 히데요시는 정치적 야욕을 조선과 명으로까지 돌렸다. 그는 1587년 대마도를 복속시킨 뒤 대마도주 소오씨

일본에 도착한 남만인　대항해 시대 동아시아에 내항한 포르투갈은 향료 무역을 독점하고 일본
과 중국의 중개무역을 통해 막대한 이익을 손에 넣었다. 당시 일본에서는 포르투갈과 스페인 사람
들을 남만인, 그들이 타고 온 선박을 남만선, 그들과의 무역을 남만 무역이라고 부르고 있었는데,
그들은 중국으로부터 주로 생사를 사들여 일본으로 수출하고, 그 대가로 일본의 은을 받아들였다.
〈남만인교역도〉(병풍, 16세기).

철포를 든 오다 노부나가의 병사들　그림은 1575년 6월 29일 나가시노성에서 오다 노부나가와 도쿠가와 이에야스 연합군과 다케다 가쓰요리군 사이에 벌어진 전투로, 이때 오다 노부나가는 철포를 사용해 대승을 거두었다. 1543년 규슈에 도착한 포르투갈인은 일본에 온 최초의 유럽인이었다. 당시 영주인 타네가시마 도키타카種子島時堯는 포르투갈인이 소지하고 있던 철포를 얻어 가신들에게 제조법과 사용법을 배우게 했다. 이후 철포는 일본 전역에 유포되기 시작해 철포 부대의 등장을 가져왔고, 전통적으로 기마전 중심이었던 전투법에 변화를 가져왔다. 또 방어가 주된 목적이었던 성의 구조도 철포전에 적합한 형태로 변화하기 시작했는데, 결국 전국시대를 종식시키는 하나의 계기가 됐다.

宗氏에게 조선 국왕을 자신에게 입조시키라고 요구했다. 또 조선에 대해 '명을 치는 데 앞잡이가 될 것[征明嚮尊]'도 요구했다. 당시 숭명의식이 강하고 일본에 대해 문화적 우월의식을 지녔던 조선은 '하찮은 오랑캐'로 여겼던 히데요시의 요구를 무시했고, 그 와중에 임진왜란이 일어났다(1592).

임진왜란의 발생과 국제전으로의 비화

임진왜란 초반 일본군은 승승장구했다. 오랜 전국시대를 거치며 전투에 숙련된 병사가 많았던 데다 신무기 조총까지 갖추고 있었기 때문이다. 그뿐만 아니라 왜관에서의 체류와 무역 활동 등을 통해 조선 사정에 밝았던 대마도 출신들이 일본군에 가담했던 것도 일본군의 연승에 크게 보탬이 되었다.

1591년(선조 24) 대마도 측의 집요한 설득과 공작에 밀려 조선은 황윤길黃允吉, 김성일金誠一, 허성許筬 등으로 구성된 통신사를 일본에 파견했지만 히데요시의 침략 기도를 정확히 파악하는 데 실패했다. 또 조선은 건국 이후 200년 가까이 평화를 누려 전쟁을 몰랐던 데다 16세기 중반까지 기승을 부렸던 척신정치戚臣政治의 폐해로 말미암은 정치 기강의 이완, 부세제도의 모순, 민생 기반의 동요 속에서 국가적 역량이 크게 저하되었다. 일찍이 이이李珥가 16세기 중반을 '중쇠기中衰期'로 규정하고 대대적인 경장更張의 필요성을 역설했지만 선조 초년에는 동서분당東西分黨으로 상징되는 정파 사이의 알력까지 심화되면서 일본의 전면적인 침략에 맞설 태세를 제대로 갖추지 못한 상태였다. 결국 개전 직후 일본군의 공세에 밀려 선조는 서울을 버리고 파

1592(4월)
일본 침략군, 부산진 함락.

1592(5월)
한양 함락.

1592(7월)
이순신 한산도대첩 승리.

성민들의 전투　　임진왜란 당시 4월 13일과 14일 이틀 동안 부산진에서 벌어진 왜군과의 전투장면을 그린 〈부산진순절도〉(변박, 1760).
1592년 4월 13일, 700여 척의 배와 1만 8700여 명의 병사를 이끌고 부산포 앞 바다에 도착한 왜군 사령관 고니시 유키나가는 14일 새벽 부
산진을 완전히 포위했고, 당시 부산진 첨사였던 정발은 성안의 군민 1000여 명과 더불어 끝까지 항전하다가 전사하고 부산진성은 함락되었
다. 부산진성은 경상도 해안 지방의 부산포진·다대포진·가덕진·미조항진 등 4개 진 가운데 제1의 해상 관문으로 왜군이 조선에 상륙할 때
는 반드시 거쳐야 할 요충지였다.

천 길에 올라 의주까지 밀렸다. 육전의 연패에도 불구하고 조선이 그나마 지탱할 수 있었던 것은 이순신李舜臣이 이끄는 수군의 연이은 승첩과 재야 사족들의 의병 활동 덕분이었다.

명군이 참전하면서 임진왜란은 동아시아의 국제전쟁으로 비화되었다. 명은 참전하면서 '위기에 처한 조선을 돕는다'는 명분을 내세웠지만 요동을 보호하려는 것이 더 중요한 참전 목적이었다. 조선이 일본에 넘어갈 경우 요동이 위협받게 되고, 궁극에는 천진과 북경마저 위험해지는 상황을 막기 위한 자위적 차원의 참전이었다. 명의 입장에서 요동이 '이[齒]'라면 조선은 그를 보호해주는 '입술[脣]'이었다. 입술이 없어지면 이가 시리다는 '순망치한론脣亡齒寒論'이야말로 명이 임진왜란에 뛰어든 근원적인 배경이었다.

1593년(선조 25) 1월, 제독 이여송李如松이 이끄는 조명연합군은 고니시 유키나가小西行長가 점거하고 있던 평양을 공격해 함락시켰다. 호준포虎蹲砲, 멸로포滅虜砲 등 명군의 화포가 위력을 발휘했던 이 전투의 승리를 계기로 전세는 역전되었다. 고니시의 부대는 남쪽으로 후퇴하기 시작했고, 함경도를 점령했던 가토 기요마사加藤淸正의 부대도 고립을 피하고자 철수하게 되었다. 하지만 일본군을 추격하던 이여송이 같은 달 벽제碧蹄전투에서 일본군에게 참패하면서 전황은 교착 상태에 빠졌다. 벽제 패전을 계기로 병부상서 석성石星을 비롯한 명군 지휘부는 일본군과 강화講和를 추진했다. 벽제전투 패전 때문에 명군의 사기가 크게 꺾이고 전쟁의 장기화에 따른 재정 부담 등을 우려했던 데다 일본군을 서울 부근까지 밀어낸 것만으로도 참전 목표가 어느 정도 달성되었다고 인식했기 때문이다. 일본군 또한 평양 패전 이후의 수세를 만회하고 전열을 다시 정비하려는 목적에서 협상에 응했다.

명과 일본의 밀실협상에서 조선은 소외되었다. 협상을 빨리 끝내 조선에서 발을 빼려 했던 명군 지휘부는 조선도 일본에 대한 원한과 적개심을 접고 자신들의 강화 방침에 따르라고 강요했다. 조선이 반발하자 명군 지휘부는 병력을 철수하겠다고 위협했다. 또 명의 신료들 가운데는 조선의 왕위 교체를 거론하고, 조선을 직할령으로 삼아야 한다고 주장하는 자도 있었다. 명군 지휘부는 심지어 1593년 4월 일본군이 한양에서 철수할 때, 조선군의 보복 공격을 막는다는 명분으로 일본군을 '호위'해주기까지 했다. 강화협상이 시작된 이후 조선은 명군 지휘부의 횡포 때문에 '주권'이 심각하게 침해받는 상황을 맞게 되었다.

명과 일본의 강화협상은 성공할 수 없었다. 양측이 제시한 조건의 차이가 너무 현격했기 때문이다. 명은 일본군이 완전히 철수하면 히데요시를 일본 국왕으로 책봉하겠다고 제시한 데 비해 일본은 '명의 황녀를 천황의 후궁으로 줄 것', '조선 8도 가운데 4도를 할양할 것' 등 명과 조선이 도저히 수용할 수 없는 조건을 제시했기 때문이다. 명은 일본을 '책봉체제' 속으로 끌어들이려 했고, 일본은 자신들이 승전국이라 내세우면서 협상은 기약 없이 시간만 끌었다. 그 와중에 조선 민중들의 고통은 심화되었다. 강화협상이 진행되던 1593년부터 1596년까지 일본군은 남해안 일대에 장기간 주둔하면서 조선으로부터 포로 사냥과 물자 약탈에 광분했고, 명군 또한 싸우겠다는 의지 없이 그저 주둔하면서 엄청난 민폐를 끼쳤다. 명군의 민폐 때문에 고통

1592(12월)
4만의 명군 병력 한반도에 진입.

1593(1월)
조명연합군 평양성 전투 대승.

1593(4월)
한양 수복.

평양성 탈환   1593년 1월 6일부터 9일까지 평양에서 조명연합군과 왜군이 벌인 전투를 그린 〈평양성 탈환도〉(조선 후기). 명나라
장군 이여송이 이끄는 5만의 병력과 조선군 8000명이 연합해 평양성을 공격했다. 평양성에 있던 일본군 1만 5000명은 완강히 저항
했으나, 조명연합군의 공격에 밀려 후퇴했다. 평양성 탈환을 계기로 전세는 역전되었고, 관서 지방이 왜군의 지배에서 벗어날 수 있
었다.

받던 민중들 사이에서는 '명군은 참빗, 왜군은 얼레빗'이라는 말까지 유행할 정도였다.

1596년(선조 28) 명사明使가 오사카로 건너가 히데요시를 일본 국왕으로 책봉했지만 '책봉' 말고는 자신의 요구가 하나도 충족되지 못한 사실을 깨달은 히데요시는 1597년 다시 조선을 침략했다(丁酉再亂). 1597년(선조 29) 7월, 원균元均이 거느리는 조선 수군이 칠천량漆川梁해전에서 참패하고, 곧이어 남원이 함락되자 조선은 다시 위기를 맞았다. 그러나 삼도수군통제사로 복귀한 이순신이 명량鳴梁해전에서 승리해 제해권을 다시 장악하고, 같은 해 10월 조명연합군이 직산稷山전투에서 거둔 승리를 계기로 일본군의 예봉이 꺾이면서 전쟁은 다시 소강상태로 접어들었다. 정유재란 당시에도 명군 지휘부는 여전히 '겉으로는 싸우되 속으로는 강화를 꾀하는[陽剿陰撫]' 이중적 태도를 보이면서 전쟁은 장기화될 조짐을 보였다. 이런 와중에 1598년 히데요시가 죽고 일본군이 철군하면서 7년에 걸친 전쟁은 끝나게 된다. 이순신이, 일본군에게 매수되어 자신의 출전을 막으려 했던 명 수군 제독 진린陳璘을 뿌리치고, 철수하는 일본군을 요격하다가 전사한 노량露梁해전은 삼국이 뒤엉켜 펼친 임진왜란의 '복잡한' 성격을 상징적으로 보여준 전투였다.

임진왜란이 삼국에 미친 영향

인조반정(1623), 병자호란(1636), 명청교체(1644) 등 17세기 초반에 일어난 동아시아의 격변은 임진왜란이 남긴 파장과 결코 따로 떼어내 생각할 수 있는 것이 아니다. 7년에 걸친 임진왜란은 동아시아 삼국

전체에 커다란 영향을 끼쳤다.

먼저 국제전의 전장이 되었던 조선은 피해가 극심했다. 인구 손실과 경작지의 황폐로 국가의 기반이 흔들렸다. 전투를 통한 인명 손실, 전염병으로 인한 대규모 사망, 일본군의 대규모 포로 연행 등으로 인구가 줄어들 수밖에 없었다. 포로들 가운데는 포르투갈 노예 상인들에게 다시 전매되어 유럽 등지로 흘러들어 가는 사람들도 있었다. 자연히 조선인들 사이에서는 무고한 침략을 자행해 엄청난 피해를 입힌 일본에 대한 민족적 적개심이 높아질 수밖에 없었다. 전란 이후 일본을 '영원히 함께 할 수 없는 원수[萬世不共之讐]'로 여겼던 것은 당연했다. 동시에 명군이 참전해 원조했던 것을 '나라를 다시 세워준 은혜[再造之恩]'로 여겨 숭앙하는 분위기가 퍼져가면서 명에 대한 의존 심리와 모화慕華 관념이 높아졌다. 특히 '재조지은'에 보답해야 한다는 의식의 확산은 명에 대한 일종의 '부채의식'으로 작용해 17세기 초 명청교체라는 대륙 정세의 격변을 맞이했을 때 조선이 외교적으로 선택할 수 있는 여지를 제약하는 굴레가 되었다.

명은 참전을 통해 '조선의 은인'으로 추앙되었지만 막대한 재정을 소모했다. 명이 조선에 투입한 전비戰費는 대략 은화 700만 냥 이상이었다. 만력萬曆 연간(1573~1620) 명의 1년 세입이 400만 냥 정도였던 것을 고려하면 명이 왜란에서 소모했던 전비는 엄청난 수준이었다. 명 정부가 전비 조달을 위해 강남 등지에서 시행했던 가파加派(증세 조처)와, 병력 동원과 군량 운반을 위해 시행했던 징집과 징발은 하층민들에게 커다란 고통과 민원民怨을 야기했다. 전쟁 동안 요동 백성들 사이에서는 "군량 운반 소리만 들어도 진저리를 친다"는 풍문이 등장할 정도였다. 1580년대 장량丈量(토지조사사업) 등 장거정張居正이 시행했던 일련의 개혁 작업을 통해 일시적으로나마 충실해졌던 재정이 적자로 돌아서자 만력제는 전국에 환관을 파견해 광세礦稅, 상세商稅 등을 징색했다. 폭력적으로 세금을 수탈해 '광세지폐礦稅之弊'라 불렸던 이 조치로 민심은 돌아섰고 급기야 각지에서 민변民變으로 불리는 저항 운동이 일어났다. 이 같은 상황에 더하여 북경 조정에서는 만력제의 시정施政 기피가 이어졌고, 환관들의 발호 속에 천계天啓 연간(1621~1627)에는 동림당東林黨과 엄당奄黨 등 정파 사이에 격심한 정쟁이 빚어졌다. 그뿐만 아니라 만주에서 누르하치의 군사적 위협이 날로 커지면서 그를 막기 위해 엄청난 전비가 투입되었다. 나아가 명 또한 임진왜란을 계기로 일본에 대한 의구심과 적개심이 높아지면서 전쟁 이후 일본의 도쿠가와 막부가 입공入貢하겠다고 거듭 요청했음에도 무대응으로 일관했다.

임진왜란을 계기로 일본의 위상은 높아졌다. 일본인들 스스로 '무위武威를 과시했다'고 자부했거니와 전쟁 중에 보였던 막강한 군세軍勢를 통해 군사 강국으로 자리 잡았다. 나아가 조선에서 납치했던 유학자, 도공 등을 통해 상대적으로 앞섰던 학문과 기예를 습득할 수 있었고, 조선에서 반출한 수많은 전적典籍은 문화 발전에 크게 기여했다. 한편 1600년 벌어진 세키가하라關ヶ原전투에서 이시다 야스나리石田三成와 고니시 유키나가 등 히데요시 추종 세력을 물리치고 패권을 장악한 도쿠가와 이에야스德川家康는 정이대장군征夷大將軍에 취임해 에도江戶 막부를 열었다. 도쿠가와는 이후 자신은 조선 침략에 가담하지 않았다는 것을 명분으로 내세워 대마도를 통해 조선과의 국교를 재개하는 데 성공했다. 비록 명과의 국교를 여는 데는 실패했지만 조선으로부터 통신사를 청해와 대내외적으로 자신의 정치적 위상을 제고시켰다. 또 나가사키長崎를 열어 네덜란드와 중국 상선들을 받아들이는 한편 주인선朱印船을 동남아 등지로 파견해 활발한 대외 무역을 벌였다.

명청교체와 동아시아 질서의 재편성

건주여진의 굴기, 명의 이이제이 시도, 인조반정

여진족을 통제하려 했던 명의 노력은 만력 초반까지는 그런대로 성공적이었다. 특히 당시 이성량李成梁이 수완을 발휘해 명의 여진족에 대한 통제는 가능할 수 있었다. 하지만 1583년 이후 건주여진 출신의 누르하치가 급속히 성장하면서부터 명의 통제력은 약화되기 시작했다.

누르하치는, 한때 조선의 회령 부근에 거주했고 명에 의해 건주좌위建州左衛 도독에 임명되었던 퉁밍거티무르의 6대손이었다. 1583년 이성량 휘하에서 반란 세력을 공격하는 데 동원되었던 누르하치의 부조父祖가 명군에 의해 살해된 이후 누르하치는 독자적인 세력을 확보하기 위해 노력했다. 이성량은 부조가 살해된 데 대한 보상 차원에서 누르하치에게 '교역 권리증'인 칙서 30통을 지급했다. 누르하치는 그것을 바탕으로 여진족의 특산물인 인삼, 진주, 모피 등의 유통로를 장악하고 명 상인 등과의 교역을 통해 막대한 이익을 챙겼다.

당시 요동은 명 조정이 몽골과 여진을 제어하기 위한 군사비 충당을 위해 다량의 은을 투입하고 있던 지역으로, 은을 둘러싼 소비와 교역 등을 통해 경제적 호황을 구가하고 있었다. 누르하치의 경제적 성장은 바로 이 같은 환경에서 이성량의 비호 속에 명 상인들과의 교역을 통해 이루어졌다. 누르하치는 군사 지휘관으로서의 통솔력뿐 아니라 상인으로서의 경제적 수완까지 발휘해 1588년 마침내 건주여진을 통일했다. 누르하치가 '제2의 아구다'가 되는 것을 우려했던 명은 해서여진을 끌어들여 그를 견제하려 했지만 상황은 여의치 않았다.

1592년(선조 25) 임진왜란은 누르하치라는 '호랑이'에게 '날개를 달아주는 기회'가 되었다. 그해 이성량의 장남 이여송이 조선 원정군의 제독으로 임명되었던 것에서 드러나듯이 요동 방면의 명군이 대거 조선으로 들어가게 되면서 누르하치에 대한 명의 견제력은 약화될 수밖에 없었다. 누르하치는 1592년과 1598년 조선에 원군을 파견하겠다고 제의할 정도로 세력이 커지더니 1599년에는 해서여진의 하다부哈達部마저 멸망시켰다. 1615년(광해군 7) 팔기八旗제도를 완성하고, 1616년엔 국호를 대금大金(後金)으로 고쳤다. 후금은 1618년에는 명에 대해 '일곱 가지 원한七大恨'*을 내세워 선전포고하고 만주의 전략 요충이자 교역의 거점인 무순撫順을 점령했다.

무순 함락에 충격을 받은 명은 후금을 치기 위한 원정군을 준비하는 한편 조선에 대해서도 임진왜란 당시 자신들이 베푼 '재조지은'에 보답하라는 명분을 내세워 원정에 동참하라고 요구했다. 전형적인 이

칠대한
《청사고》에 기록된 칠대한은 다음과 같다.
1. 명이 누르하치의 부조父祖를 무고하게 살해한 것.
2. 명이 건주여진을 업신여긴 것.
3. 명이 누르하치와의 협상을 거부하고 침략한 것.
4. 명이 건주여진을 막기 위해 예허葉赫(엽혁)여진을 비호한 것.
5. 예허여진이 신의를 버리고 명의 밑에 들어갔으며 자신의 약혼녀를 몽골에 보낸 것.
6. 명이 시하, 무안, 삼차를 내놓으라고 협박한 것.
7. 명의 요동 총독 소백지가 건주여진인을 착취한 것.

이제이以夷制夷 전략이었다. 광해군은 명과 후금 사이의 군사적 대결에 휘말리는 것을 피하기 위해 명의 요구를 거부하려 했다. 하지만 대부분의 신료들과 재야의 지식인들은 '재조지은에 대한 보답'을 내세워 명의 요구에 따라야 한다고 강조했다. 광해군은 결국 명의 압력과 조선 내부의 채근에 밀려 1618년 도원수(광해군 10) 강홍립姜弘立이 이끄는 1만 5000여 명의 병력을 파병했다. 하지만 조명연합군은 1619년 '심하深河전투'에서 후금군에게 대패했고 강홍립은 남은 병력을 이끌고 투항했다.

후금은 이후에도 명에 연전연승해 1621년 요동 전역을 점령했다. 다수의 한인漢人 농민이 거주하는 광대한 농경 지대를 획득하게 된 후금의 기반은 더욱 공고해졌다. 후금이 요동을 차지하자 육로를 통한 조선과 명 사이의 연결은 단절되었다. 이제 조선의 사행로이자 조공로는 철산鐵山-가도椵島-산동山東을 잇는 해로海路로 변경되었다. 해로는 육로와 비교하면 훨씬 위험해 사절 왕래의 빈도가 줄어들 수밖에 없었거니와 그것은 명의 조선에 대한 정치·군사적 '장악력'이 이전보다 약화되었음을 의미했다.

'심하전투' 패전 이후에도 명은 조선에서 다시 원병을 징발해 후금을 공략하려고 시도했다. 하지만 광해군은 명의 재징병 요구를 거부하고, 당시 조선의 가도에 머물며 후금의 배후를 위협하고 있던 명 장수 모문룡毛文龍과도 거리를 두면서 후금으로부터 원한을 사지 않으려는 정책을 취했다. 이 같은 와중에 1623년 인조반정이 일어나 광해군이 폐위되고 정권이 교체되었다. 반정을 주도했던 서인들은 광해군 대에 빚어진 '폐모살제廢母殺弟'* 등 강상윤리상의 하자뿐 아니라 명

폐모살제
폐모살제에서 모母는 인목대비를, 제弟는 영창대군을 가리킨다. 즉 광해군이 인목대비를 폐하고 영창대군을 죽인 것을 말하는데 이는 인조반정의 명분이 되었다.

의 군원 요청에 응하지 않은 채 명과 후금 사이에서 양단을 걸치려 했던 광해군의 행위를 '재조지은을 배신한 패륜'으로 몰아붙이며 자신들의 거사를 정당화하는 명분으로 삼았다.

인조반정은 조명관계는 물론 명청교체기 동아시아 정세에 미묘한 파장을 몰고 왔다. 명의 신료들이 인조반정의 성공을 바라보는 시선은 복잡했다. 처음에는 명의 승인 없이 광해군을 몰아낸 행위를 '불법적인 찬탈簒奪'로 여겨 성토하는 신료들이 있었다. 특히 동림당東林黨 계열의 신료들 가운데는 명이 군사력을 동원해 '난신적자亂臣賊子'들을 응징하고 광해군을 복위시켜야 한다고 주장하는 사람도 있었다. 하지만 후금으로부터 위협받는 현실을 고려해 인조반정을 묵인하고 인조를 승인해야 한다는 목소리가 높아졌다. 어떻게 하든 후금을 견제하는 데 조선을 이용해야 한다는 필요성 때문이었다. 또 '찬탈'이라고 성토하는 명의 분위기에 놀란 인조와 반정 주도세력들은 "광해군이 명을 속이고 후금과 화호和好하려 했다"는 사실을 강조하고 자신들은 명의 후금 정책에 적극적으로 동참하겠다는 의지를 표명했다.

명은 인조반정을 '찬탈'로 인식하면서도 결국 인조를 책봉했다. '명분'이 아닌 '현실'을 선택한 것이다. 명은 이후 '즉위 과정에 하자가 있음에도 인조를 책봉한 것은 자신들이 베푼 특별한 은혜'임을 강조하면서 인조 정권으로부터 군사 원조를 이끌어내려 시도했다. '반정'과 집권의 정당성을 확보하기 위해 명의 승인이 절실했던 인조정권은 확실한 친명親明의 기조를 표방할 수밖에 없었다. 그것은 우선 당시 가도에 주둔하고 있던 모문룡에게 군량 등 군수 물자를 접제接濟

하며 지원하는 것으로 구체화되었다. 조선의 그 같은 자세는 궁극적으로 후금과의 관계에 부정적 파장을 미칠 수밖에 없었다.

정묘호란과 조청관계

인조반정 성공 직후인 1624년(인조 2) 조선에서는 논공행상에 불만을 품은 이괄李适이 반란을 일으켰다. 이괄의 반군은 한때 서울을 점령하고 인조는 파천했거니와 인조 정권은 집권하자마자 몰락할 뻔한 위기를 맞았다. 이처럼 내정의 난맥상을 추스르기에도 급급했던 상황에서 인조 정권은 후금과 적극적으로 대결할 만한 여유도 의지도 없는 형편이었다.

1625년 누르하치는 수도를 심양瀋陽으로 옮기고 본격적인 요동시대를 열었다. 누르하치는 여세를 몰아 1626년 산해관山海關으로 들어가는 관문인 영원성寧遠城을 공략했다. 하지만 성을 지키던 원숭환袁崇煥은 마카오를 통해 도입한 홍이포紅夷砲를 이용해 후금군의 공격을 차단했고, 누르하치는 패전의 후유증을 안고 사망했다.

누르하치 사후 그의 여덟 번째 아들인 홍타이지皇太極가 칸汗으로 추대되었다. 홍타이지는 원숭환과의 화의和議를 통해 시간을 벌어 내부 상황을 추스르는 한편, 1627년 조선을 침략했다(丁卯胡亂). 홍타이지가 정묘호란을 일으킨 목적은 복합적이었다. 가도와 평안도 연해를 거점으로 후금의 배후를 위협하던 모문룡 세력을 제거하려는 것, 명과의 교역이 끊겨 위기에 처한 상황에서 조선으로부터 교역 약속을 받아내 경제적 탈출구를 마련하려는 것, 자신의 칸 즉위에 반발했던 사촌형 아민阿敏을 조선 원정군의 사령관으로 삼아 충성심을 시험하

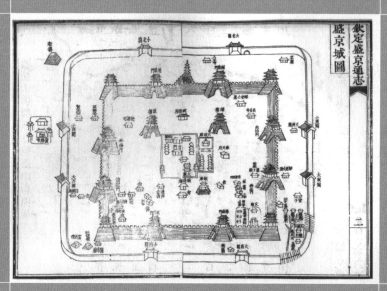

요동시대의 중심 심양   누르하치가 심양으로 천도한 뒤
조성한 도성의 모습이 묘사된 〈성경성도〉(《성경통지盛京通
志》). 심양은 1634년 성경盛京으로 개칭되었다.

고 견제하려는 것 등이 그것이었다. 황해도까지 남하했던 후금군은 전쟁이 장기화하자 배후에 있는 명의 위협을 의식해 조선에 화친을 제의했다. 강화도로 파천했던 조선 조정은 후금의 제의를 받아들였다. 양국은 화친을 맹세하고 형제관계를 맺었다. 조선은 면포 1만 5000필 등을 제공하며 개시무역을 허용하겠다고 약속했다. 양국 모두 각각의 내부 문제를 추스르는 것이 시급했던 상황에서 이해관계가 일치했던 것이다.

조선과의 화친 이후 후금은 본격적으로 명 공략에 나섰다. 1629년 코르친科爾親 몽골을 앞세워 만리장성의 외곽으로 우회해 희봉구喜峰口를 통해 북경의 황성까지 공격했다. 후금은 이 원정에서 북경 주변의 도시들을 겁략해 막대한 수량의 인축人畜을 획득했고 절묘한 반간계反間計를 통해 명의 숭정제崇禎帝로 하여금 원숭환을 처형케 하는 성과까지 거두었다. 1631년에는 명 출신 기술자들의 도움으로 홍이포까지 자체제작하는 데 성공했다.

후금의 군사적 역량이 날로 커지면서 명이 수세에 몰리자 조선과 후금의 화친관계는 동요했다. 우선 가도假島의 존재가 '시한폭탄'이었다. 가도의 한인漢人들은 청천강 일대에 둔전屯田을 설치하고 끊임없이 출몰해 후금을 자극했다. 명과 군신관계를 유지하고 있던 조선은 가도와의 관계를 단절하지 못했고 군량 등을 공급했다. 후금은 조선이 가도를 계속 지원하는 것, 개시 약속 등을 제대로 지키지 않는 것 등을 문제 삼아 조선을 힐책했다. 후금을 '오랑캐'로 여겨 그들과의 화친을 '내키지 않는 것'으로 여기던 조선과 세력이 커지는 것에 비례해 조선으로부터 진짜 '형'으로 대접받기를 원하던 후금의 동상이몽同床異夢 속에서 양국 관계는 파열음을 낼 수밖에 없었다.

1633년 명의 반장叛將 공유덕孔有德 등이 수군과 함선을 이끌고 후금에 귀순하면서 후금의 군사적 역량은 결정적으로 강화되었다. 수군을 확보한 후금은 산해관을 우회해 명의 내지를 공략할 수 있게 되었다. 유사시 강화도로 파천하려 했던 조선의 전략 또한 타격을 받을 수밖에 없었다. 실제로 1633년 이후 후금은 조선을 '손안의 물건[掌中之物]'으로 여겨 언제든지 제압할 수 있다고 여겼다. 홍타이지는 1634년 차하르 몽골 공략에 나서 내몽골 지역을 장악했고, 그 과정에서 릭단칸林丹汗이 갖고 있던 대원제국大元帝國 전래의 국새를 얻었다. 홍타이지는 국새 획득을 계기로 천명天命이 자신에게 돌아온 것으로 인식했고, 실제 1636년 만몽한滿蒙漢 출신 신료들의 추대 속에 제위에 올라 국호를 대청大淸, 연호를 숭덕崇德으로 고쳤다.

청이 칭제건원稱帝建元 사실을 통보하자 조선은 반발했다. 척화파斥和派들은 정묘년(1627)에 맺은 형제관계의 파기는 물론 전쟁도 불사해야 한다고 강조했다. 1636년 12월 청은, 조선이 자신들을 끝까지 인정하려 들지 않았던 것이 부담스러웠던 데다 명과의 결전을 앞두고 '후고後顧의 여지'를 없애기 위해 조선에 대한 침략을 감행했다. 병자호란丙子胡亂이 일어난 것이다. 이렇다 할 준비 없이 침략을 맞은 조선은 결국 청에 굴복하고 '조공–책봉관계'를 맺었다. 청은 조선에서 사로잡은 수십만의 포로들을 심양으로 연행하고, 엄중한 감시망을 통해 조선에서 반청反淸 조짐을 차단했다. 그뿐만 아니라 조선에서 함선과 화기수火器手들을 징발해 명을 공략하는데 활용했다. 조선군은 1642년(인조 20) 청군의 일원이 되어 송산松山, 금주錦州, 탑산塔山, 행산杏山

공략전에 가담했다. 청은 마침내 1644년 산해관을 지키던 오삼계吳三桂의 투항을 받아들여 이자성李自成의 농민 반란군을 물리치고 북경에 진입함으로써 명청교체를 실현했다.

조선 지식인들은 병자호란에서의 항복, 청의 강압에 따른 정명전征明戰 동참, 명의 멸망과 청의 입관入關 등 17세기 중반에 벌어진 일련의 격변을 하늘과 땅이 뒤바뀐 충격으로 인식했다. '오랑캐 천하가 되었다'는 충격과 자괴감 속에 숭정처사崇禎處士, 대명거사大明居士로 자처하며 출사를 거부하는 인물들이 나타나고 일각에서는 복수설치復讐雪恥를 내세워 북벌론이 제기되었다. 하지만 1683년 오삼계와 타이완 정씨鄭氏 세력이 일으킨 반청 운동이 진압되는 것을 보면서 조선의 반청 자세 또한 구체적인 움직임 대신 관념화되는 흐름을 보인다. 대명의리론對明義理論, 조선중화주의朝鮮中華主義 등이 그것이었다.

정묘·병자호란, 명청교체, 그리고 일본

16세기 중반 삼포왜란 등을 계기로 악화된 조일관계는 결국 임진왜란의 파국으로 이어졌다. 임진왜란 이후 조선의 대일 인식은 고정되었다. 조선 지식인들은 일본을 '영원히 함께 할 수 없는 원수[萬世不共之讐]'로 여겼고 일각에서는 대마도라도 정벌해 원한을 갚아야 한다는 복수론까지 대두했다.

하지만 임진왜란 이후 안팎의 정세가 격동하면서 조선의 대일 인식과 정책 또한 변할 수밖에 없었다. 우선 도쿠가와 막부와 대마도는 조선과의 복교復交를 추진하면서 호소와 협박을 병행했다. 특히 조선과의 교역을 생명선으로 여겼던 대마도의 공작은 집요했다. 조선은 '명이 일본과의 국교를 불허한다'는 등의 명분을 내세워 일본의 요구를 차단하려 했지만 상황은 여의치 않았다. 서북 지역에서 건주여진의 동향이 불온해지면서 조선의 입장은 곤란해졌다. 안으로 임진왜란이 남긴 후유증을 치유하고 밖으로 누르하치의 위협에 대비해야만 했던 조선의 처지에서 일본과의 관계를 안정시키는 것이 절실했다. 조선은 결국 일본의 요청을 받아들여 1607년(선조 40) 회답사겸쇄환사回答使兼刷還使를 파견하고 1609년(광해군 1) 기유약조己酉約條를 체결해 통교를 재개했다. 조선으로서는 '상황에 떠밀려 원한을 억누르고 체결한 내키지 않는' 복교였다.

17세기 초 명과 후금의 대결이 날로 격화되는 와중에 광해군은 양국 사이에서 양단을 걸치는 한편, 일본으로부터 조총, 장검 등 무기류의 수입을 타진했다. 대륙으로부터의 위협에 대처하기 위해 일본을 활용하기 위한 포석이었다. 시간이 흐를수록 일본의 '존재감'은 더 커져갔다. 1624년(인조 2) '이괄의 난' 당시 반란군에 가담했던 항왜들의 활약을 목도하면서 인조 정권은 반란을 진압하기 위해 일본에 군사 원조를 요청하는 방안을 논의하기도 했다. 1627년 정묘호란이 일어나자 막부와 대마도는 조선에 무기를 제공하면서 대륙 정세 파악 등을 내세워 조선에 적극적으로 접근했다. 조선이 잇따라 곤경에 처하게 되면서 일본은 임진왜란 이후 굳어진 '만세불공의 원수'라는 굴레에서 벗어나 '조선의 우방'으로 행세할 기회를 엿보게 되었다. 1629년에는 평요平遼를 표방했던 왜사 겐포玄方 일행이 임진왜란 이후 조선이 엄격히 금지했던 관례를 깨고 서울까지 올라오는 상황이 빚어지기도 했다.

조선에서 일본의 '존재감' 은 병자호란을 계기로 절정에 이르렀다. 이제 일본을 대신해 청이 조선의 '만세불공의 원수' 가 되었다. 청은 조선에 일본과의 교류를 계속하고 일본 사신을 심양으로 인도해 올 것을 요구했다. 조선은 당혹해 하면서 청의 요구를 회피하려고 했다. 전쟁 이후 일본의 재침 가능성에 대한 위기감이 높아지고, 일각에서는 일본과 성신으로 교류해 그들의 도움을 얻어 청을 견제해야 한다는 '이왜제청론以倭制淸論' 이 대두했다. 막부와 대마도는 이 같은 상황 변화를 교묘히 이용해 조선에 대해 각종 물자를 청구하고, 대마도에 대한 접대 관례를 바꿔 궁극에는 왜관의 이전을 실현시키는 등 커다란 이익을 챙길 수 있었다. 바야흐로 병자호란을 계기로 조선의 일본 인식은 변화의 계기를 맞았던 것이다.

조선은 19세기까지 왜관을 유지하고 모두 열두 차례 통신사를 파견해 교류하는 등 조일관계는 일견 우호적이고 평화로운 모습을 보였다. 하지만 그것은 일방적이고 비대칭적인 관계였다. 조선 국왕과 막부의 쇼군將軍을 대등한 존재로 설정한 와중에, '텐노天皇' 의 존재를 염두에 두고 쇼군을 '일본 국왕' 으로 칭하는 문제를 놓고 통신사를 보낼 때마다 양국 사이의 이견과 갈등이 이어졌다. 또 천 명 이상의 일본인들이 상주하던 왜관을 통해 조선의 내부 정보는 일상적으로 유출되고 있었다. 왜관은 사실상 조선 안보의 커다란 위협 요소였던 셈이다.

임진왜란 이후 일본을 무시하는 정책으로 일관했던 명 또한 청의 위협으로 위기에 처하자 태도를 바꾸었다. 조선에서는 1638년 무렵부터 명이 일본에 군원軍援을 요청했다는 풍문이 돌았다. 실제 명이 망한 직후인 1645년 무렵부터 남명南明의 융무隆武 정권과 정지룡鄭芝龍·정성

조선의 일본인 마을 왜관　　조선시대 부산포 초량에 설치한 왜관을 묘사한 〈부산포초량화간지도〉(18세기 중반). 왜관은 사관使館 및 상관商館의 기능을 담당했던 곳이다. 조선은 침략과 노략질을 일삼는 왜구를 합법적 교역의 대상으로 끌어들여 무역을 장려함으로써 왜구로 인한 폐해를 방지하고자 설치했으나 여러 문제가 반복되었다. 결국 1544년 부산포를 제외한 모든 왜관을 폐쇄하는 단일 왜관제도를 시행했으나 임진왜란이 일어나자 이마저 완전히 폐쇄되었다. 1607년 국교가 재개되면서 부산포가 개방되고 다시 왜관이 설치되었다. 애초 왜관은 두모포에 설치되었는데 점차 교역량이 늘어나고 포구의 수심이 얕아 배를 정박하기가 어렵게 되자 1678년 초량에 신관을 지어 옮기게 되었다. 초량왜관은 높이 6자, 둘레 1273보의 돌담으로 읍성처럼 쌓았고, 일인들이 담을 넘어 밖으로 나오지 못하게 6개의 감시초소를 두었다. 왜관은 용두산을 중심으로 동관과 서관으로 구분되었고 동관에는 관수왜가, 재판왜가, 개시대청이 있었다. 또한 서관에도 동대청, 중대청, 서대청이 있었다. 이외에도 왜관에는 필요할 때마다 여러 행랑채 건물들이 들어섰다. 교역 물품은 주로 조선에서 생산되는 쌀과 인삼, 중국에서 들어오는 비단 등이었다. 1876년 강화도조약 이후 일본 공사관이 초량왜관에 설치되었고, 일제강점기를 거치면서 일본인의 거주지와 교역은 크게 확대되었다.

공鄭成功 등은 일본에 사자를 보내 청을 공격하는 데 필요한 병력 등을 요청했다. 이것을 보통 '일본걸사日本乞師'라고 하는데 당시 막부는 고심 끝에 응하지 않았다.

임진왜란, 병자호란, 명청교체 등이 이어지는 17세기 초반의 격동 속에서 동아시아 질서는 근본적으로 바뀌었다. 14세기 이후 지역 질서를 주도했던 '중화국' 명은 멸망했고, 명의 가장 충순한 번국(제후국)으로 자임했던 조선은 두 전쟁 때문에 혹심한 타격을 받아 존망의 위기로 내몰렸다. 반면 명과 조선이 '오랑캐'로 치부했던 청은 중원을 차지했고, 또 다른 '오랑캐' 일본의 성세盛勢 또한 두드러졌다. 그야말로 '화華'와 '이夷'의 현실적 위상이 뒤바뀌는 충격적인 상황을 맞았던 것이다. 명청교체 이후 조선은 이념적으로는 두 '오랑캐'에게 둘러싸인 상황을 타개하면서 현실적으로는 두 '강국' 사이에서 생존과 안정을 도모해야만 하는 난제에 봉착하게 되었다.

— 한명기

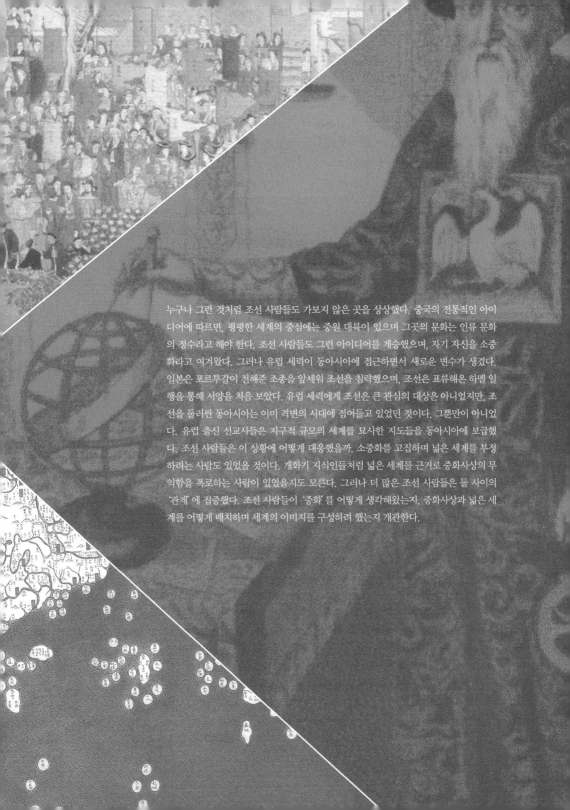

누구나 그런 것처럼 조선 사람들도 가보지 않은 곳을 상상했다. 중국의 전통적인 아이디어에 따르면, 평평한 세계의 중심에는 중원 대륙이 있으며 그곳의 문화는 인류 문화의 정수라고 해야 한다. 조선 사람들도 그런 아이디어를 계승했으며, 자기 자신을 소중화라고 여겨왔다. 그러나 유럽 세력이 동아시아에 접근하면서 새로운 변수가 생겼다. 일본은 포르투갈이 전해준 조총을 앞세워 조선을 침략했으며, 조선은 표류해온 하멜 일행을 통해 서양을 처음 보았다. 유럽 세력에게 조선은 큰 관심의 대상은 아니었지만, 조선을 둘러싼 동아시아는 이미 격변의 시대에 접어들고 있었던 것이다. 그뿐만이 아니었다. 유럽 출신 선교사들은 지구적 규모의 세계를 묘사한 지도들을 동아시아에 보급했다. 조선 사람들은 이 상황에 어떻게 대응했을까. 소중화를 고집하며 넓은 세계를 부정하려는 사람도 있었을 것이다. 개화기 지식인들처럼 넓은 세계를 근거로 중화사상의 무익함을 폭로하는 사람이 있었을지도 모른다. 그러나 더 많은 조선 사람들은 둘 사이의 '관계'에 집중했다. 조선 사람들이 '중화'를 어떻게 생각해왔는지, 중화사상과 넓은 세계를 어떻게 배치하며 세계의 이미지를 구성하려 했는지 개관한다.

조선 사람이 그린
세계의 이미지

중화사상에서 넓은 세계까지

현실의
새로운 경계

유럽의 동아시아 진출과 네덜란드

안정적인 동아시아 세계에 1500년대 들어 변화의 조짐이 보이기 시작했다. 중국과 중국에 조공하는 나라들, 그리고 그 주변의 나라들로 이루어진 동북아시아 세계의 경계에 유럽이라는 너무나 다른 세력이 나타났던 것이다.

가장 먼저 등장한 국가는 포르투갈이었다. 포르투갈의 해외 진출은 사실상 정복사업이면서 포교사업이었다. 교황청은 포르투갈에 '이교도의 지배를 받는 곳'을 '개척'할 수 있는 권리를 주었다. 포르투갈 국왕은 포교사업의 비용을 부담하는 대신 선교단을 정하고 교회를 세울 수 있는 모든 권리를 넘겨받았다. 1524년 포르투갈은 마침내 일본을 '찾아냈다.' 포르투갈 국왕은 일본에 기독교를 보급하는 일을 국가사업으로 여겼다. 또 마카오를 차지하고 나서 그곳을 근거지로 명에게 무역을 요구하기도 했다. 한편 포루투갈이 중국과 일본에 진출한 지 얼마 뒤 교황청이 스페인 왕실에도 포르투갈과 같은 정도의 특권을 내주자 포르투갈은 스페인과 경쟁관계에 놓이게 되었다. 1500년대 말부터 1600년대 초까지 누가 중국과 일본에 포교할 것인지를 두고 두 나라 선교사들 사이에 다툼이 벌어졌다. 갈등이 심해지자 막부는 일본 내에서 기독교 포교를 금지하고 포르투갈 선박도 들어오지 못하게 하는 극약 처방을 내놓았다.

스페인과 포르투갈이 떠난 자리에 들어온 것은 네덜란드였다. 네덜란드는 중국, 일본뿐만 아니라 조선에도 알려졌다는 점에서 남다른 의미가 있었다. 네덜란드의 동아시아 '개척'은 1500년대 후반부터 시작되었다. 그들은 영국을 본떠서 동인도회사를 세웠다. 이 회사는 동아시아 국제무역을 독점했으며, 군사를 동원해 새로운 곳을 차지하는 일도 서슴지 않았다.

네덜란드와 중국의 관계는 부드럽지 못했다. 네덜란드 동인도회사의 함대가 복건성福建省의 항구에 닻을 내린 것은 1604년이었다. 네덜란드는 명과 자유롭게 무역하기를 원했지만, 명은 네덜란드의 요청을 받아들이지 않았다. 외국인이 나라 안에 사는 것을 두고 볼 수 없을 뿐만 아니라, '오랑캐'와는 조공무역만을 할 수 있다는 이유에서였다. 네덜란드는 내륙에 들어오는 대신 대만 남쪽을 차지해 성을 쌓았다. 그들은 계속해 명에 자유무역을 요구했지만, 한편으로는 민간 장사치들과 비밀스럽게 거래해 적지 않은 이익을 보았다.

네덜란드와 일본의 관계는 훨씬 좋은 편이었다. 막부는 명이 네덜란드에 요구했던 것과 같은 조건으로 무역하기를 바랐다. 당시 일본은 은을 세계에서 두 번째로 많이 생산하던 나라였으며, 또 명주실을 세계에서 가장 많이 쓰는 나라이기도 했다. 매력 있는 시장을 놓치지 않으려 했던 네덜란드는 일본의 요구를 받아들였다. 네덜란드 동인도 회사는 동인도 무역을 위해 만들어졌지만, 일본과의 무역으로 가장 많은 이익을 보게 되었다. 얼마 뒤 막부는 외국과의 관계를 줄여나갔지만, 네덜란드 장삿배만은 나가사키에 닻을 내리고 막부와 거래를 계속할 수 있었다.

반란세력과 대만

대만은 1500년대 중반 무렵부터 동아시아 바다와 그 주변의 역사에서 새로운 무대가 되었다.

중원 대륙의 주인은 명에서 청으로 바뀌었지만, 청이 안정되는 데에는 오랜 시간이 필요했다. 새 주인을 주인으로 인정하지 않는 많은 세력이 틈을 엿보고 있었기 때문이다.

명이 멸망하면서 수도 북경 또한 청의 차지가 되었다. 명을 다시 일으켜 세워보려는 세력들은 남경에서 복왕福王을 받들어 남명 정권을 세웠다. 이 밖에도 복건성의 당왕唐王 정권, 소흥紹興의 노왕魯王 정권, 광동성廣東省의 계왕桂王 정권이 일어났다. 청은 항복해온 한족 장수들을 앞장세워 남명세력과 싸우게 했다. 명의 부활을 꿈꾸던 세력들은 중원 대륙 남부와 대만에서 20년 가까이 싸웠지만, 결국 패하고 말았다.

한족 장수들이 남명세력을 잠재우자, 청은 곧 한족 장수들의 권력 남용을 문제 삼기 시작했다. 이러한 청의 태도에 실망한 한족 장수들은 곧 청에 반대하는 깃발을 들었다. 한족 장수들이 반란을 일으키자 대만에 있던 또 다른 세력들도 반란의 무리에 가담했다.

1500년대 중반 무렵 명이 대외 고립 정책을 거둬들이면서 대륙의 경유지인 대만은 여러 나라 장사치들이 비밀스럽게 물건을 사고파는 소굴이 되었다. 일본도 대만을 관심 있게 지켜보았다. 도쿠가와 정권이 국제무역을 권장하면서 일본 장사치들은 동아시아 바다에서 으뜸가는 세력이 되어갔다. 대만과 동남아시아 곳곳에 일본 장사치들이 임시로 머무는 곳이 생겨날 정도였다. 대만을 무대로 한 일본 장사치들의 활동은 막부가 1630년대에 고립 정책을 펴면서 줄어들었다.

한편 청의 반란세력 중 하나인 정성공*과 정씨세력은 남명 멸망 이후에도 중국 동남 지역의 금문金門, 하문廈門 두 섬에 근거지를 두고 해상을 장악한 다음 그 일대에서 강력한 영향력을 행사하고 있었다. 청은 정씨세력을 비롯해 동남쪽 바닷가 지역에 있던 반란세력을 누르기 위해 그곳 주민들을 강제로 이사하게 했다. 근거지를 잃게 된 정씨세력은 1661년 네덜란드가 차지하고 있던 대만을 공격해 빼앗았다. 청은 1683년 대만에 있던 정씨세력을 진압해 40년에 걸친 반란세력과의 대결에 마침표를 찍었다.

정성공(1624~1662)
일본에서 출생, 주원장의 후손인 당왕 용무제로 부터 주朱씨 성을 하사받아 국성야國姓爺라고도 알려졌으며, 청에 저항해 명 부흥 운동을 전개한 인물이다.

현실의 경계를 보는 조선 사람들의 눈

조선은 네덜란드와 국가 간의 관계로 만난 적이 없었다. 또 대만을 차지하고 있던 여러 세력과 직접 관계를 가진 적도 없었다. 그러나 동북아시아 세계의 역사가 급물살을 타면서 새롭게 떠오른 대만에 무관심할 수는 없었다.

처음 조선 사람들이 경계지점으로 여기던 곳은 류큐琉球였다. 그들은 일찍부터 류큐를 상업국가, 국제무역의 중심지, 이상향으로 생각했지만, 국제무역 중개기지로서 류큐가 해오던 역할은 포르투갈이 나타나면서 약해졌다. 자연히 류큐의 이미지도 달라질 수밖에 없었다. 임진왜란과 병자호란을 치른 조선에서는 언제 다시 전쟁에 휘말릴지 모른다는 걱정이 적지 않았다. 조선은 류큐마저 의심 섞인 눈초리로 바라볼 수밖에 없었다. '조선의 안전을 뒤흔들 수도 있는 나라.' 당시 조선 사람들의 눈에 비친 류큐는 그런 곳이었다.

조선 사람들의 류큐에 대한 인식은 대만에서 벌어졌던 일련의 역사를 계기로 다시 바뀌었다. 조선은 대만의 반란세력들을 유심히 바라보았지만, 류큐는 그곳 어디에도 없었다. 그들은 류큐를 더 이상 의심하지 않게 되었으며, 류큐는 조선과는 크게 상관없는 곳이 되었다. 반란세력이 꺾인 뒤 대만에 관심을 둔 조선 사람을 찾아보기는 더욱 어려워졌다. 조선 사람들은 대만을 알 수 없는 경계지점으로 여겼다.

조선이 알게 된 또 하나의 경계지점은 네덜란드였다. 조선이 네덜란드라는 나라를 알게 된 것은 1653년(효종 4) 하멜 일행이 제주도에 표류해오면서부터였다. 하멜 일행은 서울로 압송되어 훈련도감에서 일했다. 그들은 청 사신과 접촉한 사건으로 전라도 강진을 거쳐 여수에서 일했다. 그러던 중 일행의 일부가 일본으로 탈출했다. 이들을 받아들인 막부는 조선에 하멜 일행이 머물게 된 경위를 물어왔다. 막부는 네덜란드가 일본에 딸린 나라로서 하멜 일행이 공물을 가지고 일본에 조공을 오던 길이었다고 주장했다. 막부는 조선에 정체를 알 수 없는 배가 떠밀려오면 즉시 자신들에게 알려주기로 한 약속을 상기시키며 하멜 일행을 일본으로 보내달라고 요구했다. 조선은 네덜란드

1389(고려 창왕 1)
류큐와 본격적인 교류 시작.

1443(세종 25)
신숙주가 사신으로 일본과 류큐 방문.

1609(광해군 1)
도쿠가와 막부 시마즈번의 류큐 공격
으로 일본에 정복.

류큐인 18세기 후반에 청 황제의 명령으로 제작된 세계 풍속집 《황청직공도皇淸職貢圖》에 실린 류큐인의 모습이다. 동북아시아와
동남아시아를 잇는 해상로에 위치해 무역으로 발전한 류큐는 중국은 물론 일본과 우리나라의 영향을 받아 독특한 문화를 이루었다.
그러나 약소국이었던 류큐는 오랫동안 중국에 조공을 바쳐야 했으며, 1609년에 일본 시마즈번의 침입을 받은 후에는 중국과 일본에
양속된 위치에 놓였다. 이후 1879년에 다시 일본의 침략을 받아 450년간의 왕조를 끝내고 오키나와현이 되었다.

사람을 붙잡아두고 있다는 사실을 감추지는 않았지만, 그들이 일본과는 아무런 공통점이 없는 남만인들이기 때문에 전혀 문제 될 것이 없다는 태도를 보였다.

막부는 조선에 남아 있는 하멜 일행을 일본으로 보내줄 것을 거듭 요구했다. 그들 가운데 일부가 기독교도일 가능성이 크다는 것이 그 이유였다. 조선왕조실록에 따르면 네덜란드는 '일본에 속한 나라'이며, 기독교도는 '서양의 별종으로 요술을 부려 어리석은 사람을 꾀어내는 자'들이라 한다. •

실록을 편찬한 사관史官이 기독교를 좋지 않게 바라보았던 것은 일본에서 흘러들어오는 정보들 때문이었다. 막부는 고립주의 정책을 펴면서 1637년에서 1638년에 걸쳐 자신들의 권위에 도전한다고 여긴 수많은 기독교도를 죽였고(시마바라島原·아마쿠사天草의 난亂) 조선 조정도 이 사건을 전해 들었다.

막부의 주장대로라면 하멜 일행이 기독교도로 여겨질 수도 있는 상황이었다. 막부의 기독교 탄압을 보고한 조선 관리도 '남만인'을 기독교도로 보았다. 그러나 네덜란드인 하멜을 기독교도라고 주장한 막부의 태도는 얼마간 과장된 것이었다. 막부가 일본 입항을 금지한 것은 포르투갈 장삿배였기 때문이다. 네덜란드 동인도회사의 장삿배는 막부가 바닷길을 막은 뒤에도 나가사키에 드나들 수 있었다.

막부는 하멜을 일본으로 보내달라고 조선 조정에 거듭 요구하면서도, 포르투갈이 기독교 세력인지 그렇지 않은지, 네덜란드는 포르투갈과 어떻게 다른지 알려주지는 않았다. 조선 관리들은 네덜란드를 '일본에 조공하는 나라' 쯤으로 여겼지만, 그들이 기독교도라고 생각

1644(인조 22)
소현세자, 서양 역법과 천문학 관련 지식과 천주교 서적 도입.

1653(효종 4)
대만을 거쳐 일본 나가사키로 가던 하멜 일행 제주도에 표착.

1791(정조 15)
조선 최초의 천주교도 박해사건인 신해박해 발생.

❶ 제주도 대정에 난파당한 하멜 일행.
❷ 조선에서 탈출을 시도하다 실패해
　태형을 받고 있는 하멜 일행.
❸ 효종을 알현하고 있는 하멜 일행.
❹ 강진의 전라병영에서 유배형을
　살고 있는 하멜 일행.
❺ 조선에서 극적으로 탈출하는 데
　성공한 하멜 일행.

하멜표류기　1653년에 제주도에 표착한 하멜은 네덜란드 동인도회사 소속의 서기로 1653년 1월 네덜란드를 출발, 대만을 거쳐 나가사키로 항해 중 풍랑으로 배가 파선되었다. 같은 해 8월 생존자 36명과 함께 제주도에 상륙한 하멜은 제주목사 이원진의 심문을 받은 다음 서울로 호송되어 훈련도감에 편입되었다. 이후 전라도 병영과 여주 전라좌수영 등에서 복역하던 하멜 일행은 1666년 9월 4일 범선을 타고 조선을 탈출, 일본 나가사키를 거쳐 1668년 7월에 암스테르담에 도착했다. 하멜은 귀국 후 조선에서 14년간의 억류 생활과 견문들을 기록한 《하멜표류기》를 저술했다.

하지는 않았다. 조선 관리들의 결론은 분명했다. 일본은 '서양 별종'과 교역하다가 기독교가 퍼지자 그들을 죽였으며, 하멜을 보내달라는 요청도 기독교 문제를 구실로 조선과의 거래에서 이익을 얻기 위한 잔꾀에 불과하다는 것이다.

포르투갈이라는 나라는 조선에 전혀 알려지지 않았기 때문에 조선이 포르투갈과 네덜란드를 구별할 수 없었던 것은 당연했다. 당시에는 네덜란드가 유럽에 있는 나라라고 여긴 조선 사람도 드물었다.

조선이 받아들인 서구식 세계지도에서 네덜란드는 유럽 대륙에 대니아大泥亞라고 적혀 있었지만, 조선에서 네덜란드는 아란阿蘭(夏蘭), 화란和蘭, 아란타阿蘭陀와 같은 이름으로 불리고 있었다. 따라서 조선 사람들은 세계지도에 표시된 대니아가 새로 알게 된 '남만인'의 나라 화란을 가리킨다는 것을 알 수는 없었다.

이 나라의 위치에 큰 관심을 두지 않은 것은 명도 마찬가지였다. 《명사明史》에 포르투갈, 즉 불랑기佛郎機는 현재의 말레이시아인 만랄가滿剌加(Malacca)에 있으며 네덜란드는 포르투갈 근처에 있다고 나와 있다. 즉 중국에게 네덜란드는 동남아시아에 위치하며 중국과 일본에 조공무역을 하는 장사치들의 나라로 여겨질 뿐이었다. 동남아시아 나라 네덜란드는 조선 사람들에게 또 하나의 경계지점이 되었다.

화이사상과
중화세계관

화이사상

조선 사람들이 세계를 바라볼 때 국제관계만큼이나 중요한 것이 또 하나 있었다. 바로 세상을 바라보는 그들만의 안목이다. 그것은 마치 창문과 같다. 너무나 익숙한 창도 있었지만, 낯설고 생소한 창도 존재했다. 그중에서도 화이사상, 중화사상은 가장 익숙한 창이었다.

중화사상은 중국을 세계의 중심으로 보는 중국인들의 발상에 그 뿌리를 두고 있다. 주周 왕의 도읍지와 그 통치구역을 뜻했던 중국의 범위는 춘추전국시대가 되면서 훨씬 넓어졌다. 중국은 이제 지리적으로는 그 시대의 여러 나라를, 문화적으로는 선진 문화를 가진 지역을 뜻하는 의미로 쓰이기 시작했다. '중화'라는 말에는 이미 이때부터 핏줄, 지리, 문화의 중심이라는 뜻이 뒤섞여 있었다.

자신들의 문화가 세계에서 가장 앞선다거나 자신들이 사는 곳이 세계의 중심이라는 주장은 고대의 여러 문명권에서도 흔히 있었지만, 중화사상에는 좀 더 독특한 내용이 녹아 있다. 유교에서 말하는 왕도사상, 그 정치 혹은 도덕 원리가 들어 있는 것이다. 이 논리에 따르면, 하늘의 아들(천자)은 하늘의 명命(천명)을 받았기 때문에, 그 덕을 세상에 널리 미치게 하는 것은 당연한 일이었다. 주나라 왕실이 만들어낸 이러한 천명 논리는 유학의 정치사상으로, 또 역대 왕조의 통치 이념으로 받아들여졌다. 따라서 천자의 덕은 오랑캐에게도 마땅히 미쳐야 했고 오랑캐와 '중화'가 망라된 곳은 천자의 덕이 아우른 하나의 세계, 곧 천하가 된다.

중화사상은 한족이 다른 민족보다 뛰어나다는 주장의 근거이며, 동시에 자연법에 따른 세계질서의 구성 원리이기도 했다. 고대 한족의 논리에 따르면 유교 제도와 문화야말로 가장 값진 것이며, 한족이 다른 민족에 비해 우월한 것은 너무나 자연스러운 법칙이었다.

중화사상은 한족이 처한 정치적 상황에 따라 다른 양상을 보인다. 한족의 나라가 안정기에 접어들면 중화사상은 관용과 개방의 논리, 보편주의의 논리가 된다. 오랑캐는 미래의 중화세계에 순응하게 될 것이며, 천자의 교화가 그것을 가능하게 한다는 것이다. 그러나 '오랑캐 왕조'가 한족 왕조를 위태롭게 하면 중화사상은 매우 배타성 강한 논리로 돌변한다. 오랑캐의 침략은 단순히 한 왕조에 대한 도전이라기보다는 중화세계의 파괴를 의미하는 것으로 받아들여졌다.

중화세계의 가장자리는 중화의 우월성을 꾸며주는 장식품 역할을 해야 했기 때문에 없어서는 안 된다. 중국 사람들이 사방의 오랑캐, 곧 사이四夷라는 아이디어를 떠올리기 시작한 것은 주周 때부터였다. 춘추전국시대에 접어들면서 사이는 사는 곳과 그 방향에 따라 동이東夷, 서융西戎, 남만南蠻, 북적北狄으로 불리기 시작했다. 화이 관념은 사이가 위협해오는 것에 두려움을 느낀 한족들 사이에서 자연스럽게 생겨났다.

사이라는 한자가 가진 원래 글 뜻을 헤아려보면 한족들이 주변 민족을 어떻게 바라보았는지를 짐작할 수 있다. 동이의 이夷는 대궁大弓, 즉 큰 활을 잘 쓰는 오랑캐를 뜻한다. 서융의 융戎이 창 잘 쓰는 오랑캐를 뜻한다는 사실은 그 글자가 무기를 뜻하는 과戈와 그것을 두 손으로 들고 있는 공廾으로 이루어진 것에서 알 수 있다. 남만의 만蠻은 뱀의 무리를 뜻한다. 북적의 적狄은 제물로서의 개를 뜻하는 견犬이 들어 있어서 개와 같은 오랑캐를 뜻한다. 사이는 오랑캐, 개나 뱀 등에서 연상되는 부정적 이미지들로 가득 차 있다.

자신을 중심에 놓고 세계를 보는 태도는 고대의 다른 문명권에서도 흔하게 찾을 수 있지만, 중화사상은 중화와 그 주변의 관계를 교화의 주체와 그 대상으로 설정했다는 점이 특징이다. 그것은 거스를 수 없고 거슬러서도 안 되는 도덕적인 원칙이었으며, 유교정치사상이 이를 강력하게 뒷받침하고 있었다.

왕부지(1619~1692)
명 말, 청 초의 사상가인 왕부지는 일찍이 반청 투쟁에 적극 참여했으며 실패 후 저술 활동에 정진한다. 학술적으로 그는 송의 장재의 사상을 발전시켜 그 체계를 확립했다. 그는 세계는 물질로 되었으며, 물질은 1차적이고 불멸한다고 했다.

중화와 청

중원 대륙의 주인이 명에서 청으로 바뀌어가고 있을 때에도 한족 지식인들은 만주족도, 만주족 국가와 황제도 결코 인정하려 들지 않았다. 왕부지王夫之°는 그중에서도 가장 맹렬한 화이론자였다. 땅이 다르고 종족이 다른 데에서 화이가 이미 나뉜다고 보았던 그에게 중화와 오랑캐는 처음부터 결코 뒤섞일 수 없는 것이었다. "오랑캐들에 대해서는 (중국이 그들을) 섬멸해도 인仁이 아니라 할 수 없고, 강탈해도 의義가 아니라 할 수 없으며, 유린해도 신信이 아니라 할 수 없다"는 그의 말에서도 중화와 오랑캐에 대한 그의 문제의식을 잘 볼 수 있다.

청 조정에 참여하지 않은 대표적인 한족 지식인 중에는 황종의黃宗義,° 고염무顧炎武°란 인물도 있었다. 그들은 왕부지처럼 중화와 오랑캐를 엄격하게 나누어 보면서도, 중화와 오랑캐를 구분하는 기준을 문화에 둠으로써 왕부지와는 조금 다른 입장에 섰다. 사는 곳이 다르고 핏줄이 다르다는 이유로 중화와 오랑캐를 가르려 하지는 않은 것이다.

청의 지배자들도 중화세계 문제에 대해 그들 나름의 해결 방식을 찾아야 했다. 순치제와 강희제, 옹정제와 건륭제 등 청의 황제들은 비록 오랑캐 출신이라도 중국 문화를 받아들이면 중화로 볼 수 있다는 한족의 논리에 자신들을 맞추기로 했다. 만주족과 한족의 결혼을 금지하지 않은 것은 만주족의 피를 중국화시키기 위한 고육책이었다. 그들은 만주족이 신성하게 여기던 '장백산長白山(백두산)'을 한족이 중요하게 보는 태산泰山의 한 줄기로 설명했다. 만주족은 스스로 중화 문화의 수호자가 됨으로써 '중국'이 되어갔다.

한족은 자신들이 내세우는 중화를 핏줄, 지리, 문화로 설명했다. 순치제順治帝(재위 1643~1661)와 강희제康熙帝(재위 1611~1722)가 다스리던 시절 만주족은 모든 면에서 한족이 내세우는 조건을 채워가고 있었다. 그것은 물론 만주족이 가진 개성을 희생한 결과였지만, 한족이 아닌 왕조가 중국 대륙을 안정적으로 다스리기 위해서는 불가피한 선택이기도 했다.

옹정제雍正帝(재위 1722~1735)는 한족의 화이사상을 논리적으로 딛고 넘어섰다. 순치제와 강희제가 펼친 중국화 정책에도 불구하고 한족 지식인들은 만주족을 여전히 인색하게 평가했다. '청이 정통성이 없으므로 중국 백성(한족)은 청에 충성해야 할 의무가 없다'는 논리가 여전히 한족 지식인들 사이에서 널리 받아들여지고 있었다. 옹정제는

황종의(1610~1695)
황종의는 청의 군대가 남하하자 절강 동부 등지에서 반청투쟁을 했으며 실패한 후 은거해 저술에 전념했다. 그의 저작은 공업과 상업의 중요성도 제시했다.

고염무(?~?)
고염무는 당시의 양명학이 공리공론을 일삼는 데 환멸을 느끼고 경학, 사학, 천문, 지리, 음운, 금석 등을 연구하는 등 경세치용經世致用의 학문에 뜻을 두었다. 실증적 학풍은 청조의 고증학을 연구하는 데 많은 도움을 준다.

이를 정면으로 반박했다. 옹정제가 화이사상에 심취한 한족 선비 증정曾靜을 신문하며 그의 주장을 하나하나 논박하고 청의 정통성을 강조한 《대의각미록大義覺迷錄》에 이런 말이 있다.

중국 대륙을 지배하게 된 자는 천명을 받은 것이므로 한족인지 오랑캐인지를 따질 필요가 없다. 청이 천명을 가지게 된 것은 명이 멸망하면서부터이지만 명은 청 때문이 아니라 내분과 반란세력 때문에 망했다. 청은 원래 명과 대등한 우호국이었으며 명이 자멸한 뒤 중국 백성이 도탄에 빠진 것을 구원할 수밖에 없었다. 역사가 시작된 이래로 이렇게 정당하게 중국 대륙을 차지한 정복왕조가 있었는가. 더구나 청은 중화문화를 충실히 계승하고 있으므로 이제 명실상부한 중화국가이다. 천명을 받은 중화국가에 충성해야 하는 것은 한족이냐 만주족이냐를 떠나서 당연한 의무다.

옹정제는 중국 문화를 계승하고 내면화해 청나라에 중국식 전제군주제를 뿌리내렸으며, 한족의 화이사상을 극복할 수 있었다. 하지만 옹정제의 통치 방식은 그다지 유교적이지 못했다. 옹정제는 각급 관리가 비밀리에 올린 보고서를 보고[奏摺], 붉은 글씨의 친필 서한[硃批論旨]을 내려보내거나 밀정을 파견함으로써 독특한 군주독재 통치 방식을 만들었다. 그것은 크고 작은 모든 나랏일을 파악하고서야 잠이 드는 옹정제였기에 가능한 것이었는지도 모른다. 그러나 선의의 독재자를 바라보는 한족 지식인들의 시선은 여전히 곱지 못했다.

옹정제의 뒤를 이은 건륭제乾隆帝(재위 1735~1795)는 청이 영원한 왕조가 될 수 있는 방법을 찾고 싶어했다. 건륭제는 옹정제적인 통치방식을 버리고 한족 지식인들과의 갈등을 줄이면서 화이의 구분 자체를 무의미하게 만드는 쪽을 택했다.

중화와 조선 지식인

중화 논리를 자기 것으로 만들어야 했던 것은 조선도 마찬가지였다. 중국의 사이 관념에 따르면 조선도 원칙적으로는 오랑캐의 하나일 수밖에 없었기 때문이다. 조선 지식인들은 중화세계와 가장 가까운 곳에 자신의 자리를 정했다. 이른바 소중화의식小中華意識이다. 그들은 중화 주변부의 나라들 가운데 가장 세련된 중화문화를 가지고 있다는 점에서 일종의 자부심마저 느끼고 있었다. 그들에게 중화는 중국인들의 문화가 아니라 온 인류가 지녀야 할 정신문명을 뜻했기 때문이다.

이런 발상을 조선 지식인들에게서 처음 확인되는 것은 아니었다. 고려 후기 유학자 이규보李奎報도 고려가 소중화라고 거리낌 없이 말한 적이 있었다. 이규보는 성리학이 본격적으로 유입되기 이전의 학자다. 그런 점에서 보면 조선 지식인이 가졌던 소중화의식은 그 나름대로 유학적 전통에서 나온 자연스러운 결론이었던 셈이다. 그러나 스스로 소중화라 여긴다고 해서 곧바로 중화에 편입되는 것은 아니었다. 조선의 역사와 지리 조건이 중국과 같지 않았기 때문이다. 왕조 초기의 지식인들은 그 차이를 애써 부인하려 하지 않았다.

새 왕조에 대한 자부심과 역사·지리·문화의 독자성을 드러내려던 경향은 주자의 원전을 들여와 성리학을 깊이 이해하게 되면서 줄어들었다. 조선 지식인들은 이제 자신의 역사와 문화가 중화와 얼마나

가까운지를 설명하고, 그것에서 의미를 찾으려 했다. 그러나 중국 대륙의 주인이 명에서 청으로 바뀌자 조선 지식인들의 중화의식도 달라지지 않을 수 없었다. 조선 지식인들도 청 황제들이 그랬던 것처럼 중화의식을 내면화함으로써 문제를 해결하려 했지만, 그 양상은 달랐다.

조선 지식인들 사이에서는 오랜 뿌리를 가진 소중화의식을 계승하면서도 조선을 중화문화의 정통을 계승한 유일한 나라로 보는 시각이 생겨났다.

만주에 붙잡혀 있다가 조선에 돌아와 왕이 된 효종은 중화의식을 더욱 선명하게 드러냈다. 효종은 나라를 이끌어나가는 큰 원칙으로 두 가지를 꼽았다. 하나는 만주족 오랑캐에게 복수해야 한다는 것이었고 다른 하나는 주周의 문명을 높여야 한다는 것이었다. 효종은 조선이 밖으로는 복수[復讐雪恥]하고 안으로는 문화적 자존심을 드높이는 길 이외에 나라가 나라다워지는 방법은 없다고 생각했다.

주의 문명을 높인다는 주장에는 조선을 중화문화의 유일한 계승자로 보는 문제의식이 잘 드러나 있다. 주는 중화문명을 가진 나라를 상징하기 때문에 그 실체는 시대에 따라 바뀔 수밖에 없다. 만주족 오랑캐에게 복수해야 한다는 주장은 국력 차이라는 현실 앞에서 실행되기 어려워졌기 때문에 중화의식의 초점은 점점 주의 문명을 보존하는 쪽으로 모아졌다. 이 논리에 따르면, 지켜야 할 주의 문명은 결국 조선 자신이 계승해온 중화문명이다.

대보단大報壇은 이러한 의식을 보여주는 대표적 상징물이다. 대보단은 명의 신종神宗과 의종毅宗 등을 제사 지내던 제단이다. 신종은 임진

1592(선조 25)
임진왜란 발생.

1623(인조 1)
인조반정으로 서인 정권 성립.

1705(숙종 31)
숙종 대보단에서 신종 황제에게 제사
지냄.

대보단 〈동궐도〉 중 창덕궁 후원 대보단. 임진왜란 때 조선에 원군을 보내준 명나라 신종을 기리고자 1705년 창덕궁 금원 옆에 설치
했다. 1593년 평양성 전투에서 승리를 거둔 조선은 절체절명의 위기에 처한 조선에 도움을 준 명을 재조지은, 즉 망해가던 나라를 다시
세워준 은혜로 인식했다. 임진왜란을 통해 조선의 지식인은 명에 대한 존중의식과 모화 관념을 신념처럼 굳혔다. 그리고 재조지은에 보
답하는 것은 가장 중요한 조선의 의무로 떠올랐다. 이는 청 건국 이후까지 이어져 명이 망해도 의를 지켜야 하며 만주족의 청에 불복한다
는 뜻이 담긴 대보단 건설에 이른다. 제사는 연 1회 2월 상순에 지냈다. 대보단 제사는 갑오개혁 때가 되어 중단되었다.

왜란 때 조선을 지원했고, 의종은 명의 마지막 황제이기 때문에 제사의 대상이 되었다. 조선에서 명의 황제들을 제사지낸 까닭은 조선이야말로 중화국가인 명의 유일한 계승자라는 생각 때문이었다. 대보단이 천자가 하늘에 제사지낼 때의 의례를 갖추고 있는 것도 같은 이유 때문이었다. 황단으로 불리던 이 제단의 제례는 영조대에《황단의皇壇儀》로 정리되었다.

조선 지식인들의 시선이 한결같은 것은 아니었다. 노론 계열은 모두 대보단 설립과 제례를 중요시했지만, 중화의 세계를 탕평의 경지로 보는 군주들의 입장은 노론 계열의 생각과는 같지 않았다.

중화세계관과 자아의식

중국화 정책은 청이 안정적으로 중국 땅을 지배하기 위해 취한 선택이었지만, 중화를 내면화한다는 것은 불가피한 선택이었을 뿐 만주족의 희망사항은 아니었다. 중국화 정책이 결국 만주족의 본래 모습을 많이 앗아갈 것은 불 보듯 뻔한 이치였기 때문이다.

'도대체 중화문화라는 바다 속에 녹아듦으로써 중원을 지배하려는 나는 누구란 말인가.' 옹정제와 건륭제는 누구 못지않게 만주족의 정체성을 고민했다. 옹정제는 만주족이 한족과는 핏줄이 다르다는 엄연한 사실을 드러내는 대신, 만주족 문화도 원래 한족 문화에 뒤지지 않을 만큼 훌륭하므로 옛날부터 이미 중화였다는 논리를 내세웠다. 만주족 문화를 야만으로 여기던 한족의 편견을 정면에서 부정한 것이다.

건륭제도 청이 한족의 중화와는 다르지만, 또 하나의 중화국가라고 주장했다. '이夷'가 야만을 의미한다면 자신들은 이가 아니라 화華이지만, 이가 이민족異民族을 의미한다면 자신들은 화가 아니라 이라는 논리였다. 건륭제의 시대에 오랑캐를 뜻하는 '이' 자는 공식 문서에서 사라졌다. 그것은 만주족 문화가 중화문화라는 확신에 따른 조치였다.

조선 지식인들은 자신들의 문화가 일찍부터 중화의 일부였다고 생각했다. 또 하나의 중화문화가 아니라 중화문화 그 자체라는 논리였다. 특히 송시열은 중원 대륙에서 중화국가가 사라진 상황이라면 문화를 기준으로 중화를 볼 수밖에 없다고 말했다.

송시열은 조선이 기자箕子의 가르침을 받은 시기는 중국 주 시기에 해당한다고 주장했다. 그에 따르면, 조선이 기자의 가르침을 받았을 때 이미 조선은 중화문화의 단계로 들어섰다. 중화문화를 잘 가지고 있다면 그가 중화의 백성이요, 그곳이 중화의 땅일 뿐이었다. 성현으로 추앙받는 순임금과 문왕도 오랑캐 땅에서 나지 않았던가. 주자가 태어난 곳은 또 어떤가. 당시 그곳은 오랑캐의 땅이었지만, 결국 주자 때문에 그 문화가 꽃필 수 있지 않았는가. 송시열의 주장은 이와 같았다.

송시열은 조선이 지리적으로는 중화세계의 주변에 해당한다는 사실을 부인하지 않았다. 그에게 중원 대륙은 '오랑캐에게 오염된 땅'이지만, 여전히 '성현이 나신 땅'이기도 하다. 그는 다만 조선의 지리적 위치가 문화적 중화가 되는 데 걸림돌이 되지 않는다고 생각했다.

허목許穆, 이익李瀷을 비롯한 몇몇 학자들은 조선이 중화문화를 가지기 시작한 때를 기자의 시대에서 단군의 시대로 끌어올렸다. 특히 이익은 당, 송, 명과 같은 한족의 나라조차 정통으로 인정하지 않았다. 그 나라의 창업주들이 힘으로 권력을 잡았다는 이유 때문이었다. 그런가 하면 중국의 여러 정복 왕조들이 중화문화를 계승하기 위해 노력했던 것에 대해서는 높게 평가했다. 누구든 중화문화를 계승해 중화의 나라가 될 수 있는 가능성을 열어두었던 것이다.

그런 맥락에서 본다면 중국 땅 바깥쪽에 있는 나라라도 중화문화를 보존하고 계승한다면 중화의 나라가 되지 못할 이유는 없었다. 이익은 조선왕조가 단군에서 시작되었다가 기자-마한馬韓으로 이어져온 정통의 흐름을 계승하고 있다고 생각했다. 물론 단군이 정통의 출발이 되는 까닭은 단군 시기에 중화문화를 받아들였기 때문이다. 중국에서 요임금이 나왔을 때 조선에서 단군이 나왔으며, 조선의 역사는 단군 시대에 이미 순임금의 가르침을 받아 중화의 단계로 들어갔다는 것이다.

조선 지식인들에게 중화는 '의미 있는 세계'였다. 그들은 그 문화적 중심점에 서서 세계를 바라보았다. 물론 이러한 세계관은 조선 바깥에서 벌어지는 역사를 제대로 알고서 내린 결론이라고 보기는 어렵다. 하지만 자기를 중심으로 세계를 바라보는 태도는 이 시기 동아시아 세 나라에서 공통으로 나타나는 현상이었다.

청은 중화의 논리를 내면화하고 주변 나라들과 책봉관계를 맺음으로써 스스로 새로운 중화세계의 중심에 섰다고 생각했다. 일본의 막부 또한 명을 중심으로 한 동북아시아 국제질서가 무너진 이후 일본을 중심으로 한 새로운 국제질서가 만들어지고 있다고 여겼다.

청나라 사신의 방문　1725년(영조 1) 조선에 온 청나라 사신 아극돈의 사행을 묘사한 〈아극돈 봉사도[阿克敦 奉使圖]〉. 청이 조선에 책봉관계(군신관계)를 요구하자 조선에서는 청을 배척하자는 의견이 주를 이루게 되고 두 나라의 관계는 점점 악화된다. 결국 1636년 병자호란이 발생하고, 인조는 남한산성에서 45일간 항전한 끝에 항복한다. 이를 계기로 조선은 청과 책봉관계를 맺고 조공을 약속, 청과 명의 전쟁에 원병을 파견할 것을 약속한다. 청은 마침내 명을 멸망시키고 동아시아 지역질서를 새롭게 재편한다.

일본에 간 통신사들　　1748년(영조 24) 일본에 이르는 통신사들의 여정을 그린 〈사로승구도槎路勝區圖〉. 조선시대 일본에 파견한 외교 사절인 통신사는 외교의례상 대등한 나라 간에 교환하는 사절을 말한다. 조선 전기, 조선에서 일본에 파견한 통신사는 세종 때 무로마치 막부에 6회, 선조 때 도요토미 막부에 2회뿐이었다. 조선 후기 통신사의 파견이 정례화되자 도쿠가와 막부에 12회(광해군 2회, 인조 3회, 효종 1회, 숙종 3회, 영조 2회, 순조 1회) 파견되었다. 통신사는 양국의 국내·국제 정치적 상황에 의해 파견된 정치적 성격의 사절이었으나, 17세기 후반 이후 국제 정세가 안정되고 외교의례가 정례화되면서 문화교류를 위한 사절로서 성격이 강화되었다.

안정적인 것처럼 보이는 세 나라 사이의 외교관계는 그 이면에 불안 요소를 안고 있었다. 청과는 책봉관계를, 일본과는 통신사 외교를 맺은 조선의 경우는 더욱 그랬다. 조선 지식인들은 청과 책봉관계를 맺은 현실을 정서상으로는 전혀 인정하지 않았으며, 통신사 일행을 일본에게 우수한 유교문화를 가르쳐주는 대표단으로 여겼다. 모두 조선이 문화적으로 가장 우월하다는 확신이 있었기 때문에 가능한 인식이었다.

막부는 일본 민중에게 막부 권력이 국제적으로 인정받는 것처럼 보이고 싶어 했다. 막부 안에서 조선의 통신사 일행을 조공사절처럼 여기는 분위기가 있었던 것도 그런 이유 때문이었다. 이 세 나라 사이의 외교관계가 사실상 동상이몽에 가까울 수밖에 없었던 까닭은, 이처럼 그들이 모두 세계를 자기중심적으로 보고 있었기 때문이다.

서구식 세계지도와 세계 인식의 지평

중국 중심의 새로운 세계

대륙의 주인이었던 명의 위치가 서서히 흔들리던 무렵 동아시아 지역에는 중국 중심의 세계와는 다른 세계가 소개되기 시작했다. 바티칸에서 파견된 선교사들이 중국에 건너와 서구식 세계지도를 펴냈던 것이다. 지도는 크게 두 종류로, 신구대륙을 하나의 타원 안에 그린 것과 각각의 원안에 따로 그려넣은 것들이 있었다. 조선은 북경에 파견된 사신들을 통해, 일본은 나가사키에 장삿배를 보내던 네덜란드를 통해 다양한 세계지도를 들여왔다. 마테오 리치의 〈곤여만국전도坤輿萬國全圖〉는 조선에 전해진 시기가 가장 앞설 뿐만 아니라 가장 널리 퍼져나갔다는 점에서 특별히 중요하다.

마테오 리치는 공처럼 둥근 지구, 신구대륙으로 이루어진 세계를 시각적으로 보여줌으로써 중국인들에게 강렬한 인상을 심어줄 수 있다고 생각했다. 그때까지 중국인들은 땅은 평평하며 그 중심에 중국이 있다고 보았다. 마테오 리치도 이러한 중국인들의 세계관을 잘 알고 있었다. 그는 자신이 보여주려는 세계가 중국 사회에서 어떻게 하면 자연스럽게 받아들여질 수 있을지 고민했다.

마테오 리치는 자신이 소개하려는 넓은 세계가 중국 중심의 세계와 충돌하지 않도록 치밀하게 배려했다. 그는 중국 대륙이 병풍으로 구성된 지도의 중심점 가까운 곳에 오게 하는 방식을 채택했다. 그는 하나의 타원형 안에서 왼편에는 구대륙을, 오른편에는 신대륙을 그려넣었다. 신구대륙의 자리로만 보면 오늘날 우리가 한국에서 보는 세계지도와 비슷한 모습이다.

병풍의 중심점 근처에 중국 대륙을 오게 한다고 해서 지구가 둥글며 그 세계에 중심이 없다는 본질이 변하는 것은 아니다. 마테오 리치는 다만 시각적으로 중국이 세계의 중심에 있는 이미지를 나타냄으로써 중국 중심 세계관과 타협했다. 마테오 리치는 또 중국 대륙에 '대명일통大明一統' 네 글자를 선명하게 새겼다. 위대한 명이 이 세계를 통일했다는 뜻이다.

1402(태종 2)
감사형·이무 등 〈혼일강리역대국도지도
混一疆理歷代國都之圖〉 편집.

1666(현종 7)
김수홍 〈천하고금대총편람도〉 제작.

1708(숙종 34)
마테오 리치의 〈곤여만국전도〉를 관상감
에서 필사.

마테오 리치의 곤여만국전도　1602년 서양 지리학을 처음 중국에 소개한 마테오 리치와 명 학자 이지조와 함께 만들어 목판으로 찍어 펴
낸 〈곤여만국전도〉(18세기 필사본)를 1603년 북경에 파견되었던 이광정과 권희가 처음 조선에 들여왔다. 1708년 조선에서 제작된 〈곤여만국
전도〉는 마테오 리치의 여러 세계지도와는 달리 각종의 동물, 선박 등의 그림이 삽입된 점이 특징이다. 중앙에 타원형의 세계지도가 그려져
있고 그 주위에 지도 이해를 돕기 위한 각종 지도와 그림, 그리고 천문학적 주기 등이 수록되어 지도와 지지地志를 결합한 양식이다. 이처럼
마테오 리치의 세계지도는 계속 증보, 개정되면서 중국을 비롯한 동아시아 지식인들에 큰 영향을 미쳤다.

마테오 리치의 전략은 성공적이었다. 그러나 중국인들은 이 세계지도를 통해 '중심'이 없는 세상을 본 것이 아니라 중국의 주변이 얼마나 넓은지를 보았다. 중국인들에게 서양 선교사는 유럽 세계가 중화의 나라 명에 조공해온, 또는 앞으로 조공하게 될 것임을 보여주는 상징적인 존재였다.

중국 주변의 '알 수 없는 세계'

서구식 세계지도의 이미지를 중국과 그 주변으로 이해한다고 해서 모든 문제가 해결된 것은 아니다. 아무리 중화세계의 주변이라고는 하지만, 병풍 지도 위에 그려진 넓은 세계는 전통적인 중화세계 주변보다 너무 넓고 또 너무나 달랐기 때문이다.

우선 지도 위의 낯선 땅이름들은 중국인들에게 그 뜻이 통하지 않았다. 전통적인 중화세계의 땅이름들은 문제 될 것이 없었지만, 유럽과 아프리카, 신대륙의 이름들에서 어떤 의미도 발견할 수 없었다. 그 땅이름들은 한자로 쓰여 있었지만 한자의 소리만을 빌려온 것이어서 전혀 그 뜻이 통하지 않았던 것이다. 예를 들어 멕시코를 가리키는 '묵시가墨是可'라는 한자에서 어떤 의미를 떠올린다는 것은 불가능한 일이었다.

뜻이 통하는 땅이름들이 전혀 없었던 것은 아닌데, 그것들에는 한 가지 공통점이 있었다. 바로 동양 사람들이 오래전부터 '알 수 없는 세계'를 가리킬 때 사용하던 단어들이었다. 마테오 리치가 중국인들이 생각해본 적 없는 넓은 세계를 동양적인 코드로 이해시키기 위해 신화의 세계를 묘사한 동양 고전을 활용했기 때문이다.

〈곤여만국전도〉 아시아 대륙 동북쪽 방향을 보면 귀국鬼國이 있다. 지도의 설명에 따르면, 그곳 사람들은 밤에 놀다가 낮에 숨는데, 사슴 가죽을 벗겨 옷을 해 입는다. 또 귀와 눈과 코는 사람과 같고 입은 정수리 위에 붙어 있는데, 마치 사슴이나 뱀과 같은 형상이라고 한다.

카스피해 위쪽으로는 일목국一目國이 있고, 그 옆으로 여인국女人國이 있다. 설명을 보면, 옛날에 여인국이라는 나라가 있어서 남자가 태어나면 모두 죽였으나 지금은 남자들에 의해 병합되어서 이름만 남아 있다고 한다. 북유럽의 끝자락에는 왜인국矮人國이 있으며 이 나라 사람들은 키가 한 자 정도에 불과하고, 5세에 자식을 낳아 8세가 되면 이미 늙는다고 한다. 또한 왜인국 사람들은 항상 황새나 새매들의 공격에 시달리는데, 새떼를 피해 굴속에서 생활하다가 3월이 되어서야 동굴 밖으로 나온다고 한다.

상식적으로 받아들이기 어려운 것은 나라 이름들만이 아니다. 지도 구석구석에는 이해할 수 없는 풍경들이 묘사되어 있다. 인육人肉을 먹거나 시신을 묻지 않는다는 곳이 있는가 하면, "사람의 몸에 소의 발을 한 사람들"이 사는 곳이라는 설명도 보인다. 이 알 수 없는 세계의 이미지는 대체로 《산해경山海經》과 같은 중국 고전에 뿌리를 두고 있다.

지도의 빈자리들은 기이한 동식물과 괴물들로 채워져 있다. 이 그림들은 당시 유럽 사람들이 남긴 여행기에서 흔히 볼 수 있는 소재들이기도 했다. 대항해 시대를 이끌던 유럽의 모험가들은 낯선 지역과 그곳 사람들에 관한 이야기를 기록으로 남기면서 으레 알 수 없는 동식물과 괴물들을 등장시켰다. 그것들은 위험하고 불안한 세계를 상징했다. 서구식 세계지도의 제작자들도 여백을 그런 그림으로 채움으로써 유럽 여행기의 전통을 표현했다.

마테오 리치의 뒤를 이어 북경에 들어온 여러 선교사는 마테오 리치의 전략을 충실하게 이어받았다. 서구식 세계지도는 중국 지식인들이 세계 인식의 지평을 넓힐 수 있는 중요한 기회였지만, 아편전쟁이 터질 때까지 이에 대한 중국인들의 반응은 그다지 우호적이지는 못했다.

청은 강희제, 옹정제, 건륭제를 지나면서 전성기를 맞았지만, 그만큼 사회 분위기는 보수화되어갔다. 이런 가운데 자연스럽게 만주족 중심의 중화주의가 자라나기 시작했다. 전성기를 맞은 청의 지식인들에게 서구식 세계지도가 보여주는 넓은 세계는 그리 중요하지 않았다. 대제국을 이룬 자신감 앞에서 땅이 둥글다는 주장은 한낱 '재미있는 얘기'로 치부되었으며 세계지도는 철저히 해체되어 무질서한 파편으로 중국 주변을 장식할 뿐이었다.

일본의 세계관

유럽을 만나기 전 일본 사회에는 일본, 중국, 인도로 이루어진 삼국세계사상三國世界思想이 자리 잡고 있었다. 이러한 인식은 일본 불교의 세계관에 뿌리를 둔 것이지만, 불교도만이 그렇게 생각한 것은 아니었다. 삼국세계사상으로 표현된 다원적 세계관은 일본 중세 사회에 널리 퍼져 있었다.

삼국세계관에서 일본은 세계를 구성하는 요소이기는 하지만, 어디까지나 주변부의 작은 나라일 뿐이었다. 일본의 중세 지식인들은 일본을 중심으로 하는 세계관이 필요했고, 그 과정에서 이른바 신국관이 싹트게 되었다. 그들은 일본이 몽골의 침략을 받았을 때 때마침 불어온 태풍으로 위기를 피했던 것에서 신국神國 일본의 이미지를 끄집어냈다.

　신국관은 일본, 중국, 인도를 각각 자율적 세계로, 나머지는 그 자율적 세계에 포함되는 나라들로 본다. 신국관은 일본을 중심으로 세계를 본다는 점에서는 전통적인 다원적 세계관과 다르지만, 세계를 세 구성요소로 파악한다는 점에서는 다원적이라고 할 수 있다. 그런 의미에서 다원적 세계관과 신국관은 중화사상으로 표현되는 일원적인 세계관과는 달랐다.

　신국관은 에도江戸시대 일본인의 국가관에 중요한 영향을 미쳤다. 에도 막부의 지배자들은 명을 중심으로 한 국제질서가 무너지자 일본을 중심으로 한 새로운 국제질서를 만들 수 있다고 생각했다. 이러한 인식의 이면에는 일본을 중심으로 주변 국가를 바라보는 신국관이 자리 잡고 있었다.

　신국관이 서구식 세계지도에 그려진 나라들을 전혀 염두에 두고 있지 않았던 것과는 달리, 다원적 세계관은 좀 더 넓은 시야에서 세계를 보았다. 에도시대의 일본 지식인들도 한자로 번역된 다양한 형태의 세계지도를 보게 되었다. 또 일본에 와 있던 선교사와 나가사키를 왕래하던 네덜란드 선원들에게 당시의 국제정세에 관한 다양한 정보들을 얻을 수도 있었다. 그들은 이제 더 이상 세계가 일본, 중국, 인도로 구성되어 있다고 말할 수만은 없게 되었다. 그 결과 일본에는 세계를 본조本朝(일본), 당唐(중국), 서양으로 보는 새로운 다원적 세계관이 나타나게 되었다.

　에도시대의 관료이자 사상가인 아라이 하쿠세키新井白石는 일본을 위협할지도 모르는 나라들로 청과 서양을 꼽았다. 그는 서구식 세계지도뿐만 아니라 서양의 역사, 지리에 남다른 관심을 가지고 있었다. 일본 양학사洋學史의 고전으로 평가받는 《서양기문西洋紀聞》(1715)은 서양에 대한 아라이 하쿠세키의 각별한 관심과 탐구에서 나올 수 있었다. 이 책은 아라이가 이탈리아 출신 선교사 시도티와 논쟁한 기록이다. 그는 이 책에서 기독교를 자세히 설명하고 비판하는가 하면, 네덜란드를 비롯한 유럽 여러 나라에 대해 그 역사와 최근 동향까지 자세히 적었다.

　일본, 중국, 서양을 중심으로 세계를 파악했던 것은 《증보화이통상고增補華夷通商考》(1708)의 저자 니시카와 조켄西川如見도 마찬가지였다. 그는 이 책에서 세계를 중화中華, 외국外國, 외이外夷로 나눈 뒤, 일본에서 그 나라들까지의 거리, 기후, 물산 등을 기록했다. 책의 뒷부분에는 네덜란드가 무역하는 나라들에 대한 정보, 이탈리아 선교사 알레니가 저술한 《직방외기職方外紀》의 세계지리 정보 등도 적어두었다. 그는 이 책에서 당시의 세계를 일본과 중국을 두 중심으로 하는 한자문화권, 그리고 그 바깥쪽에 존재하는 비한자문화권(서양)으로 나누어 보았다.

　본조, 당, 서양으로 구성된 일본의 다원적 세계관은 유럽 세력이 위협해오면서 본조와 서양만 남는 이원적 세계관으로 바뀌어갔다. 러일전쟁(1904~1905)은 일본이 아시아를 대표해 서양에 맞선다는 그들의 이원적 세계관이 잘 드러난 전쟁이기도 하다.

이처럼 어느 틈엔가 서양은 동아시아 세 나라 사람들이 세상을 바라볼 때 어떤 식으로든 설명하지 않으면 안 되는 대상이 되어 있었다. 청이 자신을 중심에 둔 일원적 세계관을 고집하면서 서양을 축소시켰다면, 일본은 다원적 세계관을 통해 그 존재를 인정했다. 그리고 중화 사상을 자기 것으로 만든 조선 지식인들 또한 서양을 그들 나름의 일원적 세계관 속에서 그들 나름의 방식으로 설명하기 위해 고민하지 않을 수 없었다.

서구식 세계지도와 조선의 세계관

이돈중이 본 동문同文의 세계

《동문광고同文廣考》는 조선 지식인 이돈중李敦中이 쓴 세계사 책으로 중국 역사에 관한 내용이 27권, '오랑캐' 나라인 사이에 관한 내용이 7권 등 총 34권으로 구성되었다. 이돈중은 이 책에서 전통적인 중국 중심 천하관에 따라 중국과 그 주변 나라의 역사와 문화를 다루었다.

책 내용을 구체적으로 살펴보면 〈동이고東夷考〉 편에서는 조선의 역사를 소개한 다음, 서융西戎과 서역 제국諸國의 역사를 설명한다. 여기서 서융은 사천성, 섬서성, 감숙성 쪽에 있던 여러 소수민족을 가리키며, 서역 제국은 그보다 더 서쪽에 있는 나라들이다.

조선에서는 서역이라는 말을 흔히 파미르帕米爾 고원 동서쪽의 중앙아시아 지역을 가리키는 용어로 생각해왔지만, 이돈중은 그 범위를 훨씬 넓혔다. 서쪽으로는 지중해 지역, 남쪽으로는 인도와 동남아시아에 이르는 광대한 지역을 서역으로 설명한 것이다. 서역을 서융의 일부로 다루었지만 서융의 범위를 크게 확대했다는 점은 의미가 있다.

〈천축제국고天竺諸國考〉 편에서는 인도를 다루었다. 〈북황제이고北荒諸夷考〉 편에서 이돈중은 한동안 격렬하게 저항했던 청 내부의 반란세력과 그들의 활동에 대해서도 자세히 적었다. 대만, 류큐와 같은 경계 지점에 관한 기록도 눈에 띈다. 특히 〈대만기臺灣記〉는 당시 조선 지식인들이 생각하던 현실의 경계가 어디까지인지를 잘 보여준다. 이돈중은 대만을 무대로 활약했던 네덜란드, 정성공 세력 등에 대해서도 자세히 기록했다.

이돈중이 중국의 서쪽 주변 세계라고 설명한 곳들은 서구식 세계지도의 지리정보와는 사실상 아무 관련이 없다. 오히려 중국이 정화의 항해를 통해 알게 된 서역 개념에 가깝다. 그러나 이돈중의 공간 인식에서 서구식 세계지도의 흔적이 전혀 없는 것은 아니다. 그는 "대진국大秦國, 일명 리달犂達 서쪽 지역은 해가 지는 곳[日沒處]이다. 마테오 리치가 말하는 대서양은 대진국인 듯하다"라고 말했다.

《동문광고》의 '멀고 먼 어느 곳'에 해가 지는 곳이 있을 것이라는 가정은 그가 혼천설과 같은 전통적인 우주구조론의 틀 속에서 세계를 보고 있었음을 말해준다. 중국의 여러 지리지에 따르면 대진국은 이미 한漢 시기에 중국에 조공했던 나라이다. 이돈중은 중국 지리지의 전통에 따라 그 대진국을 조공 권역에서 가장 먼 나라로 설명하면서도, 마테오 리치가 말하는 대서양이 대진국이 아닐까 추정했다. 그는 서구식 세계지도에 그려진 넓은 세계를 알 수 없는 세계로만 여기지는 않았던 것이다. 하지만 조선 지식인들은 좀 더 많은 경우 세계에 대한 새로운 정보와 지식을 조선적인 어법으로 읽어내는 데 관심이 있었다.

김수홍이 그린 세계

중화에 대해 조선과 청이 보여준 생각의 차이를 염두에 두고 보면, 조선 지식인들이 서구식 세계지도를 읽는 방식이 청과는 달랐을 것이라는 점을 어렵지 않게 알 수 있다. 서구식 세계지도는 조선에서 다시 한 번 거름장치를 거치면서 다양한 방식으로 재해석되었다.

김수홍金壽弘이 만든 〈천하고금대총편람도天下古今大摠便覽圖〉는 중화를 자부하던 조선 지식인들이 서구식 세계지도를 어떻게 생각하고 있었는지를 잘 보여준다.

지도의 중앙부는 세계의 중심을 상징한다. 이 중심에 중원 대륙이 있고, 중원 대륙의 사방으로 '주변 세계'가 배치되어 있다. 그 주변 세계 가운데에는 그들 스스로 중화문화를 계승한 나라라고 자부하던 조선만이 유일하게 과장된 크기로 그려져 있다.

김수홍이 복건성을 그린 방식도 흥미롭다. 그는 동아시아 국제무역의 중심지임을 보여주는 이미지를 생략하는 대신, 주자성리학과 관련된 인물이나 유적지는 빠짐없이 새겨넣었다. 이런 것이야말로 조선 지식인들이 나름대로 세계를 의미 있게 보는 방식이었다.

그들은 단순히 중원 대륙과 그 주변을 공간적인 차원에서 바라보지 않았다. 그들이 지도에서 읽고 싶었던 것은 어디까지나 중화세계였다. 그들의 의식 속에서 중원 대륙의 중화세계는 명이 멸망하기 전까지만 존재했다. 지도의 시점이 명에서 멈춘 것은 그 때문이다.

조선에 들어온 서구식 세계지도 가운데 타원형이 양반구형보다 훨씬 널리 퍼져나간 것도 같은 이유 때문이다. 타원형과는 달리 양반구형은 중화의 나라가 세계의 중심이라는 이미지를 표현할 길이 없었기 때문이다. 양반구형에서 중원 대륙은 구대륙의 오른쪽 귀퉁이에 주변적으로 묘사되어 있을 뿐이었다.

김수홍은 지도를 마무리하기 전에 도면의 네 귀퉁이에 장각국長脚國, 장비국長臂國, 여인국女人國, 대인국大人國, 소인국小人國, 무신국無腎國, 천흉국穿胸國 같은 나라 이름들을 넣었다. 이 나라 이름들은 한자의 뜻으로 그 나라 백성의 특징들이 짐작되는, 그러나 상식적으로 받아들일 수 없는 것들이다.

김수홍이 중화세계와는 전혀 어울리지 않는 나라들을 넣었던 것은 서구식 세계지도 때문이었다. 그는 서구식 세계지도에서 알 수 없는 세계의 이미지를 읽어낸 뒤, 같은 이미지를 구현한 동양 고전의 단어들로 바꿔 중화세계의 주변에 배치했다. 그 동양 고전들은 오랫동안 이단 서적으로 여겨졌지만, 그 책들을 빼놓고는 알 수 없는 세계를 설명한 다른 어떤 자료도 없었기 때문이다. 김수홍의 세계지도는 조선의 중화주의자들이 서구식 세계지도를 이해하는 하나의 전형을 보여준다.

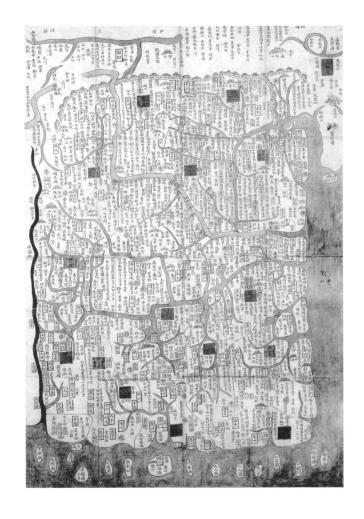

김수홍의 천하고금대총편람도   1666년에 제작된 세계지도로 중국 역사와 관련된 내용이 해당 지역에 기록되어 있어 지지적 내용이 결합된 역사지도적인 성격의 지도다. 그러나 지도의 윤곽이나 정확성·방위·축척 등은 거의 고려하지 않은, 제목 그대로 편람식 지도다. 지도의 좌측에 서문이 있으며, 지도의 상단에는 중국 각 지역 간의 거리를 《대명일통지大明一統志》와 당나라 두우의 《통전通典》〈노정기路程記〉를 인용해 기록하고 있다. 지도의 우측에는 조선이 그려져 있고, 그 아래 총 군현 수, 동서남북의 길이, 팔도의 이름과 군현 수, 서울에서의 거리 등 조선에 관한 간략한 설명이 기재되어 있다. 전쟁 이후 민간에서 지도의 개인 소유가 늘어나면서 지식인들이 직접 지도를 제작하는 사례가 늘었는데 이 〈천하고금대총편람도〉가 그 대표적 사례라 하겠다.

서구식 세계지도와 〈천하도〉

조선 지식인들은 두 개의 문법을 통해 서구식 세계지도를 읽었다. 세계는 여전히 중화와 그 주변으로 이루어져 있으며, 그 주변은 알 수 없는 나라들이라는 것이다. 이 두 문법을 어떻게 조합하느냐에 따라서 서구식 세계지도를 읽어내는 방식에 차이가 생겼다.

김수홍은 이전 세대 학자들이 그랬던 것처럼 중화세계를 구현하기 위해 노력했지만, 서구식 세계지도의 이미지를 참고하지 않으면 안 되는 시대에 살고 있었다는 점에서 선배들과는 시각이 달랐다. 김수홍은 서구식 세계지도의 이미지를 최소한으로 줄여서 중국 주변에 배치했다. 하지만 김수홍이 살던 당대 지식인들은 서구식 세계지도의 광활한 이미지를 다른 방식으로 표현한 지도를 즐겨 보고 있었다. 〈천하도天下圖〉라는 작은 지도가 그것이다.

도면의 중심에 가면 형태의 대륙이 있고, 그 주변으로 안쪽 바다, 바깥쪽 대륙, 바깥쪽 바다, 해와 달이 뜨고 지는 곳이 있다. 중앙 대륙에 적혀 있는 많은 나라 이름 가운데 조선국, 중국, 안남국(베트남), 섬라국(타이), 류큐국(오키나와), 일본 등만이 실재했다. 그 밖에 140여 개가 넘는 가상의 나라 이름, 땅이름들이 지도 전체에 고르게 분포되어 있는데, 대부분 《산해경》에 근거를 두고 있다.

《산해경》은 일찍이 삼국시대에 전해져온 책이지만, 조선시대에 이르기까지 전혀 환영받지 못했다. 역사적으로 도교적 전통이 강하지 않았던 데다가 《산해경》의 세계 구성 또한 중화세계와는 너무나 달랐기 때문이다. 오랫동안 《산해경》은 '잊혀진 고전'일 뿐이었다. 그런 의미에서 보면 김수홍의 시대에 조선에서 《산해경》이 되살아난 것은 전혀 새로운 사태였다.

〈천하도〉의 제작자가 《산해경》의 땅이름을 활용한 것도, 김수홍이 《산해경》의 땅이름들로 중화세계의 주변을 장식한 것도 모두 서구식 세계지도 때문이었다. 조선 지식인들은 자신들이 받아들일 수 있고 이해할 수 있는 문법으로 서구식 세계지도를 표현하고자 했으며, 그 근거를 《산해경》에서 발견했던 것이다.

〈천하도〉에 드러난 세계관을 보면 〈천하도〉의 제작자도 김수홍처럼 세계를 중국과 알 수 없는 주변 세계로 보았다. 〈천하도〉에서 중원 대륙이 지도의 한가운데 있는 것은 〈천하도〉의 제작자가 중국과 그 주변으로 이루어진 세계 구성을 받아들이고 있었음을 보여준다. 물론 그것은 서구식 세계지도가 보여준 세계 구성의 이미지를 따른 것이다.

김수홍과 〈천하도〉 제작자의 인식 차이는 그 주변 세계의 폭을 표현하는 방식에서 잘 드러난다. 김수홍은 넓은 세계를 중국 주변의 지극히 작고 사소한 부분으로 표현하는 데 만족했다. 그러나 〈천하도〉의 제작자는 중국의 주변이라는 형식을 받아들이면서도 그 주변 세계의 광활함을 서구식 세계지도의 원래 이미지에 가깝게 표현하려 했다. 그런 의미에서 〈천하도〉는 조선 지식인들이 서구식 세계지도를 읽을 때 구사한 또 하나의 전형적인 독법을 보여준다.

〈천하도〉는 조선 지식인들이 서구식 세계지도, 그 가운데에서도 타원형 세계지도의 이미지를 그들 나름의 문법으로 재구성한 것이었다. 〈천하도〉라는 지도 제목 아래 서구식 세계지도를 원형으로 묘사하거나, 전통적인 천하도 위에 경위도 선을 긋고 남북극을 표시하는 사례

自南極至北極二億三千五百里七十五步 南北 千里

둥근 세계 조선 사람들의 세계관을 엿볼 수 있는 《천하도》(18세기 후반). 형태를 보면 둥근 원형 안에 여러 나라를 적당히 배열한 것으로 중국이나 일본에서는 찾아볼 수 없는 우리나라에서만 볼 수 있는 독특한 지도다. 중국이 세계의 중심에 위치하고 그 주위를 내해가 둘러싸고 있으며 그 바깥으로 외대륙과 영해가 있다. 일목국, 여인국 등 《천하도》에 표시된 국가의 상당수는 《산해경》에 등장하는 지명이다.

八十一國

自東極至西極二億二萬三千五百里七十二步

東西二萬

深目國　澗　封
民係
无腸國　比肩國　始州國　大人國
玄股國　勞民國
拘纓國
龜山　射姑　天衡
太山　毛民國　明徂國　暘國
朝鮮　少昊國　他人國
日本　圓　褑　竜伯國　中泰國　八長三千五尺
棠　扶　甘山　搖　招
丈方　州　瀛　扶桑
葉　蓬　波流　日月出
天台　甘淵　司幽國
真臘　琉球　扶桑國　金三國　鳩始國　君子國　夏州國　磬
足明國　棠國　大人國　女人國　中容國　明
女有國　長沙國　石連
岐舌國　食木國　壎民國
孟民國　屍姓國　天俓山　狩
澗口

가 나타나는 것은 전혀 이상한 일이 아니었다. 〈천하도〉 위에 그어진 경위도 선은 김수홍의 중화세계지도와 〈천하도〉 사이의 차이를 상징적으로 보여준다.

조선이 본 세계의 이미지

조선 사람들은 요동치는 동북아시아 국제질서를 통해 현실의 경계 지점을 알았으며, 중화세계관과 서구식 세계지도를 통해 세계를 보았다. 그들이 세계를 이해하는 방식은 넓은 세계를 중국 주변 세계로 무원칙하게 환원하는 방식과도, 본조-당-서양의 다원적 세계관을 세워나가는 방식과도 달랐다. 그들은 '내게 의미 있는 세계'가 존재할 수 있는지를 일관되게 탐색했다.

아편전쟁이 있기까지 넓은 세계는 지도 위의 세계였을 뿐, 조선의 운명과는 아무 관련이 없는 곳이었다. 조선 사람들은 오랫동안의 내면화 과정과 탐색을 통해 세계를 이해하는 그들만의 문법을 갖추게 되었지만, 서양은 여전히 알 수 없는 땅이었다. 아편전쟁 이후 맞닥뜨린 서양은 전혀 달랐다. 서양은 어느새 지도에서 튀어나와 조선을 위협하고 있었다. 서양을 중심으로 한 넓은 세계가 현실의 경계지점이 되는 그 순간, 조선 사람들은 변화된 환경에 어울리는 현실감을 갖추어야 하는 새로운 과제를 안게 되었다.

— 배우성

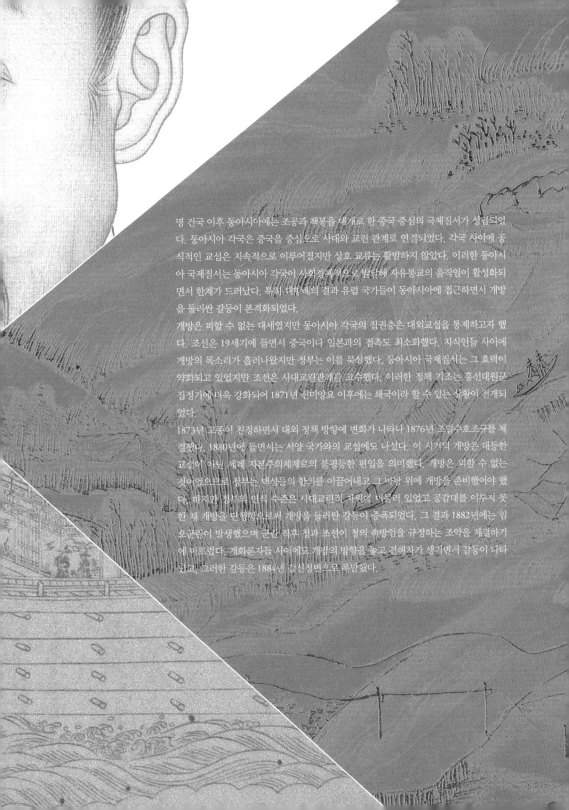

명 건국 이후 동아시아에는 조공과 책봉을 매개로 한 중국 중심의 국제질서가 성립되었다. 동아시아 각국은 중국을 중심으로 사대와 교린 관계로 연결되었다. 각국 사이에 공식적인 교섭은 지속적으로 이루어졌지만 상호 교류는 활발하지 않았다. 이러한 동아시아 국제질서는 동아시아 각국이 사회경제적으로 발달해 자유통교의 움직임이 활성화되면서 한계가 드러났다. 특히 대항해의 결과 유럽 국가들이 동아시아에 접근하면서 개방을 둘러싼 갈등이 본격화되었다.

개방은 피할 수 없는 대세였지만 동아시아 각국의 집권층은 대외교섭을 통제하고자 했다. 조선은 19세기에 들면서 중국이나 일본과의 접촉도 최소화했다. 지식인들 사이에 개방의 목소리가 흘러나왔지만 정부는 이를 묵살했다. 동아시아 국제질서는 그 효력이 약화되고 있었지만 조선은 사대교린관계를 고수했다. 이러한 정책 기조는 흥선대원군 집정기에 더욱 강화되어 1871년 신미양요 이후에는 쇄국이라 할 수 있는 상황이 전개되었다.

1873년 고종이 친정하면서 대외 정책 방향에 변화가 나타나 1876년 조일수호조규를 체결했다. 1880년에 들면서는 서양 국가와의 교섭에도 나섰다. 이 시기의 개방은 대등한 교섭이 아닌 세계 자본주의체제로의 불평등한 편입을 의미했다. 개방은 피할 수 없는 것이었으므로 정부는 백성들의 합의를 이끌어내고 그 바탕 위에 개방을 준비했어야 했다. 하지만 정부의 인식 수준은 사대교린적 차원에 머물러 있었고 공감대를 이루지 못한 채 개방을 단행함으로써 개방을 둘러싼 갈등이 증폭되었다. 그 결과 1882년에는 임오군란이 발생했으며 군란 직후 청과 조선이 청의 속방임을 규정하는 조약을 체결하기에 이르렀다. 개화론자들 사이에도 개방의 방향을 놓고 견해차가 생기면서 갈등이 나타났고, 그러한 갈등은 1884년 갑신정변으로 폭발했다.

개방의 세계사적 흐름과
조선의 선택

쇄국과 개항

17~18세기
동아시아 국제질서와 변화

동아시아의 전통 국제질서

1368년 주원장이 명을 건국하면서 동아시아에는 중국 중심의 새로운 국제질서가 형성되기 시작했다. 한족 중심의 중화제국 건설을 추진했던 명은 대외적으로도 중화 질서의 구축을 시도했다. 이에 따라 명은 새로운 왕조의 성립을 알리는 사절을 해외에 파견해 중국에 복속시키는 외교 정책을 구사했다. 중국의 전통적인 화이사상을 바탕으로 주변 국가를 중국 중심의 질서 속으로 편입시키려 한 것이다.

중화적 외교질서는 조공과 책봉이라는 정치적 관계를 기본으로 하고 있었다. 주변 국가들의 국왕이나 왕비는 책봉이라는 형식으로 명황제의 허락을 받아 그 지위가 공인되었다. 중국 내 황제와 제왕諸王·귀족 간의 봉건적인 군신관계를 다른 국가의 지배자에게도 확대 적용한 것이다. 그리고 조공은 외국의 진공물進貢物에 대해 답례로 상사물賞賜物을 제공하는 경제적 관계도 포함하고 있었다. 중국은 조공은 있어도 대등한 관계의 통상은 없다는 입장을 고수해 공식적인 조공무역 이외의 사私무역은 원칙적으로 허용하지 않았다.

조공제도는 해금海禁 정책과 밀접하게 맞물려 있었다. 명 태조는 신왕조 수립 직후인 1371년 '조각배도 바다에 띄울 수 없다'며 연해주민의 출해出海를 엄금하는 해금령을 발표했다. 이에 따라 내외국인을 막론하고 사적으로 국경을 넘거나 교역하는 행위는 엄격히 금지되었고 이를 위반하는 자는 엄히 처벌했다. 명은 자국민의 외부 접촉을 완전히 차단하고 조공의 범위 내에서만 교류를 인정하는 책봉체제를 통해 중국 중심의 동아시아 국제질서를 확고히 하고자 한 것이다. 류큐는 1372년 중국에 조공을 바쳤으며, 조선은 1401년에 태종이 명 황제로부터 조선 국왕으로 책봉되고, 일본의 쇼군도 1402년 일본 국왕에 책봉되면서 명의 질서에 편입되었다. 조공과 관련된 규정은 세분화되어 엄격하게 시행되었다. 류큐는 2년에 한 번 명에 조공단을 파견할 수 있었고, 조선은 3년에 한 번, 일본은 10년에 한 번으로 정해졌으며 조공 사절의 인원, 교역 물품의 수량, 출입 경로와 체류 기간 등은 까다롭게 규제되었다.

최상위에 있는 중국을 중심으로 국가들의 관계가 형성되는 사대교린적 국제질서는 같은 시기 다른 지역의 국제질서와 비교되는 특징적인 면모였다. 사대교린질서는 매우 불평등한 관계처럼 보이지만 조공국들은 중국의 별다른 간섭을 받지 않고 내정을 독자적으로 운영할 수 있었기 때문에 그 불평등성이 심한 수준은 아니었다. 사대교린질서는 현실적인 국가 간의 능력 차이를 인정해 관계를 맺음으로써 분쟁 요소를 미연에 방지하는 긍정적인 효과도 있었다. 왜란과 호란을

류큐의 대외관계　류큐왕 책봉 장면을 그린 〈책봉유구도〉. 류큐는 조선, 중국, 일본과 교류하면서 발전해 1429년에는 지금의 오키나와섬을 중심으로 통일왕국을 세웠다. 16세기에는 명과 일본 간 중개무역을 통해 전성기를 맞이하는데 임진왜란 후인 1609년 규슈의 사쓰마번이 류큐를 점령했으나 류큐의 독립은 유지시켜주었다. 이후 류큐는 청과 일본 두 나라 모두에 조공을 바치는 양속국이 되었다. 이후 서양 세력의 물결이 류큐에도 밀려왔는데, 류큐는 1847년 영국과 프랑스에 개항하게 되었으며, 같은 해 미국과 수호조약을 체결했다. 일본은 메이지 유신 이후 동아시아 정세를 유심히 관찰하다가 청의 국력이 소진될 기미를 보이던 1879년 류큐를 병합했다. 영국, 러시아, 프랑스 등 외세 및 국내 반란세력과의 싸움에 정신이 없던 청은 일본의 류큐 합병을 지켜보고만 있었고 청 중심의 동아시아 조공체제에 금이 갔다.

제외하고 동아시아에 오랫동안 평화가 유지될 수 있었던 데는 사대교린질서의 역할이 적지 않았다.

하지만 사대교린질서는 장기간 유지되기는 힘든 것이었는데, 그 폐쇄적인 성격 때문이었다. 중국과 조공국들 사이에는 조공국이 정기적 혹은 특별한 일이 발생했을 때 사절을 파견하는 것 외에는 거의 접촉이 없었다. 평등한 관계로 교류하는 교린국들 사이에도 별다른 교섭은 없었다. 그런데 동아시아 각국에서는 상품화폐경제가 발달하면서 자유통교를 지향하는 움직임이 활발해지고 있었다. 국내적으로는 시장이 번창했고 교역이 활발해지는 가운데 대자본을 보유한 상인들도 등장했다. 이들은 국내를 벗어나 다른 국가와의 교역에도 종사하기 시작했다. 1405년부터 시작된 정화의 대원정을 계기로 중국 상인들이 동남아시아에 활발히 진출해 해금에 구애받지 않고 해외 무역에 나서고 있었다. 15세기 전반에는 당시 해상 무역의 중심지였던 말라카(오늘날의 말레이시아)에 진출해 근거지를 형성했다. 이러한 상황을 무조건 억제할 수 없던 명 조정도 그간 준수해온 해금령을 완화해 1567년에는 사무역을 일정 부분 인정했으며 그에 따라 교역량은 급증했다.

15세기부터 동아시아에는 중국을 중심으로 한 교역권이 형성되었고 이는 인도, 이슬람과 이어지면서 세계 경제의 중요한 한 축을 이루었다. 개방을 지향한 자유교역의 움직임은 필연적으로 각국 정부의 통제책과 충돌하면서 갈등을 빚을 수밖에 없었다. 그러한 갈등은 16세기에 유럽이 동아시아에 진출하면서 복잡한 양상으로 전개되었다.

전통 국제질서의 변화

동아시아 사회는 16세기에 들어 유럽이라는 새로운 세계와 조우하게 되었다. 물론 이전에 유럽과 동아시아의 접촉이 없었던 것은 아니지만, 당시의 대면은 직접적이거나 일상적인 것은 아니었다. 그런데 유럽의 변방 이베리아 반도의 포르투갈과 에스파냐에 의해 주도된 대항해가 성공을 거두면서 상황이 달라졌다.

대항해의 결과 유럽에서 아시아에 이르는 동·서 항로가 개척되자 유럽인들이 무역의 이익을 좇아 아시아로 몰려들었다. 동방 무역에 가장 적극적이었던 국가는 포르투갈이었다. 1509년경 동아시아 무역의 거점이던 말라카에 첫발을 들여놓은 포르투갈인은 1513년에는 중국 광동에 진출했다. 1557년에는 마침내 마카오에 무역거점을 설치해 중국과 말라카 사이의 무역에 직접 참여했다.

포르투갈에 이어 에스파냐·네덜란드·영국 등도 향료 무역의 이익을 차지하고자 동방 시장에 뛰어들었다. 1543년 중국 연안을 항해하던 한 포르투갈 상선이 사쓰마薩摩 남쪽의 섬에 표류하면서 유럽과 일본 간의 접촉도 시작되었다. 포르투갈인들은 중국의 마카오를 기지로 삼아 일본 각지를 왕래하면서 중국의 생사生絲나 견직물을 일본의 은銀으로 교환해가는 중개무역에 종사했다.

유럽인들의 등장으로 중국인들의 자유통교에 대한 욕구는 한층 커졌다. 유럽 상인들에게 견직물·도자기·차 등을 팔면 막대한 수익을 거둘 수 있었는데 중국인들이 이를 마다할 리 없었다. 백성의 경제적 욕구를 일방적으로 억제할 수만은 없었던 명 정부도 결국 1567년 사무역(밀무역)을 일정 정도 허락하는 방향으로 기존의 방침을 변경했다. 이에 따라 대對 동남아 무역항이 장주漳洲 한 곳으로 지정되고 무역선의 출항 횟수도 50회로 제한되는 등 완전한 자유무역은 아니었지만 교역량은 급속히 증가했다. 남양南陽에 진출해 있던 중국인과 유럽인들 사이에 무역이 활발하게 전개되었으며 그 결과 유럽인들이 가져온 멕시코 은이 중국에 유입되어 경제에 큰 영향을 끼쳤다.

일본의 도쿠가와 막부는 재정 규모를 확대시키기 위해 초기에는 해외 무역을 적극적으로 장려했다. 막부는 1609년에 네덜란드, 1613년에는 영국에 각각 무역을 허가해 양국의 상관商館이 히라도平戶에 들어섰다. 이를 계기로 동남아시아 국가들과의 무역도 개시되어 7만 명 이상의 일본인들이 해외로 도항했으며 그 가운데는 대만·루손呂末(필리핀)·안남(베트남) 등지에 마을을 이루고 정착한 이들도 적지 않았다.

조선은 지리적 위치가 유럽인들의 이동 항로에서 벗어나 있었기 때문에 유럽인들과 직접 접촉할 기회는 없었지만 15세기 말부터 사무역이 크게 발달했다. 그리고 1520~1530년대에 들어서는 종래 공무역에 편승해서 부수적으로 교역하던 데서 벗어나 대對 중국 무역을 주도하는 변화가 나타났다.

이러한 자유통교의 움직임은 동아시아 각국의 지배층에게는 달갑지 않은 변화였다. 상품유통경제의 발달로 사회적 분화가 촉진되어 내부적으로도 불안정한 상태가 되자 동아시아 각국의 집권층은 자유무역을 통제하는 방식으로 대응했다. 유럽과의 교류가 통치질서의 와해를 초래할 것을 염려한 청 정부는 1717년 중국 상선이 유럽인들의 통제하에 있던 루손 등지에서 무역하는 것을 금했다. 1757년(건륭 22)

에는 외국인들에게 광주廣州 한 곳에서만 무역을 하도록 제한했으며 1760년에는 '공행公行'을 설립해 일체의 대외 무역은 공행이 지정한 상인집단에게만 허락하는 등 통제작업에 들어갔다. 대외 무역 확대를 위해 1793년 영국 조지 3세가 파견한 매카트니 사절단에게 청의 건륭제가 내린 칙유는 "천조天朝는 물산이 풍요해 없는 것이 없고, 본시 외부 오랑캐의 화물을 빌리지 않아도 통하지 않는 것이 없다"는 것이었다. 자급자족이 가능했던 청에게 무역은 그리 필요한 것이 아니었으며 유럽은 조공국 그 이상도 이하도 아니었다. 청은 1724년 천주교를 금지하고 각지에 산재해 있던 천주교 재산을 몰수하는 등 18세기 전반부터 이루어지고 있던 천주교 통제책을 더욱 강화했다.

도쿠가와 막부는 청보다 앞서 1635년 모든 일본선과 일본인의 외국 도항을 엄금하고 아울러 해외 일본인의 귀국도 금지하는 강력한 조치를 취했다. 외국에 대해서는 스페인·포르투갈인의 도래를 금하고 네덜란드 선박에 한해 나가사키의 데지마出島에 한정시켜 무역을 허락하는 나가사키 무역체계를 성립시켰다. 또한 17세기 말부터 청과의 통교가 다시 확대되는 조짐을 보이자 1715년에는 해외 무역법을 개정해 청 선박의 입항 및 무역 액을 제한했다. 그 결과 1730년대 중반 이후에는 일본에 왕래하는 청 선박이 연간 10여 척에 불과할 정도로 대청 무역은 급격히 쇠퇴했다. 18세기 후반 러시아 상인들이 나타나 통상을 요구하고 사절단이 정식으로 통상을 요청하기도 했지만 막부는 외교 교섭을 나가사키에서만 허용한다며 이를 물리치는 등 나가사키 무역체제를 고수했다.

조선은 왜란과 호란을 겪은 후 청이나 일본에 대한 경계심이 커진 일본인들의 시선　호기심에 가득 차 네덜란드인을 보고 있는 나가사키의 데지마 주민들. 데지마는 1634년 에도 막부의 쇄국 정책의 일환으로 나가사키에 건설된 인공섬이다. 1641년에서 1859년 사이에 네덜란드 무역은 오직 이곳에서만 독점적으로 허용되었다.

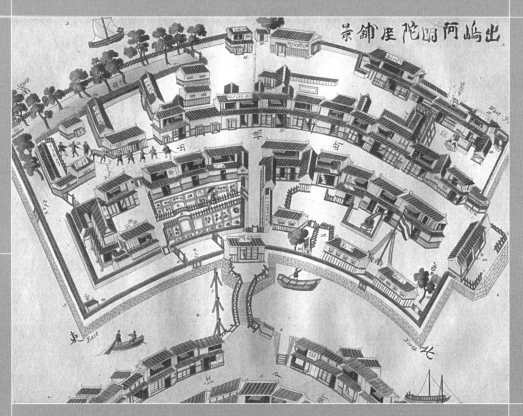

데지마 항구 네덜란드 동인도회사가 있던 데지마 항구는 1636년부터 1859년 일본이 개항하기까지 217년 동안 일본의 유일한 대서양 교역 창구였다.

상황이라 대외통제를 강화하고 형식적인 대외관계를 유지했다. 중국이나 일본과는 달리 조선은 유럽 국가들에 잘 알려져 있지 않았기에 유럽과의 접촉은 없었다. 따라서 조선 정부는 유럽과의 접촉에 특별히 신경을 쓸 필요가 없었다.

이처럼 동아시아 삼국에서 자유무역에 대한 통제가 강화되자 각국에서는 밀무역이 크게 성행했다. 일본은 18세기 후반에 민간 상인들 사이에 홋카이도北海道와 사할린에서 러시아와의 밀무역이 성행했으며, 규슈 남방 해상에서는 중국선과의 밀무역도 행해졌다. 조선에서도 18세기부터 사상私商세력이 크게 성장해 대청 무역을 주도하면서 밀무역에 종사하는 등 사무역에 대한 욕구가 확대되었다. 상황이 이러하자 각국의 지식인들 사이에서는 정부의 폐쇄적인 정책을 비판하며 적극적인 통교체제로의 변화를 요구하는 목소리가 높아졌다. 일본의 대표적인 통상론자 혼다 도시아키本多利明는 《경세비책經世秘策》, 《서역물어西域物語》 등의 저서에서 국가가 해외 무역에 적극적으로 나설 것을 주장했다. 18세기 후반 조선 지식인들 사이에서도 사적인 교역관계를 공식화해야 한다는 주장이 제기되었다. 대표적인 통상론자 박제가朴齊家는 《북학의北學議》〈통강남절강상박의通江南浙江商舶議〉에서 조선과 같이 작고 가난한 나라가 부강해지려면 반드시 먼 지방의 물자가 통해야 하는데 그 방법은 뱃길을 이용하는 것뿐이라며 해외 통상론을 주장했다.

적극적인 통상 주장은 동아시아 각국이 형식적인 사대관계를 넘어 실질적인 교류관계로 전환할 것을 촉구하는 것이었다. 좀 더 정확히 얘기하자면 정치·외교적 관심에 종속되어 있던 경제적 문제를 전면

1773(영조 49)
홍대용 《의산문답》에서 지전설 주장.

1778(정조 2)
박제가 《북학의》에서 외국과의 통상 주장.

1780(정조 4)
박지원 중국 기행문집 《열하일기》 집필.

통상론자 박제가   북경에서 박제가가 교류한 양봉兩峰 나빙羅聘이 그린 박제가의 초상. 조선 후기 대표적 실학자인 박제가의 사상은 조선 신분 사회의 구조적 모순에 대한 통찰과 네 차례에 걸친 연행에서 얻어진 국제적 안목으로 형성됐다. 박제가의 대표작이라 할 수 있는 《북학의》는 채제공의 도움으로 첫 연행을 다녀온 직후인 1778년 9월 29일에 완성되었다. 박제가의 북학론은 현실을 개선하고 이를 위해 청의 문화를 적극적으로 수용하자는 데 그 초점이 있었다. 특히 그의 사회 개혁론은 신분질서의 혁파, 명분적 존명의식에서 비롯된 폐쇄적 국제 관계를 탈피해 부국강병으로 나아가기 위한 적극적인 개방 정책과 국제 통상론, 국내 산업발전을 위한 상공업 진흥 정책론으로 나타났다. 그의 북학론은 청조 문화를 배우는 데서 한 걸음 더 나아가 서양 선교사를 초빙해 그들의 과학기술을 배우자는 혁신적인 단계에까지 도달했다.

으로 끌어내고자 한 것이다. 즉 사회경제적 발전 성과를 제대로 수용하지 못하는 기존의 폐쇄적인 국제관계를 더욱 개방적으로 변화시키려는 시도라고 할 수 있다. 하지만 대외 무역의 확대가 체제 균열을 가져올지도 모른다는 불안감을 갖고 있던 각국의 집권층은 개방 요구를 묵살했다. 이러한 상황에서 19세기 서양 국가들이 본격적으로 동양 사회에 진출하면서 위기의식이 고조되자 개방은 더욱 풀기 어려운 과제로 등장했다.

19세기 전반 동아시아 국제질서의 와해와 조선

서양 세력의 접근과 동아시아 각국의 대응

19세기에 들면서 동아시아 각국에서는 공통으로 통치기반이 급격하게 와해되기 시작했다. 청은 건륭제대(1735~1795) 중반부터 정치적·사회적으로 이완되기 시작했다. 24년 동안 군기대신을 지내며 12년 치 청조 세입을 착복했다고 전해지는 부패의 화신이라 할 만한 화신和珅과 같은 인물이 건륭제의 총애를 받았던 데서 청조의 실상을 짐작해볼 수 있다. 그나마 건륭제가 세상을 떠나자 백련교도의 난(1796~1804)*을 비롯한 각종 반란이 폭발하는 등 사회체제는 크게 흔들렸다. 일본에서도 18세기 중반부터 매년 수시로 폭동이 발생하는 등 위기의 징후들이 나타나고 있었다. 위기를 극복하기 위해 1789년

백련교도의 난
백련교는 남송 이후의 대표적인 종교적 비밀결사로 원 말의 홍건적의 난 등 많은 반란을 일으켜, 명·청대에는 백련교를 금지시켰다. 그러나 민중 속에 뿌리박혀 보급된 잠재적 신앙으로서, 그 뒤에도 끊이지 않고 종종 반란을 일으켰고, 청 중기 전국적으로 백련교에서 조직한 대규모 농민 봉기가 폭발했다. 백련교의 난이 일어난 지역은 이른바 신개척지로서 청조와 특권 관료지주에 의한 비인도적 수탈의 대상 지역이 되어왔던 곳으로, 그것이 이 지역을 중심으로 일어난 경제적 반란의 요인이 되었던 것이다. 당시 형편없던 청 관군 때문에 오히려 봉기군이 압도하는 형세였으나, 이에 청나라는 만주주재의 만주인군단을 원군으로 불러들여, 1801년에 중심인물을 체포함에 따라 백련교의 교세는 약화되었다. 이 대반란으로 청의 재정은 극도로 악화되었다.

부터 1801년에 걸쳐 '간세이寬政의 개혁'*으로 불리는 일련의 조치를 취했지만 사회적·사상적 통제를 주 내용으로 하는 것이어서 성공할 수 없었으며 오히려 민중 봉기가 더욱 증가했다. 조선의 상황 역시 청이나 일본과 크게 다르지 않았다. 정조 승하 후 세도 정국이 전개되면서 정치가 파행적으로 운영되는 가운데 사회적·사상적으로 탄압과 통제가 이루어졌다. 내부의 모순은 점차 심화되어갔으며 그러한 모순은 1811년(순조 11) '홍경래의 난'을 비롯한 각종 민란으로 폭발했다.

동아시아 각국의 내부에서 이완 현상이 나타나는 가운데 대외적으로는 유럽 국가들의 접근이 본격화되기 시작했다. 18세기 후반 산업혁명을 성공시킨 유럽인들은 공장에서 대량 생산된 물품을 판매하기 위한 시장을 찾는 데 혈안이 되어 있었다. 1802년 마카오를 점령했다가 중국 측의 항의로 철수한 바 있던 영국은 1808년에 병력을 파견해 마카오를 다시 점령했다. 1816년에는 통상 문제를 협의하기 위해 암허스트를 사절로 청에 파견하기도 했다. 일본에서는 1806년 일찍이 통상을 거절당했던 러시아인들이 사할린과 쿠릴 지역을 침략했으며, 일본을 둘러싼 서양국들 간의 갈등이 증폭되면서 1808년에는 영국 선박 페이튼호가 나가사키에 와서 네덜란드 상관을 습격하는 사건이 벌어지기도 했다. 조선에도 1832년(순조 32) 영국의 암허스트호가 충청도 홍성 앞바다에 나타나 통상을 요구했으며 이후 조선 연안에서 서양선의 출몰이 눈에 띄게 증가했다.

유럽 국가들이 본격적으로 접근해오자 동아시아 각국의 지식인들은 그에 대한 대처 방안을 찾기 위해 고민했다. 기병에게는 말이 없고 수군들은 물에 익숙하지 못하다고 할 정도로 군사력이 취약했던 청에서는 위원魏源과 같은 지식인이 등장해 해방海防의 강화를 주장하고 나섰다. 상대적으로 위기 인식이 덜했던 조선에서는 이규경李圭景과 최한기崔漢綺 등이, 세계가 교통하는 상황에서 조선은 고립되어 가난한 나라로 전락하고 있다면서 적극적인 통상을 주장했다. 특히 최한기는 서방의 모든 나라가 무역의 이익을 얻기 위해 천하를 두루 돌아다닌다며 당시의 세계를 조공이라는 의례에 의해 유지되던 전통적 외교질서와는 다른 것으로 분석하면서 조선도 이러한 새로운 흐름에 동참해야 한다고 역설했다.

해방론이나 통상론은 모두 이전과는 다른 적극적인 방식으로 외부의 위협에 대처해야 한다는 주장을 담고 있었다. 경제적인 외압에 맞서려면 국내 산업과 시장 발전이 선행되어야 하고 군사적 외압에 대처하기 위해서는 국가체제의 변혁이 수행되어야 한다. 그러한 대응력의 확보를 위해서는 개방 정책으로의 전환이 필수적이다. 통상이야 본래 개방을 전제로 하는 것이지만 해방의 경우도 실효를 거두기 위해서는 대외 개방이 불가피한 것이었다. 국제정보의 수집이 이루어져야 하며 군사력의 강화를 위한 기술 도입 등도 추진해야 하기 때문이다.

하지만 각국의 집권층은 이러한 지식인들의 요구를 무시하고 고식적인 통제책으로 일관했다. 청은 1835년에는 외국인은 중국어를 배워서도, 중국책을 구입해도 안 된다는 등 외국인에 대한 금지 사항을 규정한 〈방범이인장정防範夷人章程〉을 반포하는 등 폐쇄 정책을 더욱 엄격히 했다. 1804년 러시아의 통상 요구를 거부했던 일본 막부는 1825년 전국의 다이묘大名들에게 일본 연안에 접근하는 이양선은 두 번 생각할 것 없이 격파하라는 〈무이념타불령無二念打拂令〉을 내리기에 이르렀다. 조선에서도 서양인들을 끌어들여 조선 정부를 위협하려 했던 1801년(순조 1)의 '황사영 백서사건'*을 계기로 폐쇄 정책의 기조가 뚜렷해졌다. 조선 정부는 천주교의 유입 가능성을 사전에 차단하기 위해 청이나 일본과의 공식적인 외교통로를 제외한 외부와의 접촉통로를 철저히 차단했다. 1811년 조선인 천주교 신자들이 북경 주교 앞으로 보낸 편지에서 국경 지방의 감시가 워낙 엄중해 1801년 이후 북경과 연락할 수 없다고 하소연할 정도였다.

일방적으로 통상을 요구하는 서양 세력들의 접촉 태도를 생각하면 그에 대한 단호한 대응은 자위권 차원에서 당연하다고 볼 수 있다. 하지만 동아시아 각국의 폐쇄 정책은 단순한 자위권의 차원이 아니라 통치기반을 유지하려는 집권층의 의도와 관계가 깊었다. 이 시기에 특히 집권층을 긴장시킨 것은 천주교의 확산이었다. 집권층에게 기존의 사회 이념과는 다른 종교가 전파되는 것은 두려운 일이었다. 신을 절대적 권력자인 국왕보다 숭배하고 신 앞의 평등을 주장해 신분체제를 동요시키는 천주교는 절대 용인될 수 없었다. 그래서 각국의 집권층은 천주교도를 가혹하게 탄압했고 천주교를 전파하는 서양 세력과의 접촉을 극도로 경계했다.

새로운 변화를 두려워했던 집권층은 동아시아 각국 사이의 접촉도 최소화하려 했다. 조선은 중국에 의례적인 사절만을 파견했을 뿐이다. 일본과도 의례 장소를 변경하는 문제로 난항을 겪다 1811년(순조 11)에 가서야 일단락되어 사행을 파견했다. 하지만 이전의 통신사행과 비교해 볼 때, 장군을 직접 만나지 못하고 학술·문물 교류도 대마도 번 주변 등으로 한정되는 등 통신사를 파견하는 관행만이 유지된

기형적인 의례에 지나지 않았다.

　새로운 대응방안을 마련하도록 요구하던 동아시아의 지식인들은 집권층의 이러한 태도에 불만을 품을 수밖에 없었다. 그에 따라 각국의 지식인들 사이에서는 대응력을 갖추기 위해서라도 내부 개혁이 이루어져야 한다는 인식이 싹트기 시작했다. 대외 위기 인식이 내부 개혁의 필요성을 자극했던 것이다.

　청의 유명한 사상가 유봉록劉逢祿은 오랑캐를 물리치려면 먼저 중국을 바로잡아야 한다며 개혁을 주장했다. 그의 영향을 받은 공자진龔自珍은 19세기 초반의 상황을, 옴에 걸린 사람을 근본적으로 치유하려 하지는 않고 긁지 못하게 하려고 침상에 묶어놓은 격이라고 지적했다. 이들에게 서양의 위협도 위협이지만 근본적인 관심은 청조 내부의 정치·사회적 문제였다.

　일본에서는 해방에 대한 논의가 진전됨에 따라 제대로 해방을 수행하지 못하는 막부에 비난의 화살이 돌아갔다. 코가 세이리古賀精里와 같은 해방론자는 아무짝에도 쓸모없는 사람들이 자리를 차지하고 앉아 녹만 축내는 바람에 백성의 마음이 모두 떠나버렸다며 무능한 막부를 공격의 표적으로 삼았다.

　조선의 이규경과 최한기는 교역을 하면 병란을 부를까 염려해 교역할 생각도 하지 못하는 정부의 폐쇄적 태도는 물론 공허한 심성론에 치중하는 지식인들의 학문풍토도 아울러 비판하며 대책을 촉구했다.

　하지만 권력 유지에 급급해하던 정권 담당자들에게 개혁을 기대하기는 어려웠다. 청에서는 사치풍조와 부패가 만연하는 가운데 거의 10년간 지속된 백련교도의 난을 비롯한 각종 반란이 꼬리를 이었지만

1791(정조 15)
최초의 천주교도 박해 사건인 신해박
해 발생.

1801(순조 1)
선교사 주문모를 비롯한 천주교인 100
여 명이 처형되는 신유박해 발생.

1839(헌종 5)
제2차 천주교 박해 사건인 기해박해
발생으로 천주교인 100여 명 이상이
사망.

프랑스인 순교자들   프랑스 파리 외방전교회가 펴낸 도서에 실린 프랑스인 순교자들 . 여기에는 1839년부터 1866까지 조선에서 처형된
프랑스인 신부 12인의 초상과 이름이 실려 있다. 우리나라에 천주교가 전래된 것은 18세기 무렵으로 서학, 즉 천주교가 중국에 전래되자 우
리나라 학자들이 연행사신을 통해 서학사상을 받아들여 연구·소개하기 시작했다. 특히 근대 문물에 관심이 많던 이익의 제자들을 중심으로
서학이 학문으로서 연구되었는데, 그중에서도 이벽 등은 서학을 학문의 차원이 아닌 신앙의 차원으로 받아들여 천주교를 믿기 시작했다.
그러나 천주교의 인간평등과 내세사상은 조선 사회의 입장에서 볼 때 당시의 사회질서를 근본적으로 부정하는 것으로 이해되어, 이로 인해
천주교는 정부로부터 많은 박해를 받게 되었다. 1785년 을사추조적발 사건을 시작으로 1866년의 병인박해까지 약 100여 년에 걸친 크고 작
은 박해로 수많은 신도들이 처형되었다.

어떤 의미있는 개혁도 이루어지지 못했다. 일본 막부는 1841년부터 '덴포天保 개혁'을 단행했지만 막부 권력의 강화를 추구한 것이었기 때문에 큰 반발만 초래한 채 별 성과 없이 끝나고 말았다. 조선의 세도 정권은 모순의 본질은 파악하지 못하고 고식책으로 일관했으며 1839년(헌종 5) 3명의 프랑스 신부와 수십 명의 천주교 신도를 처형하는 등 국내 통제를 강화해 정권의 안정을 도모했을 뿐이었다. 새로운 변화를 모색해야 할 시점에서 동아시아는 서양의 침입을 맞았으며, 그에 따라 개혁과 방어를 동시에 수행해야 하는 더 어려운 상황으로 빠져들게 되었다.

동아시아의 불평등체제로의 편입과 조선

영국을 중심으로 한 유럽 국가들은 새로운 상품시장을 찾아 동아시아에 진출했지만 두 가지 난관에 봉착해 있었다. 하나는 만성적인 무역적자였다. 영국의 주 수출품은 인도산 면화였는데 그 총 수출액은 주 수입품이던 차 수입액의 6분의 1에 불과한 실정이었다. 그 탓에 매년 막대한 양의 은이 중국으로 흘러들어갔다. 다른 하나는 청의 폐쇄적 태도였다. 중국의 무역항은 18세기 중엽 이후 광동성 한 곳으로 한정되었고 무역 거래는 청의 독점 상인단체인 공행公行을 통해서만 행해지고 있었다. 정부가 서양인을 직접 대할 수 없다는 전통적 관념 때문이었다. 외국 선박이나 일반 행상은 반드시 공행의 보증을 받아야 무역품의 매매를 담당할 수 있었다. 무역 확대를 원하고 있던 유럽으로서는 이러한 통제가 불만스러울 수밖에 없었다.

영국은 먼저 무역 역조 문제를 해결하기 위해 비상수단을 마련했다. 바로 아편 수출이었다. 중국에는 아편중독자가 널려 있었기 때문에 아편의 판매는 얼마든지 가능했다. 중국의 아편 수입량은 1820년대까지 평균 4, 5천 상자였으나 1820년대 후반에 들어서는 평균 1만 상자 전후로 늘었고 제1차 아편전쟁(중영전쟁)이 일어나기 직전인 1839년에는 4만 상자를 넘었다. 아편을 밀수출해 받은 돈은 중국으로부터 수입한 전 품목의 액수보다 많았다. 아편 수출로 수입 초과 현상은 완전히 해소되었다.

남은 문제는 중국의 무역 관행을 바꾸는 것이었다. 의회에 다수 진출하면서 영향력이 더욱 커진 영국의 산업자본가들은 본국 정부에 해외 시장의 확대를 끊임없이 요구했다. 영국은 교섭을 통해 문제를 해결하고자 했으나 이러한 시도가 무위로 돌아가자 더욱 효과적인 방법, 즉 무력을 동원했다. 영국은 1840년 통상의 자유를 지킨다는 명목으로 제1차 아편전쟁을 도발했다. 전쟁에서 승리한 영국은 1842년 중국에 난징조약을 강요해 홍콩을 할양받고 광주와 상해 등 5항을 개항했으며 관세협정권, 치외법권, 일방적 최혜국 대우를 받는 권리를 획득했다. 서양인들의 시각에서 난징조약의 체결은 중국이 조공으로 대표되는 중화적 질서에서 탈피해 조약을 매개로 한 대등한 국제질서로 편입된 것을 의미했다. 하지만 영국의 강요에 의해 체결된 조약은 전혀 평등하지 않았으며, 중국을 착취하기 위한 도구에 불과했다. 홍콩 강점은 조약의 착취적 성격을 단적으로 보여준다. 외국의 동의 없이 관세율을 조정할 수 없는 관세협정권은 무역자주권의 상실을 뜻하는 것이었으며, 치외법권으로 중국은 사법에 의한 외국인 단속의 권리를 잃어버렸다. 이러한 착취적 성격은 조공체계에도 없었다.

영국, 중국의 문을 열다   1842년 8월 아편전쟁 종결을 위한 강화조약인 난징조약을 체결하는 영국과 중국. 아편 수입으로 인한 피해와 은의 유출을 막기 위하여 청의 선종은 아편 무역 금지령을 내리고, 임칙서를 광둥에 파견해 영국 상인의 아편을 불태워버리고 밀수업자를 처형했다. 이에 영국은 무역의 보호를 구실로 해군을 파견해 1840~1842년 사이 영국과 청 사이에 아편전쟁이 발생한다. 전쟁은 청의 패배로 끝났고 난징조약이 맺어졌다. 이 조약은 중국이 외국과 맺은 최초의 근대적인 조약이자 불평등조약이다. 이 조약으로 중국이 오랫동안 유지해오던 중화사상은 여지없이 깨졌으며 중국 사회는 커다란 충격에 빠졌다. 광주에만 제한시켰던 외국 상인들의 활동은 확대되었고, 문제가 되었던 아편에 관해서는 언급이 없었다. 아편 무역을 계속하겠다는 영국의 입장이 관철된 것이다. 이후 중국은 미국, 프랑스 등 다른 서양 여러 나라들과도 영국과 맺은 조약의 내용과 비슷한 불평등조약을 맺을 수밖에 없었다. 1844년에는 미국과 망하조약, 프랑스와는 황포조약을 맺게 되고 중국 대륙은 서구 열강에 의해 서서히 잠식되어가기 시작했다.

제1차 아편전쟁을 기점으로 서양 열강의 동아시아 진출은 본격화되었다. 1844년에는 네덜란드 국왕이 일본 쇼군에게 친히 국서를 보내 세계 정세를 설명하며 개국을 권유했다. 1846년에는 영국선이 류큐에 도래하고 이어 프랑스 군함이 나타나는 등 서양 국가들의 접근이 빈번해졌다. 조선 연안에도 서양 선박의 출현이 잦아지면서 조선인들의 불안감을 고조시켰다. 1846년에는 주청 프랑스 함대 사령관 세실이 홍성에 나타나 1839년의 프랑스 선교사 처형에 대한 해명을 요구하는 서한을 전달하고 이듬해 다시 답서를 받으러 오겠다고 해 조선을 긴장시켰다. 실제로 다음 해 7월 해군 대령 라 피에르가 답서를 받기 위해 군함 2척을 인솔하고 나타났는데 이는 매우 충격적인 사건이었다. 조선이 서양의 사정권 안에 있음이 분명해졌기 때문이다.

이미 무력 침공을 받고 불평등조약을 체결한 청은 물론이고 일본과 조선도 서양 열강의 도전에 어떻게 대응할 것인지가 시급한 문제로 대두했다. 가장 기민하게 대응한 국가는 일본이었다. 서양 세력의 통상 요구에 대해 막부는 불가하다는 방침을 세웠지만 제1차 아편전쟁의 구체적인 정보를 접하고 나서 1842년 〈무이념타불령〉을 폐지하고 땔나무나 물을 요구하는 선박에 이를 급여하도록 하는 〈천보신수령天保薪水令〉을 내리는 등 유화적인 태도를 취했다. 1845년에는 해방과 외교 업무를 총괄하는 새로운 기구로 해방괘海防掛를 설치하고 대외 정보의 수집에 나섰다. 그 결과 1852년에는 이듬해 미국 사절이 내항해 개국을 요구할 것이라는 정보를 입수할 수 있었으며 실제로 1853년 미국의 페리가 증기군함 4척을 이끌고 우라가浦賀에 나타나 대통

령의 국서를 수취하도록 막부에 요구했다. 국서를 수리하지 않는다면 강호에 들어가 쇼군과 직접 담판하고 그것도 안 된다면 "신속히 일전을 겨루어 승패를 판가름할 것"이라는 협박도 곁들였다. 힘의 한계를 느낀 막부는 결국 다음 해 미·일 화친조약을 체결했다. 이로써 일본 역시 근대적 불평등체제로 편입되었다.

통상·외교관계 수립의 불가피성을 깨달은 일본 막부는 1858년에는 '미·일 수호통상 항해조약'을 조인하고 이어 러시아·네덜란드·영국·프랑스 등과도 차례차례 통상조약을 체결하는 등 대외관계의 확대에 주력했다. 그에 따라 각국 공사가 에도에 주재하고 1859년부터 가나가와神奈川(지금의 요코하마)·나가사키·하코다테函館 세 항구가 무역항으로 개방되었다. 확대되어가는 대외관계를 총괄하기 위해 해방괘를 대신해 외국봉행外國奉行이라는 독립된 외교담당기구도 설치되었는데 이는 일본이 해방으로 대표되는 전통적인 대외 정책을 포기하고 다른 나라와의 외교나 무역을 적극적으로 추진하는 근대 외교의 길로 나서게 되었음을 의미한다.

한편 청은 영국에 굴복했지만 서양국에 대해 천자가 제후국을 어루만져 은혜를 베푼다는 식의 전통적인 관념에서 벗어나지 못했다. 이 때문에 패전 이후에도 대외 정책에 어떠한 변화도 가져오지 못했으며 무역 확대를 목적으로 한 서양의 조약개정 요구에도 제대로 대응할 수 없었다. 결국 영국과 프랑스는 1856년 애로호 사건을 빌미로 연합군을 결성해 중국을 다시 침공했다(제2차 아편전쟁). 1858년 톈진(천진)조약이 체결되었지만 1860년에 톈진조약의 비준서 교환 문제로 다시 전쟁이 개시되었다. 영·프 연합군은 함풍제咸豊帝가 열하로 피난해 비어 있는 북경을 1860년 10월 함락시켰으며 함풍제로부터 사태 수습을 위임받고 북경에 남아 있던 공친왕恭親王이 연합군과 접촉한 후 베이징(북경)조약을 체결했다. 베이징조약으로 청은 영국과 프랑스에 각각 800만 냥의 배상금을 지급하는 외에 천진을 새로 개방하고 구룡九龍반도 남단의 한 곳을 할양했다. 고식적인 대응의 결과 청은 비싼 대가를 지급해야 했다.

제2차 아편전쟁을 겪고서야 청도 기존의 외교책을 변경했다. 서태후와 결탁해 주전파를 제거하고 정권을 장악한 공친왕은 대외관계에서 유연한 입장을 취해 1861년 유럽 국가들과의 외교 문제를 전담할 기구로 총리각국사무아문總理各國事務衙門을 설치했으며 해외에 사절단도 파견했다. 각국과 적극적으로 통상·외교관계를 체결하는 방식은 분명히 기존의 대외 정책과는 방향이 다른 것이었다.

가장 먼저 근대 외교의 길로 들어선 일본의 태도는 더욱 적극적이었다. 1862년에는 상해로 상인을 파견해 통상을 요청했으며 1868년에도 통상을 요청했다. 이러한 적극적인 태도에는 침략성도 내포되어 있었다. "근처의 작은 나라들을 병탄하고 무역을 활발히 하면 유럽 제국을 능가할 수도 있다"는 저명한 사상가 하시모토 사나이橋本左內의 언급에서 나타나듯 일본의 침략적 경향은 이미 메이지유신明治維新 (1868년 개시) 전부터 등장했다. 조선·대만·루손 등을 점령해야 한다는 주장이 공공연하게 제기되고 있었으며 이는 메이지유신 후 본격적인 실행에 옮겨졌다.

제1차 아편전쟁 이후 청과 일본에서는 정치적 변동이 일어나고 대외 정책에도 큰 변화가 발생했던 데 반해 조선은 기존의 대외 인식과 정책을 그대로 고수했다. 조선 정부는 서양을 물리쳐야 할 대상으로 간주했고 그들을 물리칠 수 있다는 판단하에 대책을 마련했다. 서양 세력과 내통하고 있는 것으로 판단한 천주교도를 철저히 통제하는 가운데 중국을 중심으로 하는 기존의 전통적인 대외관계를 강화한다는 것이 당시 조선 외교 정책의 기본 방침이었다. 1832년 암허스트호가 나타나 통상을 요청했을 때 '조선은 청의 속국이기에 외교권이 없다' 며 거절했던 데서 당시 조선 정부의 태도가 잘 드러난다. 이러한 태도는 청에 대한 신뢰에 기반을 둔 것이었다. 아편전쟁으로 청의 취약성이 그대로 드러났지만 조선은 중국을 변함없이 신뢰하고 있었다. 1845년 좌의정 김도희金道喜가 이양선에 청나라 통사가 있었음을 들어 청 황제에게 이양선의 왕래 금지를 청해야 한다고 한 주장과 1847년(헌종 13) 비변사에서 1839년에 서양 신부를 처벌한 사실을 청에 보고하고 서양인들이 다시 오지 못하도록 요청하자고 제안한 데서 당시 조선의 대청 인식과 국제관을 엿볼 수 있다. 비록 청의 세력이 약화되었다고는 해도 서양 정도는 충분히 제어할 수 있을 것으로 판단했던 것이다. 조선은 그간 형식적인 관계를 유지하던 일본에 대해서도 일본과 강화한 이래 변경邊境에 관계되는 일이 있으면 서로 통보해 변경의 근심을 함께했다며 이양선의 왕래 사실을 막부에 알리는 등 공동 보조를 맞추기에 힘썼다.

그러나 제2차 아편전쟁 이후 전개된 일련의 상황은 전통적인 외교 틀을 고수하고 있던 조선을 당황하게 했다. 동아시아의 튼튼한 울타리 역할을 해줄 수 있을 것으로 기대했던 청은 스스로 보위하기도 어려웠으며 일본은 서양과 통교한 이후 서양 국가들이 했던 방식으로 오히려 조선을 압박해왔다. 이제 조선은 서양의 위협뿐만 아니라 새로운 길로 나선 일본의 도전에도 대응해야 하는 이중의 부담을 안게 되었다. 스스로 전통적인 외교체제에서 탈피한 청 역시 조선에 새로운 위협 세력으로 다가오게 될 것 또한 분명한 일이었다.

19세기 후반
조선의 문호개방 과정

대원군 집권기 쇄국·개방을 둘러싼 논란

1863년 고종의 즉위와 함께 흥선대원군이 정권을 장악했다. 이러한 대원군 앞에는 풀어야 할 여러 난제가 놓여 있었는데 대외 세력에 대한 대처방안을 마련하는 것도 그 가운데 하나였다. 당장 1860년(철종 11) 베이징조약으로 연해주를 획득해 조선과 국경을 접하게 된 러시아가 국경지대에 배치된 군대에 공급할 식료품을 구하기 위해 여러 차례 육로통상을 요청하는 문제를 해결해야 했다. 이에 대해 대원군은 청으로부터 얻은 정보와 국경을 수시로 넘어와 통상을 요구하는 러시아의 행위를 근거로 러시아를 침략세력으로 단정하고 프랑스와 영국을 이용해 러시아를 견제하려 했다.

지방관으로부터 러시아의 통상 요청 사실을 보고받는 자리에서 대원군은 "만약 프랑스 선교사들이 러시아인들을 쫓아낼 수만 있다면 종교의 자유를 보장하겠다"고 제안한 것으로 알려져 있다. 실제로 대

함경도와 러시아 동부지역   러시아 동쪽 연해주 땅을 그린 〈아국여지도〉(19세기). 김광훈과 신광
욱이 두만강 어귀의 연해주 일대를 16년간 정탐해 제작한 지도다. 이 지도로 초기 러시아로 이주
한 한인들의 현황과 한국·러시아·청 간의 국경 현황을 파악할 수 있다. 1860년 베이징조약으로
연해주를 획득해 조선과 국경을 접한 러시아는 국경지대에 배치된 군대에 공급할 식료품을 구하
기 위해 조선에 통상을 요구해왔다.

원군은 병인사옥丙寅邪獄(1866)이 일어나기 전까지 2년 동안은 천주교도에 대해 관용적인 정책을 펴기도 했다. 러시아 견제를 위해 천주교까지 용인할 수 있다는 대원군의 태도는 세도정치기라면 상상할 수 없는 것이었다. 그런 점에서 대원군의 초기 외교책은 쇄국이라는 시각으로만 보기 어려운 측면이 있다. 그렇다고 대원군에게 기존의 전통적인 외교 틀을 벗어나 서양 국가들과 적극적으로 대외 교섭을 추진할 의사가 있었다고 보기는 어렵다. 러시아와 직접 교섭하는 대신 러시아에 대한 정보를 러시아와 대립관계에 있던 청을 통해 입수하고, 북경을 함락시켰던 열강인 영국과 프랑스를 이용해 러시아를 견제하려 했던 데서 나타나듯 대원군의 외교 정책은 한계가 분명했다. 결국 프랑스를 끌어들이려는 대원군의 시도는 정치적인 이유로 중단되어 같은 해 대대적인 천주교도 처벌이 이루어졌으며, 이것이 빌미가 되어 병인양요丙寅洋擾가 발발했다.

병인양요를 계기로 조선에서는 대외 정책의 방향을 놓고 본격적인 논의가 전개되었다. 프랑스군이 침입하자 그에 어떻게 대응할 것인가를 두고 논란이 벌어진 것이다. 논란의 두 축은 주전론과 주화론이었다. 주전론은 서양의 무력을 충분히 제압할 수 있다는 점을 근거로 하고 있었다. 주전론자들은 서양의 무력이 대단하지 않은 것으로 판단했다. 조선은 중국과는 달리 삼면이 높은 산맥으로 겹겹이 쌓여 있고 산골짜기는 밭을 일구기에 적당해 군량을 조달할 수 있으므로 방어만 철저히 한다면 서양의 침입은 언제든지 물리칠 수 있다고 본 것이다.

주전론에 비하면 주화론에는 통상적 주화론, 천주교 신자들의 문호 개방론과 같은 다양한 종류의 논의들이 포함되어 있었는데 주류를 이론 것은 조선이 군사력으로 서양 세력을 당해낼 수 없다는 열세론이 었다. 열세론은 제2차 아편전쟁 소식이 전해진 직후부터 산발적으로 제기되었는데 병인양요를 계기로 폭넓게 확산되었다. 열세론을 주장 했던 이들은 일본이나 중국도 서양 세력을 제압하지 못해 그들이 하 는 대로 내버려두는 판국인데 주전론자들은 서양인들이 와도 두려울 것이 없다고 큰소리치고 있다고 비판했다.

주화와 주전을 둘러싼 논의는 점차 주전론 쪽으로 방향을 잡아갔 다. 1866년 9월 대원군은 중국이 강화한 이후 서양인들에게 곤욕을 당하고 있다는 점을 논거로 들면서 화친을 허락하는 것은 매국 행위 라는 등의 척화 4조목을 밝혔다. 청에는 서양으로부터 더 곤욕을 받 더라도 통상과 전교를 허락할 수 없다는 공식적 입장을 담은 자문을 전달했다.

프랑스군이 물러가자 대원군은 서양이 침략할 수 있었던 것은 호응 세력이 있기 때문이므로 이들을 다스리는 것이 급무라는 의정부의 건 의를 받아들여 천주교도에 대한 철저한 수색과 처벌을 지시했다. 또 서양인들이 매번 교역을 청하는 것은 조선인들이 서양 물품을 사용하 기 때문이라는 판단에 따라 삼강三江 지역을 수색해 서양 물건을 교역 하다 적발되는 자는 먼저 의주부에서 목을 벤 후 나중에 보고하도록 지시했다. 1871년(고종 8) 미국함대를 이끌고 나타난 로우 공사와의 교섭 과정에서 조선은 서양 국가들과 교섭하지 않는 것이 조상 전래 의 법도이며 청에서도 알고 있는 것으로 파기할 수 없다고 입장을 밝 혔다. 미군이 철수하자마자 전국 각지에 척화비를 세우는 조치가 뒤 따랐다. 이러한 상황에 대해 김윤식金允植이 '문을 닫고 화호를 물리치는[開門却好]' 것이라고 표현한 데서도 나타나듯 대원군의 대외 정책은 쇄국적인 성격이 강했다.

대원군의 외교 정책이 쇄국으로 치닫던 1870년대는 자본주의가 제국주의 단계로 진입하면서 식민지를 탈취하려는 움직임이 본격화되는 시기였다. 유럽은 산업혁명에 성공한 이후 꾸준한 자본주의적 성장을 거듭했고, 1870년대에 이르러 유럽 시장은 포화 상태에 달했다. 이러한 상황에서 독일과 이탈리아가 각각 통일되어 유럽의 새로운 강자로 부상하고, 미국이 1865년 내전을 끝내고 대외로 관심을 돌리는 등 자본주의 국가 간 경쟁이 치열해졌다. 서양 자본주의 국가들은 이익 확보를 위해 제국주의적 침략을 통해 해외 식민지 개척에 나섰다.

동아시아에서는 일본이 1868년 메이지유신을 단행하고 본격적으로 해외 팽창에 눈을 돌리면서 기존의 국제질서에 큰 변화가 초래되었다. 일본은 먼저 조선을 자본주의 시장체제에 편입시키기 위한 작업에 착수했다. 그 첫 조치로 1868년 일본은 조선에 메이지유신의 단행을 알리는 서계書契를 보냈다. 이에 대원군 정권은 일본이 스스로 황실이라 높여 부른 반면 조선을 귀국이라 칭하는 등 형식에 문제가 있다는 점 등을 들어 서계의 접수를 거부했다.

서계 문제로 난관에 봉착한 일본은 조선과 수교를 맺기 위해서는 청과 대등한 관계를 구축해야 한다고 판단해 1871년 청과 근대적 조약인 청·일수호조규와 통상장정을 체결했다. 청과 대등한 관계에 올라서자 일본은 1871년 말에 벌어진 류큐의 표류민들이 대만의 토착민에게 살해된 사건을 문제 삼아 직접 토착민을 정벌하겠다며 1874년 대만에 군대를 파견했다. 군비軍備가 약했던 청은 살해된 류큐민에

1846(헌종 12)
김대건의 체포를 계기로 천주교를 박해하
는 병오박해 발생.

1864(고종 1)
동학 교주 최제우 사형.

1866(고종 3)
제너럴셔먼호 사건(8월)과 병인양요(9월)
발생.

병인양요와 신미양요　　1866년 10월 22일 프랑스의 강화도 포격 장면(《세계저널 일러스트레이션 L'ILLUSTRATION JOURNAL UNIVERSEL》,
1867)과 1871년 조선에 침략해온 미국 아시아함대 콜로라도호.
대원군의 천주교 탄압에 대한 보복으로 프랑스군이 강화도를 침입해 발생한 사건인 병인양요는 1866년 초에 있었던 병인박해 때 탄압을 모
면한 신부가 프랑스 극동함대 대사령관인 로즈에게 박해 사실을 알리고 보복을 요청한 데서 시작되었다. 프랑스군은 10월 14일 상륙 이래
거의 한 달 동안 강화도를 점거했지만, 정신적·육체적으로 피로했기 때문에 정족산성을 재공략할 수 있었음에도 불구하고, 11월 10일 함대

1871(고종 8)
신미양요 발생.

1873(고종 10)
고종이 친정을 선포함.

1875(고종 12)
일본 군함 운양(운요)호 사건 발생.

를 철수하고 말았다. 병인양요로 인해 대원군의 쇄국 정책과 천주교 탄압은 더욱 강화되었다. 병인양요는 서양 제국주의 세력을 최초로 격퇴한 사건이다. 같은 해 미국은 제너럴셔먼호가 평양에서 침몰한 사건을 계기로 조선의 개항 문제에 적극 관심을 갖는다. 미국은 제너럴셔먼호 사건을 빌미로 1871년 강화도에 침입해 신미양요가 발생한다. 그러나 대원군의 강력한 쇄국양이 정책에 부딪친 미국은 조선 개항을 단념하고 함대를 철수했다. 조선은 이 전쟁에서 완전 패전했지만, 미군 함대의 철수를 곧 패퇴로 간주했고 그 결과 배외 감정이 더욱 고조되었다.

대한 보상금을 지급했는데 이는 조공국 류큐에 대한 종주권을 스스로 부인하고 류큐를 일본의 속국으로 인정한 것이었다. 결국 1879년에 일본은 류큐를 오키나와현으로 개편해 일본 영토로 병합했다.

일본에 의해 중국 중심의 전통적 국제질서가 해체되는 상황에서 대원군 정권은 여전히 전통적 외교질서를 고수했다. 청은 대원군 정권의 이러한 태도를 지지했다. 조선이 서양과 통교하면 중국 중심의 질서가 동요할 것을 우려했기 때문이다. 청에 조선은 조공국이지만 중화질서를 유지하기 위해 연대해야 할 동지이기도 했다.

비록 표출되지 않았지만 대원군의 폐쇄적인 정책에 대한 조선 지식인들의 불만은 적지 않았다. 특히 대원군이 추진한 부국강병책의 한계가 드러난 1871년의 신미양요를 계기로 그러한 불만은 증폭되었다. 박규수朴珪壽는 미국 함대가 철수했지만 이후 더욱 심각한 사태가 도래할 것을 우려하면서 미국과의 대화와 협상을 일절 배격하는 조정의 태도에 강한 불만을 표시했다. 어양책禦洋策에 대한 불만을 넘어 조선의 대외 정책 자체를 수정해야 한다는 주장도 제기되었다. 오경석吳慶錫은 후일의 회고에서 신미양요 당시 자신이 대원군에게 미국과 외교관계를 체결하지 않을 수 없는 이유를 설명했다고 밝힌 바 있다.

하지만 이러한 주장은 "조정에서는 서양인을 막아내고 사악한 무리를 없애려 하며, 사대부들은 뜻을 받들어 정대正大한 의론을 하는 데 힘쓰고 혹시라도 외국의 일을 말하면 손을 내저으며 경계한다"고 이야기되던 대원군 집정하의 분위기에서는 검토되기 어려운 내용이었다. 오경석이 외교관계 수립을 건의했다가 대원군에게 '개항가開港家'로 지목받아 배척된 데서 당시의 분위기는 잘 나타난다. 1873년 연행했던 정사 정건조鄭健朝에게 청 측 인사들이 서양과의 통교가 국가에 이익이 된다는 이야기를 했을 때 정건조는 조선에는 주전론만 있기 때문에 화친하자는 이야기를 했다가는 화를 입게 될 것이라며 매우 조심스러운 반응을 보였다. 적어도 대원군 집권하에서 통교에 대한 논의는 발설하기 어려운 상황이었다.

고종 친정과 문호개방 정책의 추진

1873년(고종 10) 10월 대원군의 참정을 비난하는 최익현崔益鉉의 상소를 계기로 정국이 일변해 대원군이 정권을 잡은 지 만 10년 만에 실각하고 고종이 친정을 단행했다. 친정을 선언한 고종은 대원군계 인물들을 제거하고 박규수를 우의정에 임명하는 등 친정체제를 구축했다. 친정 이전부터도 대외관계에 관심이 많았던 고종은 친정과 동시에 대외 정책의 변화를 모색했다. 즉각적인 변화는 일본과의 외교 정책에서 나타났다. 고종은 대일외교의 실무를 담당했던 경상감사와 동래부사를 교체했으며, 1874년 4월 박정양朴定陽을 경상좌도 암행어사로 파견해 동래부 왜관에 있던 일본 측 관리와 접촉하게 하는 등 일본과의 국교 재개 교섭에 나섰다.

일본과의 국교 재개 움직임은 1874년 6월 중국 총리아문의 비밀자문이 도착하면서 급물살을 탔다. 대만에 출병했던 일본군이 조선을 침략할지도 모르며 이에 프랑스 및 미국이 동조할 가능성이 있으므로 이 기회에 조선은 서양과 통상조약을 맺어야 한다는 것이 청에서 보낸 자문의 내용이었다. 그리고 며칠 후에는 대원군 정권에서 강경한 대일 척화책을 주도했던 왜학훈도 안동준安東晙을 일본과의 교섭을 단절시켜 교린강호交隣講好를 저해한 책임을 물어 처벌하기로 방침을 세웠다. 이어 9월에는 일본과의 교섭이 중단된 모든 책임을 훈도와 통사 등에게 전가하면서 새로운 형식에 따라 교린을 계속하기를 바란다는 뜻을 청에 전달했다. 하지만 막상 국내에서는 여전히 일본에서 보낸 서계의 형식을 문제 삼는 인사들이 많아 교섭 시도는 다시 교착 상태에 빠지고 말았다.

조선의 순수한 의도와는 달리 일본 측은 침략적 야욕을 바탕으로 조선과의 조약 체결을 추진했다. 1875년 9월에 발생한 운요호 사건은 일본의 침략성을 그대로 보여주었다. 운요호는 서울로 들어오는 길목인 강화만에 아무런 통고도 없이 접근해 조선군의 포격을 유도했고 조선의 정당한 대응을 일방적인 도발이라고 문제 삼으며 조선에 조약 체결을 압박했다. 이러한 일본의 태도로 평화적 국교 수립은 무산되고 결국 무력을 동반한 시위에 밀려 1876년 2월 강화도에서 조일수호조규(강화도조약)가 조인되기에 이르렀다. 조약은 매우 조속히 체결되었는데 이는 박규수 등이 고종의 지지를 바탕으로 결정한 것이었다. 박규수와 실무를 맡았던 오경석, 강위姜瑋 등이 적극적으로 나서 일본 측의 일방적 요구를 막는 성과를 거두기도 했지만, 기본적으로 조약의 성격은 일본이 서양 제국과 맺었던 것과 같이 불평등한 것이었다.

조일수호조규는 조선이 외국과 맺은 최초의 근대적 조약이었다. 조약 체결 과정에서 조선은 일본 이외의 나라와 조약을 체결할 의사가 없다고 밝혔던 데서 나타나듯 조일수호조규의 체결이 개방 정책의 전면적인 추진을 의미하는 것은 아니었다. 고종을 비롯한 집권층은 조일수호조규의 체결을 교린관계의 회복으로 인식하고 있었다. 이미 근

포격 중인 운요호   운요호 사건을 묘사한 일본 시니키에(다색판화) 〈운요호 병사 조선 강화 전투
도雲揚艦兵士朝鮮江華戰之圖〉(쓰키오카 요토시月岡芳年, 1876). 1875년 9월 일본 군함 운요호의 강화
해협 불법 침입으로 조일 간에 충돌이 벌어지는데 운요호 사건이라고 한다. 1868년 메이지유신
을 단행해 근대화를 이룬 일본은 자국 내에서 제기된 정한론을 기반으로 조선에 국교재개를 모
색, 국교 교섭을 벌이고자 운요호를 비롯한 군함 3척을 조선에 파견한다. 일본의 군함 '운요호'는
해안선의 측향 및 제반 조사라는 명목으로 강화도에 접근해 조선군의 포격을 유도한 다음, 강화
도와 영종도에 수병을 상륙시켜 조선군과 전투를 벌였다. 조선이 먼저 공격했다며 이를 빌미로
무력적 위협을 가하며 통상을 요구했고 1876년 일본에 일방적으로 유리한 조일수호조규를 체결
하게 된다.

대적 조약체제에 편입되었음에도 당국자들의 인식은 여전히 사대교린적인 차원에 머물러 있었던 것이다. 하지만 대원군 정권에서 강력하게 거부했던 일본과의 수교를 성사시켰던 데서 대외 정책의 방향이 이전과 다른 방향으로 선회하고 있었음을 볼 수 있다.

외교 정책의 방향이 선회하면서 그를 둘러싼 갈등이 촉발되었다. 조약 체결을 계기로 조선 내에서는 척사론과 개방론의 대립이 본격화되었다. 조약 체결 자체가 내부의 합의에 따라 이루어진 것이 아니며 일본이 예전의 일본이 아니라는 점으로 말미암아 갈등은 더욱 심했다. 조일수호조규가 조인되자 일본과의 조약을 배척하는가 그렇지 않은가에 따라 깨끗한가 혼탁한가를 구분하는 이른바 '청탁론淸濁論'이 조야에 성행하는 가운데 유생들 사이에서는 본격적인 개항반대운동이 전개되었다. 병인양요 당시 주전론을 주창했던 이항로李恒老의 문인들은 개항을 단호히 거부하면서 김평묵金平默을 중심으로 개항반대운동을 주도했다. 이들은 일본이 실제로는 서양세력과 다름없다는 '왜양일체론倭洋一體論'을 근거로 일본과의 조약 체결이 구호舊好의 회복에 불과하다는 정부 측의 논리를 정면으로 반박했다. 경기·관동·영남 지방의 유생들도 본격적으로 척사운동을 전개했다. 이들은 서양화된 왜와의 통교로 조선의 예악이 절멸되고 서양 물건의 유입으로 경제적인 폐단이 발생하는 등 중화 조선이 금수禽獸의 지경으로 바뀌게 될 것이라고 주장했다.

척사론자들의 주장에 대해 개방론자들은 대의를 밝히는 것도 중요하지만, 사변에 대비하지 못한다면 대의도 실제 전혀 도움이 되지 않는다면서 척사론이 사세를 헤아리지 않고 큰소리를 내거나 의리를 가탁해 인심을 선동하고 임금을 고립시키는 행위라고 비판했다. 조일수호조규(朝日修好條規) 체결 당시 접견대신으로 교섭전권을 위임받았던 신헌申櫶을 수행해 회담 진행 과정을 지켜보았던 강위는 "도道라는 것은 나라를 보전하고 백성을 편안하게 하는 수단일 따름인데 지금 나라를 위태롭게 하고 백성을 죽인 이후에야 도를 지킬 수 있다고 한다면 나는 그 도라는 것이 과연 어떤 물건인지 모르겠다"며 척사론자들의 논리를 반박하기도 했다.

개방을 둘러싼 갈등이 이처럼 심각한 상황이었으므로 조선 정부는 무엇보다 먼저 개방에 대한 사회적 합의를 도출해야 했다. 하지만 조선 정부는 일본과의 외교가 구호의 회복일 뿐이라는 논리로 개항을 합리화하는 데만 급급해 개항에 대한 공감대를 이끌어내지 못했다. 이런 상태에서 정부는 1880년(고종 17) 12월 통리기무아문을 설치하면서 대내적으로 개화 정책을 본격적으로 추진하기 시작했다. 대외적으로는 1880년 수신사로 일본에 다녀온 김홍집金弘集이 《조선책략朝鮮策略》•을 가져온 것을 계기로 서양과 수교하기로 방침을 정하고 1882년 4월 서양 중 처음으로 미국과 조약을 체결했다. 그간 고수해온 폐쇄 정책을 전면 수정하고 개방 정책을 본격 추진한 것인데 이는 큰 반발을 불러일으켰다. 1881년 유생들 사이에 이른바 '신사척사운동辛巳斥邪運動'이 일어났으며, 고종을 몰아내려는 대원군 계열의 쿠데타 모의(이재선李載先 역모사건)가 벌어지기도 했다. 1882년 임오군란이 발생하는 데 정부의 일방적인 개방 정책에 대한 불만도 하나의 원인으로 작용했다.

보수층의 반발에 직면했지만 개방 정책의 기조는 변하지 않아 조선은 미국과 수교한 이후 청, 영국, 독일 등과 연이어 조약을 체결했다.

조선책략

청 말 학자인 황준헌黃遵憲이 저술한 책으로 1880년에 간행되었다. 러시아의 남차정책에 대비하기 위한 조선, 청, 일본 3국 간의 외교정책을 다루었다. 저자는 이 책에서 러시아의 남하정책에 대비하고, 조선에서의 러시아세력을 막기 위해서는 조선, 청, 일본 3국이 수호하고, 미국과 연합해야 하며, 조선은 서양의 제도와 기술을 배워야 한다고 했다.

개방은 기본적으로 세계 자본주의체제로의 편입을 의미하는 것이었다. 각국과 맺은 조약 내용은 차이가 있었지만 모두 불평등조약으로 열강의 침탈을 용이하게 했다. 조미조약에 규정된 '최혜국 조관'으로 조선과 조약을 체결한 국가는 모두 조선에서의 특권을 공유할 수 있게 되었다. 특히 청이 임오군란 진압의 명목으로 조선에 군대를 주둔시키고서 조선 정부를 압박해 1882년 일방적으로 체결한 〈조중상민수륙무역장정朝中商民水陸貿易章程〉은 매우 부당한 것이었다. 조선을 청의 속국으로 규정한 이 조약을 통해 청은 자국의 상인이 조선 내지에서 상행위를 할 수 있다는 등의 권리를 보장받아 조선을 합법적으로 침탈할 수 있는 길을 열었다. 청과의 조약은 이후 일본, 영국 등이 자신들에게도 청과 같은 권리를 인정해줄 것을 요구하고 나서게 해서 불평등성을 더욱 심화시키는 결과를 가져왔다.

개방은 피할 수 없는 것이었고 개방에 따라 열강의 침탈이 가속화될 것은 분명했다. 조선 정부는 내부의 역량을 결집해 그러한 침탈에 효율적으로 대응할 수 있는 힘을 길러야 했다. 하지만 상황은 그렇지 못했다. 개방에 반대하는 보수층의 목소리는 여전했는데 여기에 더해 개방을 추진하는 세력 사이에도 분열이 생겼다. 김윤식을 비롯해 초기 개화운동을 주도했던 이른바 온건개화론자들은 청에 의지하려 했지만 김옥균金玉均 등 급진개화론자들은 일본의 힘을 빌려 개방 정책을 추진하고자 했다. 개방 전략을 둘러싼 갈등은 결국 1884년 갑신정변甲申政變으로 폭발했다. 갑신정변은 국민적 기반을 갖지 못한 채 추진되어온 개방 정책이 부른 결과였는데 그 대가는 혹독했다. 급진개화파의 몰락으로 그렇지 않아도 취약한 개화 역량 자체가 크게 약화된 것은 물론이고 일반인들 사이에 개하에 대한 반감이 확산됨에 따라 개방을 둘러싼 갈등은 다시 증폭되었다. 또한 김옥균 등 반청세력이 축출됨으로써 청의 정치 간섭이 크게 강화되어 조선 정부는 큰 부담을 갖게 되었다.

고종을 중심으로 한 집권세력의 입지는 크게 좁아졌다. 이런 상황에서 집권층이 택한 방법은 또 다른 외세 러시아를 끌어들이는 것이었다. 대외 세력과의 제휴를 통해 청을 견제한다는 전략은 적절히 구사한다면 효율적인 방안이 될 수도 있었다. 하지만 내부의 합의 없이 정책이 추진됨으로써 대외 정책의 방향을 두고 대립이 나타났으며 그러한 와중에 친청적 입장을 견지하던 김윤식·어윤중魚允中 등 초기 개화파마저 제거되었다. 주요한 정치세력이 떠난 빈자리를 메운 것은 부패한 민씨 척족들이었다.

— 노대환

참고문헌

● 교화와 형정

고영진, 《조선시대 사상사를 어떻게 볼 것인가》, 풀빛, 1999.

구덕회, 〈대명률과 조선 중기 형률상의 신분차별〉, 《역사와현실》 65, 한국역사연구회, 2007.

김성우, 《조선중기 국가와 사족》, 역사비평사, 2000.

김인걸, 〈조선 후기 향촌사회 변동에 관한 연구—18, 19세기 '향권' 담당층의 변화를 중심으로〉, 서울대박사학위논문, 1991.

_____, 〈조선 후기 향촌사회통제책의 위기—동계의 성격변화를 중심으로〉, 《진단학보》 58, 진단학회, 1984.

김태영, 《조선성리학의 역사상》, 경희대학교출판국, 2005.

김현영, 《조선시대의 양반과 향촌사회》, 집문당, 1999.

박경하, 〈조선 후기 향약 연구〉, 중앙대박사학위논문, 1992.

박광용, 〈조선 후기 '탕평' 연구〉, 서울대박사학위논문, 1994.

范忠信·鄭定·詹學農, 李仁哲 옮김, 《中國法律文化探究—情理法과 中國人》, 일조각, 1996.

심재우, 〈18세기 옥송의 성격과 형정운영의 변화〉, 《한국사론》 34, 서울대 국사학과, 1995.

_____, 〈조선시대 법전 편찬과 형사정책의 변화〉, 《대명률직해의 종합적 검토》, 2003.

심희기, 〈18세기의 형사사법제도 개혁〉, 《한국문화》 20, 서울대 한국문화연구소, 1997.

오수창, 《조선 후기 평안도 사회발전 연구》, 일조각, 2002.

이태진, 〈사림파의 향약보급 운동—16세기의 경제변동과 관련해〉, 《한국문화》 4, 서울대 한국문화연구소, 1983.

_____, 〈17, 18세기 향도조직의 분화와 두레발생〉, 《진단학보》 67, 진단학회, 1989.

_____, 〈18세기 한국사에 있어서의 민의 사회적 정치적 위상〉, 《진단학보》 88, 진단학회, 1999.

_____, 〈대한제국의 황제정과 '民國' 정치이념〉, 《한국문화》 22, 서울대 한국문화연구소,

1998.

이해준, 《조신시기 존락사회사》, 민족문화사, 1996.

장국화, 임대희 외 옮김, 《중국법률사상사》, 대우학술총서 아카넷, 2003.

정구복, 〈解題 決訟類聚補〉, 《한국학자료총서》8, 한국정신문화연구원, 1996.

정진영, 《조선시대 향촌사회사》, 한길사, 1998.

한국역사연구회 조선시기 사회사 연구반, 〈조선은 지방을 어떻게 지배했는가〉, 《대우학술총
　　서》477, 2000.

한상권, 〈16, 17세기 향약의 기구와 성격〉, 《진단학보》58, 진단학회, 1984.

＿＿＿, 〈조선시대 법전 편찬의 흐름과 각종 법률서의 성격〉, 《역사와 현실》13, 한국역사연구
　　회, 1994.

＿＿＿, 〈조선시대 소송과 외지부外知部-1560년 '경주부결송입안' 분석〉, 《역사와 현실》69,
　　한국역사연구회, 2008.

＿＿＿, 《조선 후기 사회와 소원제도》, 일조각, 1996.

홍순민, 〈조선 후기 법전 편찬의 추이와 정치 운영의 변동〉, 《한국문화》21, 서울대 한국문화연
　　구소, 1998.

● 농민의 의무, 국가의 책임

권기중, 《조선시대 향리와 지방사회》, 경인문화사, 2010.

金德珍, 《朝鮮後期 地方財政과 雜役稅》, 國學資料院, 1999.

金玉根, 《朝鮮王朝財政史研究》1~4, 一潮閣, 1984·1987·1988·1992.

김재호, 〈甲午改革이후 近代的 財政制度의 形成過程에 관한 研究〉, 서울대박사학위논문,
　　1997.

김태웅, 〈한국근대 지방재정 연구-지방재정의 개편과 지방행정의 변경〉, 아카넷, 2012.

李榮薰, 《朝鮮後期社會經濟史》, 한길사, 1988.

문용식, 《朝鮮後期 賑政과 還穀運營》, 경인문화사, 2001.

손병규, 《조선왕조 재정시스템의 재발견-17~19세기 지방재정사 연구》, 역사비평사, 2008.

宋亮燮, 《朝鮮後期屯田研究》, 경인문화사, 2006.

송찬섭, 《조선후기 환곡제도개혁 연구》, 서울대출판부, 2002.

양진석, 〈17, 18세기 환곡제도의 운영과 기능 변화〉, 서울대박사학위논문, 1999.

이헌창 외, 《조선후기 재정과 시장–경제체제론의 접근》, 서울대출판문화원, 2010.

張東杓, 《朝鮮後期 地方財政硏究》, 國學資料院, 1999.

全成昊, 〈조선후기 米價史 연구(1725~1875)〉, 성균관대박사학위논문, 1998.

宮嶋博史, 《朝鮮土地調査事業史の硏究》, 東京大學東洋文化硏究所, 1991.

須川英德, 《李朝商業政策史硏究－十八·十九世紀における公權力と商業》, 東京大學出版會,

　　1994.

● 혈통의 굴레, 신분의 구속

김성우, 〈17세기의 위기와 숙종대 사회상〉, 《역사와 현실》 25, 1997.

＿＿＿, 《조선중기 국가와 사족》, 역사비평사, 2001.

＿＿＿, 〈조선 후기의 신분제: 해체국면 혹은 변화과정?〉, 《역사와 현실》 48, 2003.

＿＿＿, 〈조선시대의 신분구조, 변화, 그리고 전망〉, 《동아시아 근세사회의 비교》, 혜안, 2006.

배재홍, 〈조선 후기의 서얼 허통〉, 《경북사학》 10, 1987.

유승원, 《조선 초기 신분제연구》, 을유문화사, 1987.

유영익, 〈갑오경장과 사회제도개혁〉, 《한국사회발전사론》, 일조각, 1992.

이성무, 《조선 초기 양반연구》, 일조각, 1980.

이수환, 《조선 후기 서원 연구》, 일조각, 2001.

이영훈, 〈18, 19세기 대저리의 신분구성과 자치질서〉, 안병직·이영훈 편저, 《맛질의 농민들－
　　한국근세촌락사》, 일조각, 2001.

이준구, 《조선 후기 신분직역변동연구》, 일조각, 1993.

이태진, 〈'소빙기(1500~1750)'의 천체 현상적 원인〉, 《국사관논총》 72, 1996.

이훈상, 《조선 후기의 향리》, 일조각, 1990.

정진영, 〈향촌사회에서 본 조선 후기 신분과 신분변화〉, 《역사와 현실》 48, 2003.

지승종·김준형 외, 《근대사회 변동과 양반》, 아세아문화사, 2000.

최재석, 〈농촌의 반상관계와 그 변동과정〉, 《진단학보》 34, 1972.

한영우, 《조서전기 사회·경제연구》, 을유문화사, 1983.

● 교환과 시장 그리고 도시

강만길, 《조선 후기 상업자본의 발달》, 고려대출판부, 1973.

강명관, 《조선 후기 여항문학연구》, 창작과비평사, 1997.

고동환, 〈18세기 서울에서의 어물유통구조〉, 《한국사론》 28, 1992.

_____, 〈조선 후기 상선의 항행조건−영호남 해안을 중심으로〉, 《한국사연구》 123, 2003.

_____, 〈조선 후기 서울의 도시구조변화와 도시문화〉, 《역사와도시》, 서울대출판부, 2000.

_____, 〈조선 후기 시전의 구조와 기능〉, 《역사와현실》 44, 2002.

_____, 《조선 후기 서울상업발달사연구》, 지식산업사, 1998.

_____, 《조선시대 서울도시사》, 태학사, 2007.

_____, 《조선시대 시전상업연구》, 지식산업사, 2013.

박평식, 《조선전기 상업사연구》, 지식산업사, 1999.

백승철, 《조선 후기 상업사연구》, 혜안, 2002.

변광석, 《조선 후기 시전상인연구》, 혜안, 2002.

오성, 《조선 후기 상인연구》, 일조각, 1989.

이병천, 〈조선 후기 상품유통과 여객주인〉, 《경제사학》 6, 1983.

이성임, 《16세기 양반가의 선물경제》, 《한국사연구》 130, 2005.

이태진 외, 《서울상업사》, 태학사, 2000.

이헌창, 〈조선시대 국가의 재분배기능과 국내상업정책〉, 《성곡논총》 27−2, 1996.

_____, 《한국경제통사》, 법문사, 1999.

최완기, 《조선 후기 선운업사연구》, 일조각, 1989.

한상권, 〈18세기말~19세기초의 장시발달에 대한 기초연구〉, 《한국사론》 7, 1981.

홍희유, 《조선상업사》, 과학백과사전종합출판사, 1989.

● 국제 관계와 전쟁

계승범, 《조선시대 해외파병과 한중관계》, 푸른역사, 2009.

구범진, 〈동아시아 국제질서의 변동과 조선-청 관계〉, 《동아시아 국제질서 속의 한중관계사—제언과 모색》, 동북아역사재단, 2010.

국사편찬위원회, 《한국사 22-조선왕조의 성립과 대외관계》, 1995.

김두현, 〈청조정권의 성립과 전개〉, 《강좌 중국사Ⅳ》, 지식산업사, 1989.

김태영, 《朝鮮 性理學의 歷史像》, 경희대출판국, 2006.

김항수, 〈16세기 士林의 性理學 이해〉, 《韓國史論》 7, 서울대 국사학과, 1981.

노기식, 〈滿洲의 興起와 동아시아 秩序의 變動〉, 《中國史研究》 16, 2001.

민덕기, 《前近代 동아시아 세계의 韓·日關係》, 경인문화사, 2007.

박원호, 《明初朝鮮關係史研究》, 일조각, 2002.

손승철, 《朝鮮時代韓日關係史研究》, 지성의 샘, 1994.

이삼성, 《동아시아의 전쟁과 평화 1》, 한길사, 2009.

전재성, 〈동아시아 전통질서 연구의 현황과 과제〉, 《동아시아 전통지역질서》 12 所收 (《세계정치》 12), 서울대 국제문제연구소 편, 2010.

전해종, 《한중관계사연구》, 일조각, 1970.

한명기, 《임진왜란과 한중관계》, 역사비평사, 1999.

_____, 《정묘·병자호란과 동아시아》, 푸른역사, 2009.

_____, 〈원명교체, 명청교체와 한반도〉, 《동아시아 전통지역질서》12 所收 (《세계정치》 12) (서울대학교 국제문제연구소 편), 2010.

한영우, 《조선전기사회사상연구》, 지식산업사, 1983.

岡田英弘 編, 《清朝とは何か》, 東京: 藤原書店, 2009.

孟森, 《清史講義》, 北京: 中華書局, 2006.

米谷均, 〈17世紀前期日韓關係における武器輸出〉, 《17世紀の日本と東アジア》 所收, 東京: 山川出版社, 2000.

夫馬進, 〈萬曆二年朝鮮使節の〈中華〉國 批判〉, 《山根教授退休記念明代史論叢》 所收, 東京: 汲古書院, 1990.

山內弘一, 〈李朝初期における對明自尊の意識〉, 《朝鮮學報》 92, 1979.

森克己, 沼田次郎 編, 《體系日本史叢書 5 對外關係史》, 東京: 山川出版社, 1978.

石原道博, 《明末淸初日本乞師の硏究》, 東京: 富山房, 1945.

岸本美緒, 〈東アジア·東南アジア傳統社會の形成〉, 《岩波講座 世界歷史》 13 所收, 1998.

岩生成一, 〈鎖國〉, 《日本の歷史》 14, 東京: 中央公論新社, 2005.

岩井茂樹, 〈16, 17世紀の中國邊境社會〉, 《明末淸初の社會と文化》 所收, 京都: 京都大 人文科
　學硏究所, 1996.

楊暘 編, 《中國的東北社會》, 瀋陽: 遼寧人民出版社, 1991.

閻崇年, 《淸朝通史 太宗朝》, 北京: 紫禁城出版社, 2005.

佐久間重男, 〈明·淸からみた東アジアの華夷秩序〉, 《思想》 796, 東京: 岩波書店, 1996.

佐伯弘次, 〈14~15세기 동아시아 해역세계와 일한관계〉, 《제2기 한일역사공동연구위원회보고
　서》 所收, 2010.

中村榮孝, 《日鮮關係史の硏究》, 東京: 吉川弘文館, 1970.

河內良弘, 《明代女眞史の硏究》, 京都: 同朋社出版, 1992.

● 조선 사람이 그린 세계의 이미지

개리 레드야드, 장상훈 옮김, 《한국 고지도의 역사》, 소나무, 2011.

구만옥, 《조선후기 과학사상사 연구》, 혜안, 2004.

김명호, 《환재 박규수 연구》, 창비, 2008.

김영신, 《대만의 역사》, 지영사, 2001.

미야자키 이치사다, 차혜원 옮김, 《옹정제》, 이산, 2001.

배우성, 《조선후기 국토관과 천하관의 변화》, 일지사, 1998.

＿＿＿, 《조선과 중화》, 돌베개, 2014.

서울대 동양사학연구실, 《강좌중국사》 4, 지식산업사, 1998.

손승철, 《조선시대한일관계사연구》, 지성의 샘, 1994.

손승철 외, 《조선과 유구》, 민음사, 1999.

오상학, 《조선시대 세계지도와 세계인식》, 2011.

우경섭, 《조선중화주의의 성립과 동아시아》, 2013.

이 찬, 《한국의 고지도》, 범우사, 1991.

이원순, 《조선서학사연구》, 일지사, 1886.

이춘식, 《중화사상》, 교보문고, 1998.

임계순, 《淸史–만주족이 통치한 중국》, 신서원, 2000.

임종태, 《17 18세기 중국과 조선의 서구 지리학 이해》, 창비, 2012.

정옥자, 《조선후기 조선중화사상 연구》 일지사, 1998.

조너선 스펜스, 이준갑 옮김, 《강희제》, 이산, 2001.

최소자, 《동서문화교류사연구》, 삼영사, 1987.

東京大學出版會, 《講座日本歷史》 近世 2, 1985.

織田武雄, 1998, 《古地圖の博物誌》, 古今書院, 1998.

秋岡武次郎, 1988, 《世界地圖作成史》, 河出書房新社, 1988.

海野一隆, 《地圖に見る日本 地圖に見る日本》, 大修館書店, 1999.

荒野泰典 外編, 《アジアのなかの日本史》 1~5, 1992.

黑田日出男 外, 《地圖と繪圖の政治社會史》, 東京大學出版會, 2001.

● 개방의 세계사적 흐름과 조선의 선택

국사편찬위원회, 《한국사 37: 서세동점과 문호개방》, 2000.

김명호, 《초기 한미관계의 재조명–셔먼호 사건에서 신미양요까지》, 역사비평사, 2004.

김용구, 《세계관충돌과 한말외교사, 1866~1882》, 문학과지성사, 2001.

金義煥, 《韓國近代對日關係史研究》, 경인문화사, 1994.

金在勝, 《近代韓英海洋交流史》, 인제대출판부, 1997.

金正起, 〈1876~1894年 淸의 朝鮮政策 硏究〉, 서울대박사학위논문, 1994.

김흥수, 《한일관계의 근대적 개편 과정》, 서울대출판부, 2009.

노대환, 《동도서기론 형성 과정 연구》, 일지사, 2005.

W. 프랑케, 金源模 옮김, 《東西文化交流史》, 단대출판부, 1996.

李完宰, 《朴珪壽研究》, 집문당, 1999.

関錫泓, 《西洋史槪論》, 삼영사, 1997.

박현모, 〈세도정치기(1800~1863) 조선의 대외정책 연구〉, 《국제정치논총》 44-4, 2004.

孫承喆, 《조선시대 한일관계사연구-교린관계의 허와 실》, 경인문화사, 2006.

孫炯富, 《朴珪壽의 開化思想研究》, 일조각, 1997.

宋炳基, 《近代韓中關係史研究》, 단국대출판부, 1985.

安外順, 〈大院君執權期 權力構造에 關한 研究〉, 이화여자대학교 정치외교학과 박사학위논문,
    1995.

안외순, 〈大院君執政期 高宗의 對外認識-遣淸 回還使 召見을 중심으로〉, 《韓國政治學報》 30-
    21, 1996.

야마구치 게이지, 김현영 옮김, 《일본근세의 쇄국과 개국》, 혜안, 2001.

양승윤 외, 《바다의 실크로드》, 청아출판사, 2003.

연갑수, 〈개항기 권력집단의 정세인식과 정책〉, 《1894년 농민전쟁연구》 3, 청년사, 1993.

연갑수, 《대원군집권기 부국강병정책 연구》, 서울대출판부, 2001.

王紹坊, 韓仁熙 옮김, 《中國外交史》, 지영사, 1996.

이태진, 〈1876년 강화도조약의 명암〉, 《한국사시민강좌》 36, 2005.

井上淸, 서동만 옮김, 《일본의 역사》, 이론과 실천, 1989.

鄭玉子, 《조선 후기 조선중화사상연구》, 일지사, 1998.

崔韶子, 《東西文化交流史研究》, 三英社, 1987.

表敎烈, 〈第1·2次 中英戰爭〉, 《講座中國史 Ⅴ》, 지식산업사, 1989.

河宇鳳, 《朝鮮後期實學者의 日本觀研究》, 일지사, 1989.

玄明喆, 〈개항전 한·일 관계의 변화에 대한 고찰〉, 《國史館論叢》 72, 1996.

王雲五, 傅緯平 主編, 《中國日本交通史》, 商務印書館, 臺灣, 1975.

田保橋潔, 《近代日鮮關係の研究》, 朝鮮總督府中樞院, 1940.

연표

1392	고려 멸망, 조선 건국
1394	한양 천도
	정도전《조선경국전》편찬
1398	제1차 왕자의 난, 정도전 죽음
1401	신문고 설치
	〈혼일강리역대국도지도混一疆理歷代國都之圖〉제작
1402	호패법 실시
1405	권근의《예기천견록》간행
1413	《태조실록》편찬
	8도의 지방행정조직 완성
1416	4군 설치(~1443)
1420	집현전 확장
1423	불교를 선·교 양종으로 정리
1429	정초《농사직설》편찬
1434	6진 설치(~1449)
	《삼강행실도》편찬
1441	측우기 제작
1443	훈민정음 창제
1444	공법(전분6등, 연분9등제) 시행
	《칠정산》간행
1446	훈민정음 반포
1451	《고려사》편찬

366

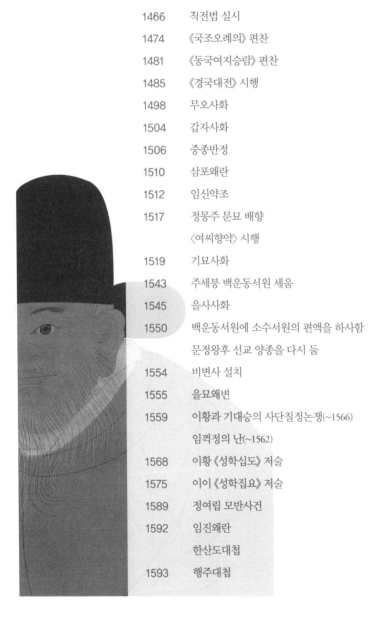

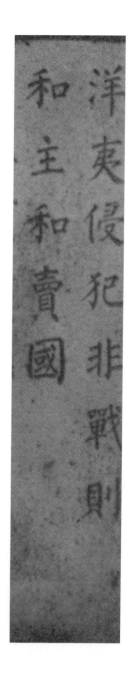

洋夷侵犯非戰則
和主和賣國

신민회 조직

헤이그 특사 파견

고종 황제 퇴위, 순종 황제 즉위

한일신협약(정미 7조약) 체결

신문지법·보안법 공포

군대 해산

각지에서 의병항쟁 발발

간도 용정에 통감부 출장소 개설

1908 13도 창의군 서울진공작전

장인환·전명운 샌프란시스코에서 스티븐스 사살

일본, 동양척식주식회사 설립

최남선《소년》창간

1909 나철 대종교 창시

박은식《유교구신론》저술

일본군 남한대토벌 작전 개시

일본, 청과 간도협약 체결

안중근, 이토 히로부미 사살

일진회, 합방성명서 발표

1910 국권 피탈

조선총독부 설치

찾아보기

【ㄱ】

조선시대사 1 - 국가와 세계

⊙ 2015년 6월 25일 초판 1쇄 발행
⊙ 2022년 3월 31일 초판 7쇄 발행
⊙ 글쓴이   홍순민·한상권·손병규·김성우
                 고동환·한명기·배우성·노대환
⊙ 발행인   박혜숙
⊙ 펴낸곳 도서출판 푸른역사
  우) 03044 서울시 종로구 자하문로8길 13
  전화: 02) 720-8921(편집부) 02) 720-8920(영업부)
  팩스: 02) 720-9887
  전자우편: 2013history@naver.com
  등록: 1997년 2월 14일 제13-483호

ⓒ 푸른역사, 2022

ISBN   979-11-5612-047-6 94900
(세트) 979-11-5612-043-8 94900

·잘못 만들어진 책은 교환해드립니다.